Randy Kay

Himmelssturm

Randy Kay

Himmelssturm

Eine himmlische Begegnung
enthüllt Gottes Pläne für die Endzeit

GloryWorld-Medien

2. Auflage 2025

Bibelzitate sind, falls nicht anders gekennzeichnet, der Elberfelder Bibel, Revidierte Fassung von 2006 entnommen. Weitere Bibelübersetzungen:

HFA: Hoffnung für alle, Basel und Gießen, 1983
LUT: Lutherbibel, Revidierte Fassung von 2017
REÜ: Einheitsübersetzung, revidierte Fassung von 2016
SLT: Schlachter 2000

Das Buch folgt den Regeln der Deutschen Rechtschreibreform. Die Bibelzitate wurden diesen Rechtschreibregeln angepasst. Hervorhebungen sind vom Autor.

Übersetzung/Satz: Manfred Mayer
Lektorat: Klaudia Wagner
Umschlaggestaltung: Destiny Image / Jens Neuhaus, www.7dinge.de

Printed in Germany (CPI books GmbH, Leck)

ISBN: 978-3-95578-641-0
Bestellnummer: 356641

Erhältlich beim Verlag:

GloryWorld-Medien
Beit-Sahour-Str. 4
D-46509 Xanten
Tel.: 02801-9854003
Fax: 02801-9854004
info@gloryworld.de
www.gloryworld.de

oder in jeder Buchhandlung

Stimmen zum Buch

Himmelssturm ist ein hochaktuelles Werk für unsere Zeit. Randy schlägt eine umfassende Brücke zwischen dem Himmlischen und dem Irdischen. Er lädt uns ein, den Blick zum Himmel zu richten, damit wir unser Leben auf der Erde besser verstehen. Dieses Buch fasst seine im Himmel gewonnenen Erkenntnisse zu einem symphonischen Leitfaden für die Herausforderungen unserer Zeit zusammen und ist eine Vertiefung seiner bisherigen Bücher. Seine Herangehensweise ist pragmatisch, und doch findet sie in unseren Herzen einen Widerhall und weckt Visionen von unserem endgültigen Ziel. Eine Pflichtlektüre für alle, deren Seele sich nach mehr Ewigkeit sehnt.

Rabbi Felix Halpern
Autor von *Dancing Past the Darkness, A Rabbi's Journey to Heaven* und *Heaven's Soul Cleanse*

In *Himmelssturm* beschreibt Randy Kay auf wunderbar detaillierte Weise, wie der Herr in sein Leben eingegriffen hat, um seine Herrlichkeit zu offenbaren. Randy gewährt uns den ultimativen „Blick hinter die Kulissen" seiner persönlichen Geschichte, um aufzuzeigen, dass Gott sich durch das Herz eines Vaters offenbart. Dieses Buch ist ein mächtiger Einblick in die Vergangenheit, Gegenwart und Zukunft dessen, was Gott nicht nur für Randy bereithält, sondern auch für Sie und mich. Es wird jeden herausfordern und ermutigen, der sich die Zeit nimmt, in die Realität des Reiches Gottes zu investieren!

Ryan Johnson
Autor von *How to Contend for Your Miracle*

Randy Kay berichtet, was er im Himmel gesehen hat, und vergleicht es umfassend mit den Aussagen der Heiligen Schrift. Daraus und in Verbindung mit einem Studium der jüdischen Geschichte sowie seinen eigenen prophetischen Worten stellt er uns vor Augen, was er über die Endzeit erkannt hat … Seine Geschichte und seine Analyse sind aus mehreren Gründen überzeugend: Randy starb, traf Jesus, erlebte eine Reihe von Lebensrückblicken, die Jesus ihm offenbarte, wurde Zeuge des dreieinigen Gottes im Thronsaal des Himmels, sah die Enthüllung der Endzeit vom Himmel aus und verknüpft das, was er erlebt hat, mit der Bedeutung Israels und des jüdischen Volkes. Aus diesen Gründen empfehle ich „Himmelssturm", weil es dazu beiträgt, die „größere Herrlichkeit" aus einer himmlischen Perspektive herbeizuführen.

Sid Roth
Gründer und CEO von Messianic Vision, Inc.
Moderator von It's Supernatural

Ich habe das Privileg, Randy Kay seit vielen Jahren zu kennen, aber es war ein sehr unerwarteter Moment, in dem ich dem wahren Randy begegnete. Ich interviewte ihn in der God@Work-Sendung auf GodTV zu seinen Erfahrungen im Geschäftsleben. Dann, ohne Vorwarnung oder Vorankündigung, geschah plötzlich etwas. Randys Gesicht und sein Auftreten bekamen einen neuen Ausdruck und seine Stimme wurde von Gottes Gegenwart erfüllt. Randy fing an, über den Himmel zu sprechen, und zwar auf eine so kraftvolle und persönliche Weise, dass ich wusste, dass wir eine neue Dimension erreicht hatten.

Seitdem hat Randy geschrieben, gesprochen und die Welt durch seine Begegnungen mit Gott, Jesus und dem Himmel beeinflusst. Sein neuestes Buch, *Himmelssturm,* ist kraftvoll, hat aber eine persönliche Note. Wir lernen Randy kennen, von der Kindheit bis zum College, vom Skeptiker bis zum Bibellehrer, von der Führungskraft in der Chefetage über den finanziellen Ruin bis hin zum Erleben der Gegenwart Gottes. Nehmen Sie sich etwas Zeit, denn wenn Sie einmal angefangen haben zu lesen, werden Sie nicht mehr aufhören können.

Rich Marshall
Autor von Gott@Work, Gott@Work II und Gott@Rest

Nahtoderfahrungen haben mich schon immer fasziniert, und ich habe mehr als 1000 davon untersucht. Diese Erfahrungen passieren außerhalb unserer menschlichen Begrenzungen von Raum und Zeit. Aus diesem Grund hatte ich die Ehre und das Vergnügen, mit Randy stundenlang aus erster Hand über seine Begegnung mit Jesus und die Wunder des Himmels zu sprechen, die er erlebte, als er 30 Minuten lang klinisch tot war. Randys fesselndes Buch wird Sie in Ehrfurcht vor Gottes Barmherzigkeit, seiner Güte und seinem persönlichen Plan für jeden einzelnen Menschen versetzen und gleichzeitig darauf vorbereiten, stets für seine Wiederkunft bereit zu sein.

John Burke
Autor von *Imagine Heaven* und *Imagine the God of Heaven*

Nachdem ich *Himmelssturm* gelesen hatte, begann ich mich an Dinge zu erinnern, die mir nie beigebracht worden waren! Randy Kay hat meisterhaft gewichtige und erstaunliche Worte verfasst, die den lernwilligen Geist in ein übernatürliches Reich des allgegenwärtigen JETZT entführen werden! Der Leser wird erfahren, dass er ein potenzieller Kandidat ist, um diese lebensverändernden, himmlischen Begegnungen zu erleben, die den Gläubigen in den „Lebensraum der Heiligkeit“ versetzen.

Ich weiß, dass dieses Buch, wie alle früheren inspirierenden Werke von Randy, Welten des Übernatürlichen auftun wird. Es wird den Leser in die Lage versetzen, sich auf die göttlichen Frequenzen einzustimmen, die kontinuierlich an den sensiblen Überwinder gesendet werden, mit der Einladung, ein Tor, ein Fenster oder ein Eingang in dieses Reich zu werden.

Nachdem ich im Gebet über den übernatürlichen Inhalt von *Himmelssturm* nachgedacht hatte, hörte ich eine starke Einladung des Herrn. „Komm herauf, sieh, was ich sehe, sei, was ich bin, lerne! Ein Volk, das ruht, ist entscheidend! Setze dich zu meiner Rechten und lerne, mein Reich zu verwalten. Erkenne das vollendete Werk Christi durch die Offenbarung, dass dein Leben in Christus verborgen ist!“ Klare Empfehlung!

Dr. Clarice Fluitt
Präsidentin von *Clarice Fluitt Ministries*

Himmelssturm ist eine Entdeckungsreise in die Herrlichkeit Gottes und die tiefen Geheimnisse der Endzeit. Diese Offenbarung, die sorgfältig in biblische Wahrheiten eingebettet ist, bietet sowohl ein Fenster ins Jenseits als auch einen dringenden Weckruf an die Welt und hebt dabei hervor, dass Gottes letzter Akt auf der Bühne der menschlichen Geschichte unmittelbar bevorsteht.

Ich glaube, dass dieses Buch zu einem wichtigen Zeitpunkt in unserer Geschichte erschienen ist, einer Zeit, in der es von größter Bedeutung ist, den Himmel, Prophetie und Gottes Pläne zu verstehen. Für alle, die sich danach sehnen, die Geheimnisse der Endzeit zu begreifen, oder die eine Bestätigung von Gottes ewigen Verheißungen suchen, bietet *Himmelssturm* eine tiefgründige und aktuelle Perspektive.

Alan DiDio
Pastor von *The Encounter Charlotte*
Gastgeber von *Encounter Today*

Himmelssturm lässt uns aus einer biblischen und himmlischen Perspektive einen erhellenden und aufschlussreichen Blick auf die Endzeit und den kommenden Sturm werfen. Mit Gnade und Demut legt Randy eine solide biblische Grundlage für die geistlichen Wahrheiten, die er uns aus seiner Zeit im Himmel weitergibt.

Himmelssturm ist eine gewaltige Herausforderung an uns Gläubige von heute, unsere Augen auf Gott zu richten und seinem Plan zu vertrauen, wenn wir uns in dieser Zeit aufmachen und unsere himmlische Aufgabe anpacken. Möge der Herr Sie bei der Lektüre dieses Buches mit einer hoffnungsvollen Erwartung und Frieden für das, was kommen soll, erfüllen und Ihre wichtige Rolle darin offenbaren.

Debbie Kitterman
Gründerin von *Dare2Hear Ministries* und von *Sound the Call, LLC*
Autorin von *Legacy: The Lost Art of Blessing* (u. a.).

Inhalt

Teil III: Die letzten Tage auf Erden 181

Ich widme dieses Buch all jenen,
die als Gäste, Unterstützer, Partner,
Mitarbeiter, Gebetspartner und Teilnehmer
an *Randy Kay Ministries* beteiligt waren bzw. sind.
Eines Tages werdet ihr all die Menschen im Himmel sehen,
die von euren Beiträgen profitiert haben –
und es wird mehr als erstaunlich sein.

Ich danke euch!

Danksagungen

Ich danke vor allem Gott, dessen Inspiration mich herausgefordert hat, über Erfahrungen und Entdeckungen zu schreiben, die meine Fähigkeiten überstiegen haben. *Herr, du hast mein Leben gerettet, und deine Gnade hat es mir ermöglicht, in dein himmlisches Reich zu sehen, damit du andere segnen kannst.*

Mein Dank gilt auch meiner Familie und meinen Freunden, die mich unterstützt haben, vor allem meiner Frau Renee, die mich in den Hunderten von Stunden, die ich an diesem Buch geschrieben habe, ermutigt hat. Weiterhin meiner Lektorin und Freundin Paula Langhoff: Du hast meine Worte genommen und sie mit deinem inspirierenden Talent gesalbt. Und auch Shaun Tabatt: Du hast meine Geschichte gewürdigt und genug an mich geglaubt, um mir zu helfen, etwas auf den Weg zu bringen, das als Buch begann und sich zu einem Dienst entwickelt hat.

John Burke, ich werde nie das erste Mittagessen mit dir und deinem Sohn Justin vergessen, bei dem ich zum ersten Mal meine Geschichte erzählte und dabei Tränen vergoss – vielen Dank für deine Ermutigung. Meine geistlichen Mentoren Rich Marshall und Sid Roth haben genug an mich geglaubt, um meine Freunde zu werden. Die Mitarbeiter von *Messianic Vision Inc.* sind ebenfalls zu meinen Freunden geworden – danke, dass ihr den Juden und einer hungrigen Welt die große Herrlichkeit Gottes verkündet.

Und schließlich möchte ich mich bei den anderen Überlebenden von Nahtoderlebnissen bedanken, die Jesus mit ihren Zeugnissen in unseren Sendungen geehrt haben. Auch ihr seid meine Freunde geworden, denn wir teilen eine unvergleichliche Erfahrung, die wirklich nur Gott, seine Engel und wir vollständig begreifen können.

Die Liste ließe sich endlos fortsetzen, und ich bitte um Entschuldigung, wenn ich jemand übersehen habe. Eine abschließende Anmerkung an meine Leser und Leserinnen: Mögen Sie die Worte in diesem Buch tief in Ihre Seele eindringen lassen. Mein Gebet ist, dass Sie und Ihre Lieben ewig gesegnet sind.

Möge die Liebe, die Gott ist, Sie alle für immer mit seiner Herrlichkeit überfluten.

Vorwort

Wäre ich nicht im christlichen Verlagswesen tätig, wären Randy Kay und ich uns vielleicht nie über den Weg gelaufen. Durch Gottes Vorsehung lernten wir uns vor etwa sechs Jahren kennen, als er an seinem Buch *Dying to Meet Jesus* (Sterben, um Jesus zu treffen) arbeitete. Ich erinnere mich noch gut daran, dass ich dem Projekt etwas skeptisch gegenüberstand, als es in unserer Verlagsvorstandssitzung zur Sprache kam. Obwohl ich offen für das übernatürliche Wirken Gottes war, fühlte ich mich damals ziemlich unwohl, was Nahtoderfahrungen anging. Tatsächlich war jenes Buch eines der ersten, die ich in diesem Bereich gelesen habe.

Sechs Jahre später riefen Randy und ich einen Podcast ins Leben, der sich stark auf Nahtoderfahrungsberichte konzentriert, und gemeinsam haben wir drei Bücher unter der Marke *Real Near Death Experience Stories* (Echte Nahtoderfahrungsgeschichten) verfasst. Mit dem jetzigen Buch werde ich dazu beigetragen haben, Randys drei Bücher über seine Zeit im Himmel zu neuem Leben zu erwecken.

Bücher und Interviews über Himmel, Hölle und das Leben nach dem Tod gibt es zwar schon lange, aber Randy und ich erlebten nach unserem ersten Interview Ende 2020, wie eine neue Bewegung Gottes Gestalt annahm. Als sich unsere Inhalte immer mehr verbreiteten, erhielten wir zahlreiche E-Mails und Kommentare über Menschen, deren Leben durch unsere Interviews radikal verändert wurde. Einige Zuschauer nahmen Jesus zum ersten Mal als ihren Herrn und Retter an. Andere erzählten uns, wie Gott sie auf radikale Weise geheilt hat. Als sich die konkreten Beweise dafür häuften, dass Gott diesen Inhalt über das Leben nach dem Tod in einzigartiger Weise segnet, konnten wir nicht anders, als uns voll und ganz darauf einzulassen, ein Teil dessen zu sein, was Gott durch diese kraftvollen Zeugnisse tut.

Durch unsere Podcasts und gemeinsamen Reisen zu Medieninterviews habe ich Randy über 50 Mal über seine Erfahrungen im Himmel sprechen hören. Dabei ist mir aufgefallen, dass jedes Mal, wenn Randy sein Zeugnis weitergibt, der Heilige Geist es von Neuem anhaucht und ihm eine frische Salbung gibt, welche die Zuschauer und Zuhörer, die ihr begegnen, dramatisch beeinflusst. Randys neues Buch *Himmelssturm* ist da keine Ausnahme.

Im ersten Teil des Buches werden Sie in lebhaften Details erfahren, auf welch vielfältige und übernatürliche Weise Gott sich in Randys Leben bereits vor seiner Nahtoderfahrung bemerkbar machte. Einerseits versuchte Gott, seine Aufmerksamkeit zu erlangen, andererseits bereitete er den Boden für das vor, was während seiner Zeit im Himmel in Randys Leben gesät werden würde.

Im zweiten Teil des Buches geht Randy sehr detailliert darauf ein, was er „auf der anderen Seite des Schleiers“ erlebt hat. Selbst wenn Sie alle früheren Bücher von Randy gelesen und alle seine früheren Interviews gesehen haben, werden Sie hier etwas Frisches und Neues erfahren. Ich kenne Randys Zeugnis sehr gut, aber als ich den mittleren Teil des Buches in mich aufnahm, hatte das einen dramatischen Einfluss auf mich und es hat mich sehr gesegnet.

Schließlich kommen wir zum dritten Teil des Buches, wo Randy sich das Beste für den Schluss aufgehoben hat. Im Durchschnitt braucht jemand, der ein Nahtoderlebnis hat, sieben Jahre, um das, was er dabei erlebt hat, zu verarbeiten und zu verstehen. Es ist fast so, als sei das menschliche Gehirn nicht in der Lage, das zu aufzunehmen, was während der Zeit im „Jenseits“ heruntergeladen wurde. Die meisten Nahtoderfahrenen erleben eine Art fortwährende Offenbarung über das, was sie im Himmel oder in der Hölle gesehen und erlebt haben.

Randy bekam erst 16 Jahre nach seiner Nahtoderfahrung Einblick von Gott in das, was der Sturm, den er im Himmel sah, voraussagte. Achten Sie genau darauf, was sich in diesem letzten Teil des Buches entfaltet, damit Sie die Dinge verstehen und sich auf das vorbereiten können, was Gott auf der Erde entfesseln wird und was Ihre spezielle Aufgabe während dieser Endzeit ist.

Shaun Tabatt
Verlagsleiter, *Destiny Image Publishers*

Einführung

Viele, mich eingeschlossen, haben von ihren Erfahrungen im Himmel und sogar in der Hölle nach dem Tod berichtet, aber dieses Ereignis, das ich mit Ihnen teilen möchte, ist anders. Erst kürzlich hat mir Gottes Heiliger Geist die Fülle dessen erklärt, was er mir im Himmel offenbart hat. Dort wurde ich Zeuge der letzten Tage der Erde und der Erfüllung der alten Prophetien der Bibel, nachdem ich gestorben und mit Jesus in den Himmel und in Gottes Thronsaal gereist war.

Zuerst hatte ich Schwierigkeiten, wie ich diese Geschichte schreiben sollte. Dann inspirierte mich Gottes Heiliger Geist dazu, auf bedeutungsvolle Weise zu schildern, was an Jesus Gläubige im Jenseits erwarten können und was mir über die Endzeit offenbart wurde, die ich im Himmel erlebt habe. Meine Geschichte beginnt mit einigen meiner Erfahrungen auf der Erde, die mir später in einer Reihe von himmlischen Lebensrückblicken noch einmal vor Augen geführt wurden (und den Gründen, warum Jesus sie für den Rückblick ausgewählt hat). Das meiste, was Sie in diesem Buch lesen werden, wird im Himmel zu finden sein, einschließlich einer Darstellung, die nur unter Gottes göttlicher Inspiration und Führung entstanden sein kann. Ohne seinen direkten Einfluss hätte ich sicherlich kein Bild von dem malen können, was ich erlebt habe.

Weniger als ein Jahr, bevor ich dieses Buch schrieb, wies mich der Heilige Geist an, etwas zu beschreiben, von dem ich zuvor dachte, es sei verboten, es öffentlich zu enthüllen. Was ich jetzt mit Ihnen teilen werde, spricht von dem, was Gott im Himmel vorbereitet hat und mit einer Kraft und einer Wirkung auf diese Welt loslassen wird, wie man es in der Geschichte der Menschheit noch nie zuvor erlebt hat. Ich werde den Beginn des *Endes der Zeiten* (bzw. der Endzeit) mit Ihnen teilen, da ich Zeuge der Szenen war, die sich im Himmel abspielten.

Machen Sie sich bewusst, dass der bevorstehende „Sturm“ Gottes in den letzten Tagen nicht nur Zerstörung bringen wird, sondern eine Reinigung, die Gottes Herrlichkeit in der Welt in ihrer ganzen Größe wiederherstellt. Gottes Herrlichkeit ist jetzt gerade dabei, auf die Erde zu kommen. Sie ist die Gegenwart des Heiligen Geistes, die Gegenwart Gottes. Die Bibel erklärt in Nahum 1,3, dass der Weg des Herrn *„im Sturmwind und im Unwetter“* ist. Er sprach zu dem Propheten Hiob aus dem Wirbelsturm heraus, und er kam in einem Sturm und einem Unwetter auf den Berg Sinai herab.

Oft stellen wir uns Gottes Zorn als Wirbelwind oder Sturm vor, der plötzlich über die Menschheit hereinbricht. Als zum Beispiel die Babylonier in Jeremia 4,13 gegen die Juden anrückten, heißt es: *„... wie Wolken zieht er herauf, und wie der Sturmwind sind seine Wagen.“* An der Spitze dieses Sturms stand der Herr selbst; er ordnete, lenkte und setzte sich durch, sodass niemand gegen ihn bestehen konnte.

Ich habe „Gottes Sturm“ im Himmel gesehen. Vorausgegangen war ein Rückblick auf mein Leben und die Bedeutung der Ereignisse, die ich am Anfang dieses Buches ausführlich beschreiben werde. Im Himmel lernte ich, dass für Gott die Ereignisse im Leben eines jeden Menschen eine Bedeutung haben. Als Agnostiker und später auch als Gläubiger war mir bewusst, dass Dämonen in dieser Welt herumschwirren und ungeduldig darauf warten, uns mit ihren Erscheinungen quälen zu können; und dass Engel sich nicht wie Dämonen aus einer Laune heraus manifestieren, sondern dass dahinter eine Absicht und Anweisung Gottes steht.

Meine Geschichte beginnt mit meinem Leben, wie es mir später im Himmel offenbart wurde, und gipfelt in meinem Zeugnis von Gottes Sturm, der sich im himmlischen Thronsaal formiert – ein Sturm, der bald auf der Erde freigesetzt wird. Gegen Ende des Buches werde ich erklären, wie Gott mir in einzigartiger Weise offenbart hat, in welcher Zeit der Sturm auf diese Erde kommt und was dies für alle Menschen in diesen letzten Tagen bedeutet.

Meine Lieben, ich habe dieses himmelerschütternde Ereignis mit meinen geistlichen Augen gesehen. Zu dieser Zeit lag mein toter Körper auf einem Krankenhausbett, während mein Geistkörper im Himmel neben Jesus stand. Ich habe beobachtet, wie sich der ganze Himmel vor meinen geistlichen Augen bewegte. Ich sah die himmlischen

Gefilde ähnlich wie der Diener des biblischen Propheten Elisa, der in die geistliche Welt sah. Während er in seinem physischen Körper war, sah er die feurigen Wagen um sich und den jungen Propheten Elisa herum, wie in 2. Könige 6,17 beschrieben. Was ich sah, während ich ein Geistwesen war, kam aus dem strahlend erleuchteten Thronsaal Gottes hervor. Doch anders als Elisas Diener war ich ganz im Geist.

Millionen von hoch aufragenden Engeln (in der Bibel „Cherubim“ genannt) standen mit gefalteten Flügeln in voller Aufmerksamkeit um Gott herum, während sie immer wieder unisono „Heilig ist das Lamm!“ und andere Namen für den Allmächtigen sangen. Tausende von Menschen in weißen Gewändern riefen dem Vater ebenfalls Loblieder aller Art zu. Die Gestalt Gottes des Vaters erschien mir, was ihre Größe anging, wie ein gewaltiges Gebäude. Dann verordnete Gott den Beginn des Endes der Welt, wie wir sie kennen.

Zum Zeitpunkt dieser Erscheinung lebte mein physischer Körper nicht mehr. Ich war tot. Mehrere Blutgerinnsel hatten den Blutfluss zu meinen Lungen blockiert. Eine antibiotikaresistente Bakterie hatte sich in meinem Körper ausgebreitet und eine Sepsis verursacht, die zu einem starken Blutdruckabfall, zum Verklumpen von Blutzellen in meinem Körper und schließlich zu meinem Tod geführt hatte. In einem Zeitraum, der mir wie eine Ewigkeit vorkam, zog mich ein Licht aus meinem Körper heraus und in der Ferne sah ich kämpfende Geister in einem Raum, der dunkler war als eine sternenlose Nacht.

Als ich den Himmelssturm erblickte, war ich völlig „verblüfft“. Dieses Wort ist jedoch eine Untertreibung. Ich weiß nicht einmal, ob es ein Wort gibt, das den Moment richtig beschreibt, als der ganze Himmel von der Annehmlichkeit des Paradieses zur Ernsthaftigkeit dessen wechselte, was der allmächtige Gott gerade vollbracht hatte. Die Ereignisse überschlugen sich im Gehorsam gegenüber einem widerhallenden Gebrüll, das angesichts der erschreckenden Bedeutung des Augenblicks alles im Himmel verstummen ließ.

Plötzlich verwandelte sich ein hauchartiger, sanfter Wind, den ich gleich als den Heiligen Geist erkannte, in einen spiralförmigen Wirbelwind. Blühende Blumen hörten auf zu blühen. Bäume hörten auf zu wachsen. Hoch aufragende Engel verneigten sich wie kleine Kinder. Der ganze Himmel hörte auf, ein Wunderland zu sein, als der Wind mit düsterer Schwere herandonnerte. Die Geschichte würde diesen Moment einmal als Höhepunkt von Gottes Erlösungsplan kennzeichnen, doch er war gut.

Nachdem ich gestorben und mit Jesus durch den Himmel gereist war, hatte ich das Gefühl, von einem donnernden Sturm umgeben zu sein. Das Geräusch klang für mich wie eine gebrüllte Proklamation, die sich ihren Weg bahnte, bis sie sich mit einem Getöse gleich einer 3000 Meter hohen Flutwelle brach. Bei diesem Geräusch bebte der ganze Himmel und die Engel verneigten sich in absoluter Ehrfurcht.

Was hatte diese dramatische Veränderung im Himmel zu bedeuten? Ich wusste es nicht – bis sechzehn Jahre später Gottes Heiliger Geist begann, mir das Geheimnis des Sturms zu enthüllen, den ich im Himmel erlebt hatte. Erst jetzt verstehe ich, was der Sturm vorausgesagt hat, und auch, dass er sich rasch nähert.

Das Leben, wie wir es kennen, wird sich verändern. Nichts wird mehr so sein wie vorher. Der himmlische Sturm wird schon jetzt losgelassen, und er wird über jede Nation hereinbrechen. Wenn es so weit ist, heben Sie Ihren Blick, denn der einzige Retter wird Gott sein. Jeder, der nicht mit dem rettenden Blut Jesu bedeckt ist, wird – nun, darüber werde ich später sprechen. Es genügt zu sagen, dass nichts und niemand von Gottes Sturm unberührt bleiben wird.

In der Liebe Christi

Randy Kay

TEIL I

Vorgeschichte: Lebensrückblick

Sterben für Gott – und andere unheimliche Dinge

Kapitel 1

Gott im Dunkeln finden

Der Himmel stürmt, weil der Geist erkannt werden will. Oft geht ihm die Finsternis voraus, bis das Licht des Lebens die Finsternis aufdeckt.

Inspiriert durch Johannes 1,4-9

Als Siebenjähriger betrachtete ich das Seitenprofil des Gesichts meines Onkels Carlyle, als sein Leichnam im offenen Sarg in einer Leichenhalle in Keokuk, Iowa, lag. Geöltes schwarzes Haar und ein entspanntes Grinsen täuschten über seinen starren Zustand hinweg. Draußen stand ein himmelblauer Mustang von 1964. Wochen zuvor hatte meine Tante Margaret meine Mutter und mich auf eine Spritztour in dem Sportwagen mitgenommen, der nach neu roch. Jetzt diente er als drittes Auto im Trauerzug eines stürmischen Tages, der sich bald in Dunkelheit hüllte.

Auf dem Weg zum Oakland-Friedhof zeigte Mom auf ein quadratisches, rotes Backsteingebäude zu ihrer Rechten mit einem grauen, abblätternden Garagentor darunter und zwei Fenstern darüber, die mit Sperrholz vernagelt waren.

„Als wir Kinder waren, wohnten wir in der oberen Wohnung", sagte Mama, während wir dem Leichenwagen zum Friedhof folgten.

„Wie viele haben dort gewohnt?", fragte ich.

„Deine vier Tanten und dein Onkel, meine Mutter (die an Blutgerinnseln starb, bevor ich geboren wurde), dein Großvater Renard und ich", sagte sie.

„Alle in dieser winzigen Wohnung?", fragte ich.

„Ja. Es war die Zeit der Depression und alles war knapp."

„Aber sie waren reich, verglichen mit meiner Familie“, mischte sich mein Vater ein.

„Warum?“, fragte ich.

„Weil sie was zu essen hatten; sie hatten einen Lebensmittelladen“, erklärte mein Vater. „Wir hatten nur die Schuhreparaturwerkstatt, und damals ließen nicht viele Leute ihre Schuhe putzen.“ (Das war während der Wirtschaftskrise in den späten 1930er-Jahren).

„Siehst du diese Garage?“ Mama zeigte auf die abblätternde graue Tür unter der Wohnung.

„Ja.“

„Das war das Schaufenster. Großvater Renard verkaufte die meisten Lebensmittel für die ärmere, südliche Seite von Keokuk. Fünf Cent für Brot und zehn Cent für eine Packung Cornflakes“, sagte Mama.

Meine Mutter und mein Vater lernten sich als Kinder in der kleinen Stadt Keokuk kennen. Großvater Edward Renard hatte in den frühen 1900er-Jahren den garagengroßen Lebensmittelladen besessen. Er lag nur drei Blocks südlich des Oakland-Friedhofs, wo seine Gebeine jetzt in einem ansonsten leeren Grab ruhen, das einst für die gesamte, inzwischen entfremdete Familie bestimmt war. Großvater Renard betrank sich häufig mit Alkohol und wurde oft wütend, wie an dem Abend, als meine Mutter, ihre Mutter, vier Schwestern und ein Bruder sich aus dem Haus schlichen, um sich die Premiere von *Vom Winde verweht* im Kino von Keokuk anzusehen.

Als sie nach Hause zurückkehrten, mussten sie alle von meiner Großmutter schnell in einen Schrank geschoben werden, um Großvater Renards betrunkener Wut zu entgehen, weil sie ohne seine Erlaubnis heimlich die Wohnung verlassen hatten. Seine oft verletzenden Flüche hinterließen eine lebenslange Wirkung, die jedes Familienmitglied (einschließlich meiner unaufhörlich besorgten Mutter) mit einer Art emotionaler Narbe plagte, noch lange nachdem der Laden aufgegeben worden war.

Nach der Beerdigung von Onkel Carlyle besuchten meine Eltern Verwandte, nachdem sie mich bei Oma und Opa in der Schuhreparaturwerkstatt auf der Hauptstraße abgesetzt hatten. Das Einzige, was sich lohnte, während ich an diesem heißen, schwülen Tag in der Werkstatt saß und die Schuhputzmitteldämpfe einatmete, kam, als ich ein Zehncentstück in den Automaten steckte und eine Flasche Coca-Cola *direkt vom Himmel* erhielt.

In den 1960er Jahren begann der Niedergang der Städte an den großen Flüssen, da Züge und Flugzeuge den Handel auf den Flüssen ersetzten. Eine Statue des Häuptlings Keokuk vom Stamm der Sauk stand im Park und blickte über den Mississippi, quasi als Maskottchen für die vielen längst vergessenen Menschen, die wie mein einst erfolgreicher Onkel Carlyle in Dunkelheit und Staub versanken.

In dieser Nacht, als ich in dem muffigen Bungalow meiner Großmutter schlief, erwachte ich gegen Mitternacht zu einem ungelegenen, heulenden Wind, nachdem ich von der Leiche geträumt hatte, die ich am Vortag gesehen hatte. Irgendwie war der Duft der Nelken, die um den Sarg gelegt worden waren, in meine Nase gedrungen. Ich roch sie den ganzen Tag über und bis in die Nacht hinein. Gott sei Dank verließen wir Keokuk am Morgen, da diese Stadt nur aus alten Gebäuden, alten und alternden Menschen sowie Toten zu bestehen schien. Der Tod blieb mir noch lange im Gedächtnis und schien meinen eigenen Tod, Jahrzehnte später, anzukündigen.

Wir packten das Auto für unsere Rückfahrt nach Chikago. Papa fuhr über die Brücke, die den Mississippi überquerte, während unter uns das trübe Wasser brodelte. Ich fand den mächtigen Mississippi schon immer beängstigend und fürchtete im Stillen, dass unser Auto seitlich ausscheren und von der Brücke abkommen könnte, denn die Reifen gaben seit Beginn der Brücke einen quietschenden Ton von sich.

Ich kurbelte das Fenster herunter und atmete den stechenden Geruch von verbranntem Mais ein, der von eine Maisstärke-Fabrik stammte, die sich am nahen Flussufer befand. Seit ich meine erste Leiche gesehen hatte, assoziierte ich den „Geruch des Todes“ nicht mit verbranntem Mais, sondern mit dem widerlich-süßen Duft der Nelken, die den Sarg meines Onkels geschmückt hatten. Während der Fahrt gingen mir immer wieder makabre Gedanken durch den Kopf – zusammen mit dem Profil von Onkel Carlyle, das ich immer noch vor Augen hatte.

„Ist alles in Ordnung?“, fragte Mom, während ich meinen Kopf zum hinteren Fenster drehte, um die schwindenden Umrisse von Keokuk zu sehen.

„Liegt Onkel Carlyle jetzt unter der Erde?“, fragte ich.

„Er ist im Himmel“, erklärte Mom, während sie am Radioknopf herumfummelte, wahrscheinlich auf der Suche nach einem Song von Glen Campbell.

„Kommt jeder in den Himmel?“, fragte ich.

„Das weiß nur Gott“, sagte sie. Das war so ziemlich das Ende unserer Unterhaltung für den Rest der vierstündigen Fahrt.

Viele Gedanken strömten durch mein junges Gehirn. Bis dahin waren die Toten in meinem Leben nur in unterhaltsamen Frankenstein- und Dracula-Filmen aufgetaucht. Die einzige Beerdigung, die ich je im Fernsehen gesehen hatte, war die von John F. Kennedy, ein Jahr vor Onkel Carlyles vergleichsweise unauffälliger Beisetzung. Wir waren hier und da an Friedhöfen vorbeigefahren, aber bis zu diesem Zeitpunkt existierte der Tod nur als theoretische Möglichkeit, nicht als wirklich beobachtete Tatsache.

Früher hatten wir immer, wenn ein Leichenwagen an unserem mitternachtsblauen Plymouth vorbeigefahren war, in religiösem Tonfall einen Einzeiler gesungen: „Oh wei, oh wei, der Leichenwagen fuhr vorbei. Wer mag wohl der nächste sein?“ Aber nachdem ich den toten Körper meines Onkels mittleren Alters im Sarg gesehen hatte, machte ich keine Witze mehr über tote Menschen. Ich glaube, sein Tod hat in mir die ständige Angst geweckt, dass meine eigenen Eltern eines Tages „ins Gras beißen“ könnten (wie man so sagt).

***

Nachdem wir zu Hause angekommen waren, nahm das Leben in einer veränderten Normalität seinen Lauf. Ich sage „verändert“, denn als kränkliches Kind, das in einem Haus im Ranchstil mit drei Schlafzimmern in Arlington Heights, Illinois, in der Nähe von Chicago lebte, war mir der Gedanke gekommen, dass ich anders war als andere, „normale“ Kinder. Die meisten Kinder konnten spielen, ohne außer Atem zu geraten. Mein typisches Geräusch war ein rasselndes Keuchen, das sich in der Schulkantine als etwas peinlich erwies, ganz zu schweigen davon, dass es für potenzielle Freunde unappetitlich war. Fast jede Nacht klopfte mir meine Mutter auf den Rücken, um die durch das Asthma verschleimten Atemwege freizumachen, während meine Schwester und mein Bruder, die im Highschool-Alter waren, versuchten zu schlafen.

Als Kind erschien mir das ganz normal, trotz gelegentlicher Krankenhausaufenthalte wegen kollabierter Lungen. „Normal" ist ein sehr relativer Begriff und wird oft von einem ziemlich voreingenommenen Standpunkt aus definiert. Ich versuchte, wie jedes normale Kind zu leben, obwohl ich nicht rennen konnte, ohne einen Asthmaanfall auszulösen.

Natürlich lebte nebenan eine Katze, und natürlich „mussten" meine Freundin Patti und ich die Katze in den Arm nehmen. Dann begannen meine Augen zu jucken und ich keuchte. Das Nächste, woran ich mich erinnere, ist, dass meine Mutter mich auf dem zotteligen Fußboden unserer Wohnung aufweckte, mich schüttelte und mir auf den Rücken klopfte, als hätte ich etwas falsch gemacht – und Sie haben es erraten: Es folgte ein weiterer Besuch im Krankenhaus. Das war das normale Leben für mich.

Mein Vater wurde zum Verkaufsleiter befördert, nachdem er zuerst Verkäufer von Trockeneis und CO_2-Gas gewesen war. Als ich Erstklässler war, zogen wir in die Vororte von Philadelphia nach Cherry Hill, New Jersey, um. Dort lernte ich eine weitere Facette des Todes kennen. Eines Abends, als der Freund meines älteren Bruders, der im Teenageralter war, auf unserem weißen, gesteppten Wohnzimmersofa saß, sah ich durch unser Panoramafenster, wie auf der anderen Straßenseite ein Krankenwagen mit Blaulicht ankam.

Der Teenager stützte seinen Kopf eine Weile in die Hände, dann hob er das Gesicht, als meine Mutter ihm eine heiße Schokolade anbot. Dabei konnte ich seine geröteten Augen und tränenverschmierten Wangen sehen. Mein Vater war nach einem langen Tag als Leiter eines Trockeneis-Verkaufsteams zufällig zu Hause. Er stand neben mir, und ich fragte ihn, warum Tony weinte. Dad beugte sich herunter und flüsterte mir ins Ohr: „Sein Vater ist gestorben."

„Wie?", fragte ich.

Es folgte eine lange Pause, während mein Vater aus dem Fenster schaute. Er trug seinen satinierten silbernen Anzug, und mit seinem geölten Haar ließ ihn das normalerweise sehr edel erscheinen. Aber jetzt wirkte er anders, weil er in sich zusammengesunken war und einige Haare ungewöhnlich fehl am Platz waren. Ich schaute genau hin und sah etwas in seinen Augen, das wie eine Träne aussah. Er und Tonys Vater waren ungefähr gleich alt, und sie hatten zusammen

Bridge für Paare gespielt. Seine Augen starrten auf die blinkenden Lichter des Krankenwagens, dann auf Tony – hin und her, wie bei einem Tennismatch. Es kam mir wie eine Ewigkeit vor, bis sein Blick sich endlich mir zuwendete.

„Wahrscheinlich ein Herzinfarkt, ich bin mir nicht sicher, aber es war zu spät, als der Krankenwagen eintraf."

„Hat Tony ihn dort gefunden?" Ich dachte, wenn Tony ihn tot aufgefunden hätte, dann sei er jetzt irgendwie mit einer Art „Todesbazillus" infiziert. Deshalb wollte ich nicht länger in Tonys Nähe sein. Ich vermutete, dass man in der Nähe eines Menschen, der jemanden verloren hat, automatisch kontaminiert wird und die Auswirkungen des Todes quasi einlädt. (Ein Kind kann sich die seltsamsten Dinge ausdenken.)

***

Noch fremder als der Tod war mir Gott. Ich hatte den Tod gesehen, aber Gott blieb ein Rätsel, über das ich selten nachdachte. Als Junge glaubte ich, dass Gott hauptsächlich in der St. Andrew's Methodist Church in Cherry Hill, New Jersey, residierte. Denn Gott kam immer nur sonntagmorgens um 10.00 Uhr zur Sprache, und verflixt noch mal, wenn die Leute von der Kirche nicht diese elendig riechenden Nelken vorne hingestellt hätten ...

Sobald die Gottesdienste begannen, erschien mir die Hölle immer realer als der Himmel. Für mich war das Einzige, was noch schlimmer war, als etwas über Noah, Moses und all die anderen „Alten" zu lernen, die Hölle, in diesen unbarmherzigen Holzbänken eingeklemmt zu sein und einem dröhnenden Pastor zuzuhören, der Worte in Geräusche verwandelte, die schlimmer waren als Fingernägel, die über eine Kreidetafel kratzten. Das Kratzen auf der Tafel verhinderte wenigstens, dass ich mich zu Tode langweilte.

Dann geschah etwas, das mein Leben veränderte. Es war ein weiterer Tod: der Tod des Glaubens – welcher Art auch immer – den man als sogenannter Christ ausüben sollte. Eines Tages kam ein Brief mit der Post, woraufhin wir nicht mehr in die Kirche gingen. Ich sah den Brief wochenlang auf dem Schreibtisch meines Vaters liegen, was meine Neugierde weckte. Eines Tages, nach der Schule, nahm ich den Brief vom Schreibtisch meines Vaters und las ihn. Schon die Präsenz des Schreibtisches war bedeutsam, denn meine

Mutter und ich hatten Wochen damit verbracht, ihn abzuschleifen und zu beizen, nachdem wir das „tonnenschwere“ Büro aus den 1930er-Jahren von einem Schrottplatz geholt hatten.

Jetzt war dieser Schreibtisch der einzige Ort, an dem ich meinen Vater sehen konnte, auch wenn er an Wochentagen unter Papieren vergraben war, falls er nicht gerade beruflich unterwegs war. Wenigstens konnte ich ihn gelegentlich dabei beobachten, wie er am Schreibtisch saß und mit dem Fuß wippte, synchron zu einer Musical-Varieté-Show im Fernseher.

Ich richtete meine Aufmerksamkeit auf den Briefkopf, den ich in den Händen hielt und auf dem oben *St. Andrew's Methodist Church* stand. Im Text des Briefes stand ungefähr:

> Sehr geehrter Herr Kay, wir bedauern, Ihnen mitteilen zu müssen, dass Sie aus unserer Kirche exkommuniziert wurden, da Sie Ihrer Verpflichtung zur Zahlung des Zehnten seit [...] nicht nachgekommen sind.

Damals verstand ich das Wort „exkommuniziert“ nicht, aber Mama erklärte mir später, dass wir nicht mehr in diese Kirche gehen würden. Nachdem ich das Wort im Wörterbuch nachgeschlagen hatte, wusste ich, dass die Kirche meinen Vater rausgeschmissen hatte, weil *er sie nicht bezahlt hatte*.

Ich dachte daran, dass mein Vater während des Zweiten Weltkriegs als Held in der Pazifikflotte gedient und nach einem Kamikaze-Angriff Leben gerettet hatte. Jetzt sah ihn die Kirche als „Looser“ an. Ich glaube, das war der Punkt, an dem ich die Kirche ablehnte. Ich hatte noch nie viel von ihr gehalten; jetzt war dieser Affront gegen meinen heldenhaften Vater der sprichwörtliche „Tropfen“, der das Fass zum Überlaufen brachte. Wenn die Kirche meinen Vater nicht wollte, dann wollte auch ich die Kirche nicht; und weil die Kirche Gott repräsentierte, hielt ich nicht viel von Gott.

Später glaubte ich, dass der Schlüssel zur so genannten „Großartigsten Generation“[1] viel mit ihrer Standhaftigkeit zu tun hatte, mit

[1] „Greatest Generation“, die Generation der zwischen 1901 und 1924 geborenen Amerikaner, die während der Großen Depression und in den 1940er Jahren erwachsen wurden und von denen viele im Zweiten Weltkrieg kämpften (https://www.britannica.com/topic/Greatest-Generation; 15.8.2024)

der sie ihren Verpflichtungen nachkamen, auch wenn andere das nicht taten. Sie haben damals auch für sehr wenig Geld sehr hart gearbeitet. Ironischerweise schien die Kirche nicht dieselbe Art von Standhaftigkeit oder Durchhaltevermögen an den Tag zu legen.

***

Ich kam in der *Brainerd Junior High School* in die Pubertät, wo das Leben mich in meiner stillschweigenden Meinung „Gott ist irrelevant" bestärkte (falls ich überhaupt eine Meinung hatte). Als angehender Teenager ging ich auf wie ein Pfannkuchen und war eines der dicksten Kinder der Schule. Eine Gruppe von Schülertyrannen erinnerte mich oft an diese Tatsache, wenn sie ihre Überzeugung verbreiteten, ich sei der „dicke Streber", der sie alle mit „Läusen" anstecke. In der Grundschule hatte ich eine Sprachtherapie besucht, um mein Stottern zu korrigieren. Dabei lernte ich, langsamer und bedächtiger zu sprechen, aber dieser neue Stress brachte mich wieder zum Stottern und lieferte damit noch mehr Futter für die Tyrannen.

Mit den drei Hauptrüpeln – Joel, Vincent und Jeffrey – in der Klasse zu sitzen, war, als wäre man mit drei jugendlichen Würgern, die schlecht rochen, in einer Gefängniszelle gefangen. Meine Mutter kaufte mir für die Schule eine modische, karierte Schlaghose und dazu ein gestreiftes Hemd in Kontrastfarben. Diese Dinge zu tragen, war, als würde ich mit einem Neonpfeil leuchten, der den Peinigern „Tritt mich!" entgegenschrie. Die Rüpel quälten mich mit ihrem Spott. Und natürlich stimmten die meisten Schüler in die Sprechchöre ein, während einige wenige (zusammen mit unserer Klassenlehrerin Frau Pfeiffer) versuchten, sie zu ignorieren. Es war vielleicht das erste Mal, dass die meisten Schüler tatsächlich ihre Köpfe in ein Schulbuch steckten.

Ein weiterer Beweis für die Abwesenheit Gottes war für mich, dass ich eines qualvollen Tages in die Bibliothek flüchtete und mir eine abgelegene Ecke suchte, in der ich meine Bücher und mein Ringbuch voller Notizen auf einem kleinen Tisch ablegte. Danach suchte ich in den Bücherregalen nach dem Titel *Chicago* und fand ein Buch, in dem ich meinen Kopf vergraben konnte. Ich las über die Geschichte Chicagos und hoffte, eines Tages in diese geliebte Stadt zurückzukehren.

Die Bilder zeigten, wie Mrs. O'Learys Kuh eine Laterne in einer Scheune aus dem Jahr 1871 umstieß, was den großen Brand von Chicago auslöste, der ein Gebiet von etwa 6 km Länge und 1,5 km Breite (einschließlich des Geschäftsviertels) in Brand setzte. *Diese Frau hatte aber wirklich Pech,* dachte ich. *Warum konnte das nicht meine Schule sein?,* grübelte ich. Nachdem ich das Buch ins Regal zurückgestellt hatte, ging ich zu meinem Schreibtisch zurück und fand alle meine Hefte in der Bibliothek verstreut. Meine Lehrbücher hatten es irgendwie geschafft, sich in der Schwingtür des metallenen Mülleimers der Bibliothek zu verfangen.

Nicht ein einziges Mal erlebte ich einen Tag der Ruhe im Unterricht oder in der Pause. Sogar der Sportunterricht streute Salz in meine Wunden. Oft sackte ich nach Luft ringend zu Boden und bestätigte damit den Eindruck, ich sei ein verwundbarer Schwächling. Ich wurde nur dann von Hohn und Spott verschont, wenn ich krank war und mir den Luxus erlauben konnte, zu Hause zu bleiben und mir Wiederholungen von bekannten Comicsendungen für Kinder anzuschauen. Ich weiß noch, dass ich an winterlichen Schneetagen aufmerksam dem Radio zuhörte, wenn der Sprecher jede einzelne Schulschließung ankündigte. Rief er schließlich den Namen „Brainerd“ aus, war Weihnachten in diesem Jahr schon früher da.

***

Ich hatte allerdings auch einen Freund, Jimmy. An den Wochenenden spielten wir Fangen. Er stammte aus Alabama, hatte einen breiten Südstaaten-Dialekt und den gleichen Igel-Haarschnitt wie sein Ex-Marine-Vater. Jimmy und ich standen jeden Schultag zusammen an der Ecke und warteten auf unseren Bus. Eines Tages blieb ich von der Schule zu Hause, weil ich mich „erkältet“ hatte. (Wegen meiner geschädigten Lungen erkältete ich mich häufig.) An diesem Tag, als Jimmy allein an der Bushaltestelle stand, kam eine Bande aus dem nahe gelegenen Camden vorbei und suchte Ärger. Bald entdeckten sie einen Jungen mit einer geraden Hose, die einen Zentimeter über den Knöcheln endete, der schutzlos und allein an der Ecke stand.

Später fand die Polizei heraus, dass die Bande aus der benachbarten Stadt Camden Jimmys breiten Südstaatenakzent gehört hatte und ihn sofort als „Rassistenschwein“ identifizierte, auch wenn Jimmy das Wort wahrscheinlich gar nicht verstand. Damals war Rasse ein

Begriff, den Kinder nur in den Nachrichten hörten, wie z. B. wenn Martin Luther King Jr. durch die Straßen marschierte. Wie auch immer, die Bande beschloss, Jimmys Kopf gegen einen Baum zu schlagen, wodurch er einen Schädelbruch erlitt. Nach seiner Entlassung aus dem Krankenhaus dauerte es Wochen, bis Jimmy sich erholt hatte. In dieser Zeit wurde ein Schild „zu verkaufen“ in den Vorgarten seines Hauses gestellt. Jimmy kehrte nie wieder in die Schule zurück. Mein einziger Freund zog zurück nach Alabama.

Ich war allein, abgesehen von Casey, meinem kleinen Rat Terrier, und meiner Mutter, da mein Vater die meisten Tage und Nächte arbeitete, wenn er nicht gerade auf Reisen war. Wenn ich nach einem langen Tag voller Schikanen aus der Schule kam, kletterte Casey auf meinen Schoß und leckte mir fieberhaft das Gesicht. Er besaß die unheimliche Fähigkeit, meine düstersten Stimmungen zu spüren. Jedes Mal war sein Heilmittel eine kostenlose Leckbehandlung für mein Gesicht.

An Tagen, an denen die Sonne schien, band ich Casey an eine lange Kette, damit er sich frei im Garten bewegen und unter der großen Eiche im Schatten sitzen konnte. Die meisten Nachmittage schaute ich durch das hintere Panoramafenster und beobachtete die absurdesten Kämpfe. Ein Eichhörnchen wartete lässig darauf, dass Casey es bemerkte, und rannte dann zum äußeren Ende von Caseys Kette. Dann hockte das Eichhörnchen knapp außerhalb von Caseys Reichweite und verspottete ihn absichtlich, während es an einer Nuss knabberte. *Vielleicht wird Casey eines Tages das Eichhörnchen fangen und dann – kein Eichhörnchen mehr*, dachte ich mir.

Nun, dieser Tag kam. Als Casey zum Ende der Kette lief, riss sie und das Eichhörnchen erstarrte. Casey und das Eichhörnchen standen sich plötzlich in einer pelzigen Konfrontation gegenüber. Ich eilte zur Hintertür hinaus, um meinen kleinen Freund vor einem Kampf zu bewahren, aber als ich den Ort des Geschehens erreichte, starrte Casey nur auf das „versteinerte“ Eichhörnchen, das plötzlich „gestorben“ war. Vielleicht hatte es durch den Schock einen Herzinfarkt erlitten. Ich werde es nie erfahren, aber dieses Ereignis wurde von meinem Vater und mir unzählige Male als eine Art humorvolles Band zwischen uns erzählt.

Die Auseinandersetzung hatte endlich stattgefunden und der kleine Casey hatte gewonnen. Ohne meinen Hund und seine diversen

Eskapaden wäre das Leben als verschmähter Jugendlicher vielleicht unerträglich gewesen. Der Gedanke, ob es im Himmel Hunde gibt, kam mir nie in den Sinn, obwohl ich mehr als drei Jahrzehnte später das Glück haben sollte, die Antwort zu erfahren.

Kapitel 2

Dinge, die ich im Himmel sah

Das Leben kann nur rückwärts verstanden werden; aber es muss vorwärts gelebt werden.

Søren Kierkegaard

Die Versetzung meines Vaters zurück in die Gegend von Chicago nach meinem Abschluss an der Mittelschule fühlte sich an wie die Entlassung aus der Einzelhaft. Endlich konnte ich den Tyrannen des Brainerd-Gefängnisses entkommen. Ich ging nun auf die *Hinsdale South High School* in Darien, Illinois, um eine neue Ära zu beginnen. Die Schule wurde zu meinem Zufluchtsort, und ich vergrub vier Jahre lang meinen Kopf in den Büchern, wobei ich in jedem Test eine Eins bekam, außer in einem: im Schreibmaschinenkurs. Ich begann Football zu spielen und wurde dadurch von einem fettleibigen zu einem schüchternen dünnen jungen Mann, der wegen seiner schuppigen Gesichtshaut, die durch ein schweres Ekzem verursacht wurde, und wegen seiner extremen Unsicherheiten nie mit Mädchen ausging.

Das Krankenhaus vor Ort bot mit seinem Wochenend-Jugendprogramm den idealen Rahmen für einen introvertierten Menschen, der sich für Medizin interessierte. Ich konnte nach der Schule im örtlichen Lebensmittelladen an der Kasse arbeiten, mich danach in den Hausaufgaben vergraben, *Star Trek* oder eine der anderen Serien von meinem TV-Kalender, den ich an die Wand meines Schlafzimmers geklebt hatte, ansehen und an den Wochenenden als Pflegehilfskraft im Krankenhaus arbeiten; all das war Teil meines selbst auferlegten sozialen Isolationsprogramms.

Eines Morgens ließ ich fast das Essenstablett fallen, als ich das Krankenzimmer eines kränklichen Jungen betrat. Seine Augen waren tief in den Höhlen versunken und seine Gesichtshaut hing über seine Wangenknochen, sodass mehr Schädel als Fleisch zu sehen war. Es sah aus, als hätte jemand ein nasses Laken über seine Knochen gestülpt, denn in seinen Armen und Beinen waren keine Muskeln mehr vorhanden. Er sprach zu mir durch blaue, sich ablösende Lippen.

„Ich gehe bald in den Himmel", sagte er.

„Oh, okay", antwortete ich mit einer gewissen Besorgnis.

Ich streckte meine Arme voll aus, um das Essenstablett behutsam auf seinem Nachttisch abzustellen, bevor ich sie schnell wieder zurückzog, um nichts zu berühren.

„Kennst du Jesus?", fragte er.

„Ich hab von ihm gehört", sagte ich, „aber ich bin kein Christ."

„Glaubst du an den Himmel?"

„Eigentlich nicht, aber wenn es einen gibt, bin ich sicher, dass du eines Tages dort sein wirst."

„Ich werde für dich beten", sagte er. „Du wirst auch eines Tages im Himmel sein."

Ich konnte nicht anders, als von der tiefen Gelassenheit beeindruckt zu sein, die sich in der ruhigen Mimik des Jungen widerspiegelte. Obwohl mein junger Verstand es damals nicht vollständig beschreiben konnte, strahlte seine Persönlichkeit eine Gelassenheit aus, die seinem Zustand trotzte. Auch wenn mir das Wort „geistlich" damals eine Gänsehaut bereitete, passte es zu dem Jungen. Bis zu diesem Zeitpunkt hatte noch nie jemand für mich gebetet (zumindest soweit ich wusste). Es klang seltsam, ein solches Angebot ausgerechnet von diesem leidenden kleinen Fremden zu hören. Ich dachte, dass nur gesunde Kirchgänger beten. Eines Tages sollte ich erfahren, welche Wirkung die Gebete dieses kleinen Jungen hatten und warum Gott ihn dazu auserwählt hatte. Er war der erste Mensch, der prophetisch für mich betete, und ich sollte ihn tatsächlich wiedersehen – aber nicht auf dieser Erde.

Ein paar Tage später kehrte ich in das Zimmer des Jungen zurück, einfach um „Hallo" zu sagen. Sein Bett war nun mit ordentlich gefalteten Laken bedeckt. Die Luftballons und Teddybären waren verschwunden.

„Er ist gestern gestorben", sagte die Krankenschwester.

Ich hoffte, dass er Recht hatte und ich mich irrte, aber ich dachte: *Wenn es Gott wirklich gibt, warum sollte er einem so unschuldigen Menschen wie ihm das Leben nehmen?*

***

Nicht lange nach dem Tod des Jungen kündigte ich meinen Job im Krankenhaus. Ich war zu sehr mit meinem akademischen Erfolg beschäftigt und zu weltlich gesinnt, um über die Realität des Todes nachzudenken, geschweige denn über das Leben nach dem Tod, welches das leere Zimmer des Jungen meinem Denken auferlegte. Als die Universitäten Princeton und Northwestern meine Bewerbungen annahmen, entschied ich mich aus zwei Gründen für die Northwestern University (NU) in Chicago. Erstens war es der Traum meines Vaters gewesen, auf die NU zu gehen, aber als junger Mann konnte er sich das auf keinen Fall leisten, genauso wenig wie die dazu notwendige Kleidung. Zweitens bot mir die Northwestern University ein finanzielles Stipendium an.

Diese Universität war ein fruchtbarer Boden für meine Form des militanten Agnostizismus. Als studentischer Aktivist setzte ich mich dafür ein, die christliche Gruppe von unserem Campus zu vertreiben, da sie „gegen die Freiheit von religiöser Indoktrination" verstieße. Ich belegte Theologiekurse, aber mehr um die Religion *zu widerlegen,* als um die Wahrheit zu entdecken. Eine Gruppe von Agnostikerkollegen und ich schlossen uns zusammen, um an einem Projekt zu arbeiten, das alle Religionen widerlegen sollte. Wir erhielten die Erlaubnis, das Computersystem, das in einem großen Gebäude der Schule untergebracht war, zu benutzen, um verschiedene Daten, Dokumente und historische Fakten zu sammeln und einzuprogrammieren, damit wir die Wahrscheinlichkeiten für jede Hauptreligion statistisch analysieren konnten.

Aufgrund einer prophetischen Genauigkeit von weniger als 10 Prozent konnten wir alle Religionen außer einer für ungültig erklären. Nur die Bibel wahrte die Genauigkeit der Prophetien von mehreren Schreibern über Tausende von Jahren hinweg. Aber selbst das konnte mich nicht davon überzeugen, dass das Christentum real ist, da ich während eines Großteils meines Lebens so viel christliche Heuchelei beobachtet hatte. Ich konnte mir Christus als gut vorstellen, aber ich hasste die Christen, weil ich Mahatma Gandhi glaubte (und oft zitierte), der sagte: „Eure Christen sind so anders als euer Christus."

Ich behauptete vor dem Rektor der Universität, die christliche Gruppe auf dem Campus würde aktiv Studenten bekehren. Ich nahm die Freundin meines Mitbewohners als Beispiel, da sie mich ständig wegen Jesus anpredigte – und dabei dauernd den Hals meines Mitbewohners mit lila Knutschflecken bedeckte und ihn zwang, Rollkragenpullover zu tragen, während sie mit ihren „Sexkapaden" prahlte. Ich sagte meinem Mitbewohner, dass ich seine Freundin von nun an „Dracula" nennen würde, weil sie es liebte, ihm mit ihren Zähnen den Hals zu durchbohren. Eines Abends entdeckte ich einen Zettel auf meinem Schreibtisch, auf dem stand: „Randy, Jesus liebt dich." Er war mit „Dracula" unterzeichnet.

Kurze Zeit später forderte der Rektor die christliche Gruppe auf, sich außerhalb des Campus zu treffen.

***

Während einer der vielen Partys der Studentenverbindungen geriet ich mit einem betrunkenen, sich als christlich bekennenden Verbindungsbruder in einen Streit über Abtreibungsrechte. Nach unserem Streit öffnete einer meiner anderen nicht-religiösen Verbindungsbrüder namens Brad schwungvoll meine Tür, um mir mitzuteilen, dass einer unserer Kommilitonen im Studentenwohnheim, das nur Einzelzimmer hatte, Selbstmord begangen hatte.

Brad und ich beschlossen, uns über diesen Schock zu trösten, während wir vom Northwestern Campus in Evanston nach Süden joggten und zu unserer Linken der stechende, septische Geruch des Michigansees durch die Luft waberte.

Wir liefen um die Kurve am Lake Shore Drive, um einen Blick auf die Lichter der Skyline von Chicago zu erhaschen, als die Dunkelheit hereinbrach. Dabei musste ich immer mal wieder meinen Asthma-Inhalator benutzen. Plötzlich hörten wir zu unserer Rechten einen gruseligen Klang. Er kam vom alten katholischen Calvary-Friedhof. Die Jahrhunderte hatten die eingemeißelten Namen auf den moosbedeckten Grabsteinen erodiert. Irgendwo hinter den hohen Toren, inmitten der verwitterten Mausoleen und durch die trübe Dunkelheit hallte eine Stimme: „Ich hasse dich, weil du mich umgebracht hast." Die verärgerte Stimme wiederholte dieselbe Tirade immer wieder. Brad und ich wandten einander die Köpfe zu.

„Hast du das gehört?", fragte Brad.

„Ja. – ‚Ich hasse dich, weil du mich umgebracht hast.'"

Unser Joggen verwandelte sich schlagartig in einen Sprint. Wir hielten auf dem nahe gelegenen Campus der Loyola University an, um zu erörtern, was gerade passiert war.

„Auf keinen Fall kann jemand über den hohen Zaun gesprungen sein", sagte ich.

„Du hast niemanden gesehen?"

„Niemand. Es kam aus einer der Gruften, glaube ich."

„Oder aus dem Inneren eines Grabes", sagte Brad.

„Mit diesen Speerspitzen oben kann niemand über diese verschlossenen Tore klettern."

„Ja", stimmte Brad zu, „auf keinen Fall, und es war keine normale Stimme. Es war wie ein Knurren."

Wir steigerten unseren Sprint über etwa drei Kilometer, bis ich zu Boden fiel. Ich stürzte kopfüber auf den Bürgersteig vor einer Wohnanlage am Lake Shore Drive, rang nach Luft und dachte, dass vielleicht etwas oder jemand von diesem Friedhof *mich* umbringen wollte.

„Bist du okay?", fragte Brad, als ich auf dem Gehweg lag.

„Asthma." Ich schaffte es, das Wort zu sagen, während Blut aus meiner Nase auf den Bürgersteig tropfte.

Mobiltelefone waren damals noch mindestens fünf Jahre in der Zukunft, und so konnte ich nur hoffen, nicht ohnmächtig zu werden, bevor meine zwanzig oder mehr Dosen Salbutamol eine segensreiche Wirkung hatten. Ich setzte mich und begann, tief durchzuatmen, während mein Herz wie ein verrückter Trommler pochte.

Brad schaffte es bis zu einer Tankstelle, um einen Freund aus der Studentenverbindung anzurufen, sodass wir nicht zurücklaufen oder (was vielleicht noch wichtiger war) ein zweites Mal am Friedhof vorbeikommen mussten. Seit der Totenwache von Onkel Carlyle und dem Tod unseres Nachbarn in New Jersey hatte sich der Tod für mich nicht mehr so erschreckend real angefühlt. Dieses Mal beschäftigte ich mich damit, dass das Reich der Geister eine reale und unheimliche Möglichkeit sein könnte. Die Frage nach der Unsterblichkeit oder nach Gott ging mir nun mit der Ernsthaftigkeit eines Astronomen, der nach Antworten auf die Urknalltheorie sucht, durch den Kopf. Ich war gerade mit dem Übernatürlichen konfrontiert worden.

In dieser Nacht stand ich vor dem einzigen Fenster meines Zimmers und starrte in den verdunkelten Himmel, der mit Wolken durchzogen war, die von Blitzen erhellt und von Donnerschlägen begleitet wurden. Sie zerrissen die Luft in pulsierenden Schlägen, die scheinbar auf mich gerichtet waren. Wenn je ein Geräusch die Macht einer gottähnlichen Präsenz heraufbeschwor, dann war es dieses. Der Sturm prophezeite nicht nur meine baldige Zukunft, sondern auch die der Welt – eine Zukunft, die ich sehen würde, sobald ich jenen Ort beträte, der weitaus großartiger war als die verblassenden Umrisse des Northwestern-Campus vor mir.

„Wenn du real bist, Gott, dann muss ich dich als mehr als nur die Seiten eines Buches kennen. Zeig dich mir als jemand, der so real ist wie die Menschen um mich herum, sonst bist du nur eine Erfindung", sagte ich zum Himmel vor meinem Wohnungsfenster mit seinen Metallstäben, welche eine unheilvolle Warnung verkündeten, die ich nicht sehen wollte.

Ich wartete, aber nichts geschah.

Kapitel 3

Altes hört auf, Neues beginnt

Alles hat der HERR zu seinem Zweck gemacht, so auch den Gottlosen für den Tag des Unglücks.

Sprüche 16,4

An jenem Freitag bat ich meine Mutter, mich abzuholen, damit ich zu Hause nachdenken und meinen alten Freund Casey besuchen konnte. Normalerweise begrüßte mich Casey im Eingangsbereich mit seinem mit Überschallgeschwindigkeit wedelnden Schwanz. Stattdessen fand ich Casey zitternd in der Garderobe mit Glasschiebetüren.

„Er hat keine Kontrolle mehr über seine Blase. Er hat Angst, dass er pinkeln muss", sagte meine Mutter.

Ich beugte mich hinunter und begann meinen Jugendfreund zu streicheln, während sein gebrechlicher Körper unkontrolliert zitterte.

„Ist schon gut, Kumpel. Alles gut. Ich bin für dich da, Kumpel."

Er war jetzt zwölf Jahre alt und hatte es überlebt, von einem Auto angefahren zu werden, nachdem er Jahre zuvor in der Nachbarschaft herumgestreunt war. Ich beugte mich hinunter und Casey leckte mir mit seinen Lolli-Lippen über das Gesicht, wie er es so oft getan hatte, als er mich in meiner traumatisierten Jugend tröstete.

„Ist schon gut. Ich liebe dich, Casey. Du bist der beste Freund, den man sich wünschen kann. Du bist der Beste und du hast mir geholfen, es durchzustehen." Meine Tränen fielen auf Caseys Fell. Er leckte sie ab, als wären es Schätze, an die man sich für immer erinnern sollte.

Casey sah mich mit diesen ergebenen kleinen Augen an. Ich werde seinen Blick der totalen Verehrung nie vergessen. Ich war alles für ihn, und ich bereute es, dass ich während meines College-Aufenthalts nicht bei ihm gewesen war. Es war das letzte Mal, dass ich Casey gesehen habe. Einige Wochen später rief mich mein Vater in der Studentenverbindung an und fragte mich, ob ich mit ihm in die Tierarztpraxis gehen wolle, da Casey eingeschläfert werden sollte. Ich sagte nein und fühlte mich dabei wie ein Feigling, aber ich konnte mich einfach nicht von Casey verabschieden. Damit hatte ich meinen besten Freund verloren.

***

Nachdem ich mein Studium an der Northwestern University mit zwei Hauptfächern abgeschlossen hatte, war ich finanziell pleite. Während des Studiums hatte ich zwei Jobs: als Kellner im Studentenwohnheim und als Schreibkraft in der Personalabteilung. Das und drei Sommer, in denen ich in einer Fabrik arbeitete, die Elektroden für Krankenhausmonitore herstellte, deckten meine Ausgaben, aber nicht viel mehr, sodass ich in Teilzeit arbeitete, während ich die Wirtschaftsschule auf dem Campus absolvierte. Danach begann die offizielle Suche nach einem Vollzeitjob.

Procter & Gamble führte im Rahmen des Qualifizierungsprozesses einen IQ-Test mit mir durch.

„Sie haben alle Fragen richtig beantwortet“, sagte der Anwerber aus Chicago. „Wir möchten Sie zu unserem Hauptsitz in Cincinnati fliegen.“

Ich wurde Teil der neuen Gesundheitsabteilung des Unternehmens, die Unterwäsche für Erwachsene verkaufte, was auf den ersten Blick nicht sehr attraktiv erschien. Aber aus altruistischer Sicht hielt ich die Arbeit im Gesundheitswesen für ein nobles Unterfangen, denn es ging darum, kranken Menschen zu helfen. Mein Chef nannte mich seinen „Superstar“, was meinen Kopf anschwellen ließ. Noch mehr schwoll er an dem Tag an, als ich auf einer dreispurigen Autobahn zu einem Krankenhaus gefahren wurde, nachdem ein Kombi durch eine Barrikade gefahren war. Das Fahrzeug krachte in die Seite meines Wagens und flog über mich hinweg, wobei mein nicht angeschnallter Körper nach vorne geschleudert und mein Kopf durch die Windschutzscheibe gedrückt wurde. Durch die Wucht des Aufpralls wurde mein Auto über eine Böschung und gegen einen

Fahnenmast geschleudert, der verhinderte, dass es einen steilen Hügel hinabrollte, was mich wiederum vor dem sicheren Tod bewahrte.

Ich verlor das Bewusstsein, bis ich in der Ferne Sirenen hörte. Eine Frau erschien an meiner Tür. „Alles wird wieder gut, mein Sohn", sagte sie. „Gott ist mit dir." Später fand ich heraus, dass sie nicht wirklich eine Frau war – oder ein Mensch. Sie erschien nur für einen kurzen Moment, bevor die Feuerwehr mit der Rettungsschere kam. Ich habe sie nie wieder gesehen. In der Notaufnahme sagte eine der Krankenschwestern zu mir, ich könne von Glück sagen, dass ich noch am Leben sei. Der Nachrichtensender meldete zunächst einen Todesfall – mich –, änderte die Meldung aber später in „ein Mann in kritischem Zustand".

Wochenlang erholte ich mich, während ich, in Schienen, Gips und Verbände gepackt, an die Decke starrte, ohne mich an den Unfall erinnern zu können, außer an die Frau. Sie war um die dreißig, hatte sandblondes Haar, haselnussbraune Augen und eine melodische Stimme, die mir versicherte, dass alles wieder gut werden würde. Ihr Verschwinden könnte der Einbildung meines wirren Gehirns zugeschrieben werden, wäre da nicht die Lebendigkeit dieser einen Erinnerung, die im Gegensatz zu der verschwommenen Realität des Restes steht. Nachdem ich mich so weit erholt hatte, dass ich gehen konnte, besuchte ich den Schrottplatz, auf dem mein Auto abgestellt war. Der Angestellte versicherte mir, das Auto sei nicht in der Schrottpresse gelandet. Als ich ihm sagte, dass ich der Fahrer war, starrte er mich wer weiß wie lange an, als hätte er einen Geist gesehen.

Ich dagegen starrte oft stundenlang an die Decke, während der nebligen Depression, die meist auf eine schwere Gehirnerschütterung folgt. Meine Nachbarin auf der anderen Seite des Flures klopfte gelegentlich an meine Wohnungstür, um nach mir zu sehen. Ab und zu antwortete ich. Sie unterrichtete in der Schule der lutherischen Kirche von Fairfield, Ohio, eine Einraumklasse für Erst- bis Sechstklässler. Ich vermutete, dass die Kleiderordnung dort vorschrieb, dass die Kleider nicht kürzer als wadenlang sein durften, da ich sie nie anders gekleidet gesehen hatte.

Wahrscheinlich lebte in ihrem Körper von Mitte zwanzig eine sechzigjährige Lehrerin, was ihr eine große Weisheit und ein unerschütterliches Auftreten verlieh. Sie hatte die kräftige Statur einer älteren Frau und ihr Haar, das ihr bis zum Gesäß reichte, band sie oft zu einem Dutt zusammen – manchmal auch zu einem Dutt über jedem Ohr, wie Prinzessin Leia aus *Star Wars*. Ich habe nie erlebt, dass sie fluchte, zu viel trank oder sich negativ über jemanden äußerte. Ich bot ihr in Restaurants oft absichtlich zu viel Wein an, nur um ihre christliche Entschlossenheit zu testen, aber sie lehnte ab. Wenn ich sie mit Klatsch und Tratsch in Versuchung führte, ließ sie sich nie darauf ein. Ich versuchte sie sogar mit Geld zu bestechen, damit sie ein einziges Schimpfwort sagte, aber ohne Erfolg.

Zum ersten Mal in meinem Leben konnte ich bei einer bekennenden Christin keine Heuchelei feststellen. Roxanne lebte das, wovon viele Christen nur sprachen. Für einen hingegebenen Agnostiker, der die Heuchelei der Christen (von denen ich annahm, sie seien alle Schauspieler, die die Rolle der Puritaner spielten) entlarven wollte, war es, als hätte ich ein außerirdisches Wesen aus einer unbekannten Galaxie entdeckt.

„Du gehst gar nicht mehr raus", sagte sie zu mir, nachdem sie das Licht in meiner Wohnung eingeschaltet hatte. Ich hatte die Vorhänge zugezogen, um die Mittagssonne abzuschirmen.

„Schon aus dem Bett aufzustehen, ist ein großes Unterfangen", sagte ich.

„Was ist mit deiner Arbeit?"

Vor dem Unfall hatte ich 60 Stunden pro Woche gearbeitet, aber in mir hatte sich eine Dunkelheit ausgebreitet, die sich in meiner selbst auferlegten Isolation widerspiegelte. Ich hatte das Gefühl, in einen pechschwarzen Brunnen gefallen zu sein, ohne Hoffnung, jemals aus diesem Loch herauszukommen, und mir fehlte jegliche Motivation, es überhaupt zu versuchen.

„Lass uns ein Eis essen gehen", sagte sie hoffnungsvoll.

„Nein", antwortete ich, „so bin ich gerade nicht drauf, Goochie." Es schien, als wäre der zielstrebigste Teil von mir irgendwie in einem Vakuum der Leere verschwunden und ich hätte mich irgendwie in meinem eigenen Körper und meinen Gedanken verloren. Ich nannte Roxanne „Goochie", kurz für „coochie-coochie-coo"[1], wegen ihres runden Babygesichts, ihrer prallen Wangen und der dazugehörigen Unschuld. Nur ein kindlicher Glaube wie der von Goochie

[1] Wird normalerweise von Eltern verwendet, wenn sie ihr Baby kitzeln.

konnte glauben, dass ihre Gebete einen antireligiösen Eiferer wie mich bekehren könnten.

Nach dem Unfall und trotz Goochies Bemühungen, mir bei der Flucht aus meiner Wohnung zu helfen, konnte ich mich nicht zu irgendetwas motivieren. Deshalb bestellte mich mein Chef eines Nachmittags zu sich nach Hause ein, um mich zu feuern. Ich hatte mich in weniger als sechs Monaten vom sogenannten neuen „Superstar" zum „Super-Versager" entwickelt.

„Nach dem Unfall war er nicht mehr derselbe", sagte mein Chef zu einem meiner Mitarbeiter, der mir diese Bemerkung später anvertraute. In der Tat würde ich nie wieder derselbe sein.

Kapitel 4

Meine Einführung in die Unterwelt

Sie sind „unreine Geister" (Markus 1,27), *„Lügengeister"* (1. Könige 22,23), *„die Weltherrscher dieser Finsternis" und „die geistlichen Mächte der Bosheit"* (Epheser 6,12) *sowie „Satans Engel"* (Offenbarung 12,9).

Fassungslos zog ich daraufhin zurück in das Haus meiner Eltern in Darien, Illinois, um mich vollständig zu erholen und einen Neuanfang zu planen. Meine Mutter wusch wöchentlich meine Laken und machte meine Bettdecke schön zurecht, während sie mich scheinbar 10.000-mal am Tag fragte, wie es mir ginge. Irgendwann begann sich der Nebel, der meine Gedanken trübte, zu lichten, und ich konnte wieder Sport treiben.

Meine Stellensuche führte mich zu Johnson & Johnson, dem größten Gesundheitsunternehmen der Welt, in einer der entlegensten Städte: Rockford in Illinois. Fast sieben Monate nach dem Unfall konnte ich wieder normal gehen und arbeiten.

Das bedeutete, dass ich 60- bis 80-Stunden-Wochen hatte, in denen ich zu Krankenhäusern reiste, um in den Operationssälen und Intensivpflegebereichen der Krankenhäuser Geräte für die Chirurgie zu vertreiben. In einem Krankenhaus in Freeport, Illinois, testete ich neue Vitalparameter-Monitore auf der Intensivstation (ICU). In einem Raum lag ein Mann im Sterben, während seine grauhaarige Frau an seiner Seite stand. Zwei Frauen mittleren Alters weinten und wurden von ihren jeweiligen männlichen Partnern umarmt. Blumen schmückten den Raum, und ich beobachtete, wie die Lebenszeichen des Mannes schwächer wurden. Eine unwirkliche Ruhe, die mit Händen zu greifen war, erfüllte den Raum, als könne man die heitere Gelassenheit des Sterbenden spüren. „Er war so ein wunderbarer Mann“, sagte seine Frau, und alle, die den Sterbenden umgaben, nickten zustimmend.

Im Nebenzimmer lag ein Mann mit vollem braunem Haar und tiefen Falten im Bett. An seiner Seite saß eine junge Frau, vermutlich seine Tochter, die aber eher darauf bedacht war, ihre Jugendzeitschrift zu lesen. Die Lebenszeichen dieses Mannes nahmen genauso rapide ab wie die des Mannes nebenan, aber im Gegensatz dazu fühlte sich dieses Zimmer schwer an und roch nach Verwesung. Ich suchte nach Blumen oder Karten, fand aber keine.

Dann ging ich nach draußen zur Schwesternstation, um sie über das schnelle Ableben ihrer Patienten zu informieren. Als ich zu den einzelnen Zimmern zurückgehen wollte, hielt mich eine neugierige Reinigungskraft auf.

„Gegensätzlicher könnten Männer nicht sein“, sagte sie.

„Sie kennen sie?“, fragte ich.

„In einer Kleinstadt kennt man die Leute“, sagte sie. „Der Mann mit der Familie war ein Kirchgänger, der einen Eisenwarenladen betrieb und mich immer gut behandelte. Der andere Kerl hat sich zu Tode gesoffen und mit jeder Frau geschlafen, die er finden konnte. Es gibt niemanden, der etwas Nettes über ihn sagen könnte.“

Beide Männer starben in dieser Nacht – der eine mit geliebten Menschen an seiner Seite, der andere allein, da das Mädchen, das bei ihm gewesen war, vor seinem Tod gegangen war. Was mir auffiel, war das Gefühl, das ich in jedem der Zimmer hatte. Als jemand, der nicht zu fantasievollem Denken neigt, wagte ich nicht, es auf ein spirituelles Bewusstsein zurückzuführen. Aber nichts anderes konnte das ätherische Gefühl erklären, das die diametral gegensätzlichen Eindrücke, die ich in jedem Zimmer empfand, widerspiegelte – ein Gefühl der Bedrückung und eines des Friedens.

***

Ein paar Wochen später checkte ich abends in ein Hotel ein, damit ich am nächsten Morgen für eine Operation in Davenport, Iowa, früh aufstehen konnte. Neben dem Hotel befanden sich die Reste eines baufälligen Autokinos mit Lautsprecherboxen, die gerade noch so in ihren Halterungen hingen, und einer zerrissenen Großleinwand. Als ich im Bett war mich bereits im Halbschlaf befand, erschien eine Vision von Mark Hoff, einem meiner ehemaligen

Verbindungsbrüder, aus einem düsteren Untergrund, der sich unter mir zu befinden schien.

Wenn dies ein Albtraum war, fühlte er sich auf jeden Fall ziemlich real an, denn ich konnte spüren, wie sich seine Hand in meinen Unterarm grub, als er versuchte, mich in den nebligen Abgrund zu ziehen. Erschrocken riss ich meinen Arm nach oben und sprang aus dem Bett. Da ich nicht ins Bett zurückkehren wollte, nachdem ich draußen eine Vielzahl von Menschen gehört hatte, stand ich auf, um mir den Film anzusehen, der neben dem Hotel lief, fand jedoch nur das abgedunkelte Autokino vor, aber keine einzige Menschenseele.

„Wo waren die Stimmen, die ich gehört habe?", murmelte ich vor mich hin, als ich den leeren Parkplatz überquerte. *Und diese andere Sache – Mark, der aussah wie ein Zombie und an mir zog, was sollte das bedeuten?!*

Schließlich fiel ich weit nach Mitternacht ins Bett, nachdem ich etliche Late-Night-TV-Shows „genossen" hatte.

***

Einige Wochen später nahm ich an einem Ehemaligentreffen der Triangle-Bruderschaft auf dem Campus der Northwestern University teil. Ich setzte mich mit einigen meiner engeren Verbindungsbrüder an den Esstisch, während unser Koch, „Johnny G.", unsere Hähnchen fertig brutzelte.

„Vor ein paar Wochen hatte ich einen sehr seltsamen Traum über Mark Hoff", sagte ich.

„Der Bibelfritze, der uns immer gesagt hat, dass wir gerettet werden müssen", meinte Omar.

„Ja, er hat uns immer sehr provokativ wegen seiner Religion angesprochen", sagte ich.

Darrels Augen am anderen Ende des Tisches weiteten sich. „Er ist vor Kurzem gestorben."

„Wie?"

„Autounfall", antwortete Darrell. „Er fuhr den Sportwagen seiner Eltern in Arizona. Er fuhr über eine Klippe."

„Wann?"

„Vor vier Wochen."

„Vier Wochen!" Mein Albtraum von ihm lag vier Wochen zurück. *Warum träumte ich von allen Leuten, die ich kannte, ausgerechnet von Mark?* Ich erfuhr, dass er ungefähr zu der Zeit gestorben war, als ich meine Vision von ihm hatte. Ich wollte nicht schlecht von ihm denken, aber Mark schien ein weiterer dieser christlichen Heuchler zu sein, die mit mir über die Bibel und andere christliche Dinge sprachen, während sie gleichzeitig logen. Das hatte ich erfahren, als ich als Präsident der Studentenverbindung in die Noten aller Mitglieder eingeweiht wurde. Um Mitglied bleiben zu können, musste man einen Notendurchschnitt von 3,0 oder mehr haben. Leider hatte Mark immer wieder gelogen, wenn er uns seinen Notendurchschnitt nennen sollte.

Die geisterhafte Erscheinung von Mark an seinem Todestag stellte mich jahrelang vor ein Rätsel. *Wollte er mich an einen Ort des Todes locken oder war dies eine Art Warnung?* Da ich in der gegnerischen Mannschaft gegen die Christen spielte, nahm ich an, dass Mark, als mein Aushängeschild für christliche Heuchelei, meine Überzeugung bestätigte, dass, wenn es eine Hölle gäbe, die Christen die idealen Kandidaten wären, um dort zu leben.

Andererseits, wenn Gott existierte und derjenige war, den Mark vorgab, warum griff Mark dann nach mir, um mich an dem Tag, an dem er starb, an einen dunklen Ort zu ziehen, wo Feuer unter ihm brannte? Das alles war zu unheimlich, um es zu ignorieren; es war äußerst seltsam, aber doch zu real, um es sich einzubilden. Jemand oder etwas rief sozusagen meine Nummer an.

Als Kinder träumen wir von Märchen und Fantasiewelten, leben jedoch in einer Welt, die ganz mit der Realität beschäftigt ist; aber für diejenigen, die ihn nicht kennen, lebt Gott in diesem Raum der Fantasie. Für Menschen wie mich, die als Kinder und Jugendliche nie etwas von Gottes Realität erfahren haben, war der Unglaube eine offene Tür zur Geisterwelt, die böse Geister einlud, um mit mir zu spielen. Und ich ließ sie bereitwillig spielen, selbst als Gott aus der Ferne zusah, wohl wissend, was vor mir lag: der Sturm. Ich war auf dem Weg zum Sturm.

Kapitel 5

Auch Heilige sündigen

Alle haben ja gesündigt und die Herrlichkeit Gottes verloren.

Römer 3,23 (REÜ)

An diesem Punkt meines Lebens war ich verwirrt. Einerseits war ich zu praktisch veranlagt, um zu glauben, dass das Merkwürdige etwas mit dem Jenseits zu tun hatte. Andererseits war ich von der Reihe bizarrer Ereignisse, die das Jenseits heraufbeschworen, so erschüttert, dass ich nicht leugnen konnte, dass es eine andere Realität gab als die, die ich sehen und hören konnte. Als mich eine Verwaltungsangestellte in einem Krankenhaus in Rockford, in dem ich arbeitete, fragte, ob ich die *First Assembly of God Church* kannte, sagte ich (natürlich) nein, aber ich gönnte ihr trotzdem den Versuch, mich zu bekehren, wie es schon so viele Hoffnungsvolle in der Vergangenheit getan hatten. Außerdem gehörte ihre chirurgische Abteilung zu unseren Kunden.

„Sie werden den Geist Gottes auf eine Weise erleben, die Sie in Erstaunen versetzen wird“, sagte sie. „Möchten Sie diesen Sonntag mit mir (zum Gottesdienst) kommen?“

Ich mochte diese Frau, weil sie mir geholfen hatte, mich mit den Chirurgen im Krankenhaus bekannt zu machen. Außerdem hatte ich vor Kurzem die dunkle Seite der spirituellen Welt kennengelernt und dachte mir, dass ich vielleicht meine Erfahrungen mit der „anderen Seite“ ausbalancieren könnte. Ich wollte aber meinem stolzen Ich nicht eingestehen, dass ich mich tief in meinem Inneren danach sehnte, diesen Gott zu kennen, den Goochie persönlich zu kennen schien – und zwar nicht nur als Seiten in einem Buch. Ich rief Goochie an, um ihr mitzuteilen, dass ich eine Gemeinde in Rockford besuchen würde, und sie rief „JA!“, wie eine Cheerleaderin, die ihre Football-Mannschaft anfeuert, die kurz davor ist, an der Zwei-Yard-Linie zu punkten.

An jenem Sonntag betrat ich die vollbesetzte Kirche und spürte die Vibrationen eines donnernden Chors und einer Band, die unbekannte Lobpreislieder schmetterten. Offensichtlich fühlten sich diejenigen, die ihre Hände hoben, in Übereinstimmung mit den Worten des Lobpreises, die auf eine Leinwand projiziert wurden. Es kam mir vor wie ein verrücktes Rockkonzert voller Menschen im Rausch des Wunschdenkens. Nach der Anbetungsmusik stand eine Frau auf und begann in einer Sprache zu sprechen, die teils arabisch, teils „Mumbo-Jumbo“ zu sein schien. Nachdem sie geendet hatte, setzte sie sich wieder hin. Gleich danach stand ein Mann auf und begann eine Botschaft auf Englisch zu sprechen, die in etwa so lautete:

„Die Ströme des Lebens fließen durch den Himmel und werden auf der Erde als Erfrischung ausgegossen, aber am Horizont wird ein Sturm kommen, der eine Reinigung herbeiführt, und alles wird wieder in Ordnung gebracht werden …“

Sprach er zu mir? Jahre später wurde mir klar, dass diese Worte tatsächlich für mich bestimmt waren.

Bis heute erinnere ich mich grob an das, was der Mann sagte. Nach dem Gottesdienst kam ein um die dreißig aussehender Mann auf mich zu und sagte, die Verwaltungsmitarbeiterin, die mich eingeladen habe, habe ihn gebeten, sich mir vorzustellen. Ich fragte ihn nach dem seltsamen Ritual, das ich gerade in seiner Kirche beobachtet hatte. Er erklärte mir, dass es sich um „Zungenreden“ und „Zungenauslegung“ handelte, was sich für mich wie etwas anhörte, das man vielleicht bei einer afrikanischen Stammeszeremonie finden konnte. Dann kritzelte er die Worte der so genannten Prophetie auf einen Zettel, den er mir gab (und der jahrelang in meiner Schrankschublade lag).

„Wir beginnen jetzt gleich eine Gruppe für Studenten und Berufstätige, und ich würde Sie gerne dorthin begleiten“, sagte er.

Vielleicht treffe ich dort ja ein paar nette Mädels, dachte ich, also sagte ich „Ja.“ Ich saß neben dem Mann, der mich eingeladen hatte, und schaute mich um, um die im Raum verstreuten jungen Damen zu begutachten, und qualifizierte nur diejenigen, die ihre Hände nicht zur Anbetung hoben, weil ich dachte, das seien die weniger fanatischen unter ihnen. Als der Redner am Podium stand und darüber sprach, wie Gott Gebete erhört – ich bin mir nicht sicher, wann genau es geschah –, richtete sich meine Aufmerksamkeit weniger auf mögliche Verabredungen als vielmehr auf das, was der Pastor lehrte.

Er sprach darüber, dass die Sünde wie die versteckten Flecken auf einem Lampenschirm ist, der sauber zu sein scheint, bis man das Licht anmacht, um seine Unvollkommenheit zu enthüllen. Er erklärte, das Licht Jesu sei wie eine Glühbirne, die die Dunkelheit aufdeckt. Wir seien der Lampenschirm, und die Unvollkommenheiten seien Flecken oder Sünden, die unseren Körper, unsere Hülle, verdarben, oder so ähnlich. Merkwürdigerweise ergab das für mich einen Sinn. Als ich über den Fremden nachdachte, der jetzt aus meiner agnostischen Rüstung heraustreten wollte, fühlte ich mich wie ein Zuschauer. *Wurde mein Gebet von vor Jahren erhört, als ich zu einem unbekannten Gott gebetet und ihn gebeten hatte, sich mir als mehr als Seiten in einem Buch zu offenbaren*?

Es gab keinen Altarruf, aber am Ende der Predigt fragte der Redner, ob jemand sein Leben Jesus übergeben wolle, dann solle man ein Handzeichen geben. Meine Hand zuckte sofort in die Luft, in einer unkontrollierbaren spastischen Reaktion durch diesen Jemand oder dieses Etwas, das nun von mir Besitz ergriffen hatte. Nachdem ich nach vorne gerufen worden war, betete ich das so genannte „Übergabegebet", ohne dass es irgendeine spürbare Wirkung hatte. In dieser Nacht jedoch fiel ich in meiner Wohnung zu Boden und geriet in einen tranceartigen Zustand, als wäre ich betrunken und hätte Halluzinationen.

Sofort reiste mein Geist in einen jenseitigen Raum des absoluten Friedens und der Freude, in etwas, das ich am besten als eine traumartige Feier beschreiben kann – eine Art Geburtstagsfeier. Es gab etwas, das wie ein imaginäres Feuerwerk aussah, einen Eindruck von tanzenden, obskuren Gestalten und die Wahrnehmung eines schemenhaften Gesichts, das mich anlächelte. Ich hatte auch das Gefühl, innerlich umarmt zu werden, in einer Art geistlicher Welt, die sich jedem klaren Verständnis entzieht. Ich tanzte sogar mit diesen surrealen Gestalten und wusste von ganzem Herzen, dass dies nicht nur meine Einbildung war. Es war realer, als es die irdische Wirklichkeit je gewesen war.

Ein ungewohntes Gefühl der Freude überkam mich, als hätte ich nie zuvor Freude gekannt, lediglich Momente des Glücks, die durch die jeweilige Situation bedingt waren. Doch dieses Gefühl der Freude war wie ein vollständiges Eintauchen in eine uneingeschränkte Freude. Jeder Teil von mir wurde gesättigt, geliebt und wahrgenommen, und jedes Gefühl war auf die Menschen in meiner Mitte gerichtet. Er war real. Er war gut. Er war Jesus. Er war Gott!

***

„Wer bist du?“, fragte ein enger Freund aus der Northwestern University als Antwort auf meinen enthusiastischen Anruf, ich hätte „Gott getroffen“. Meine Erwartung, dass John sich für mich freuen würde, schlug plötzlich in Enttäuschung um.

„Es ist, als würde ich dich nicht kennen“, sagte ein anderer Freund, als ich ihm dasselbe mitteilte. Sie hatten das Gefühl, ich hätte mich plötzlich in einen Außerirdischen verwandelt.

Meine atheistischen und agnostischen Freunde missbilligten meine neu entdeckte Beziehung zu Jesus und wollten keine Freunde mehr sein. Ich hatte das Diesseits verlassen und war in eine geistliche Welt eingetreten, die ihnen ebenso zuwider wie verräterisch vorkam. Sie glaubten (wie ich), dass Christen heuchlerische Fanatiker seien. Es war eine Ironie, dass ich zu der Person geworden war, die ich einst verachtet hatte, denn ich konnte fast nicht glauben, dass ich trotz einer von Kämpfen geprägten Kindheit all die Jahre so dumm gewesen war, Jesus zu verleugnen. Jetzt verstand ich, dass Jesus real ist und mein Unglaube falsch war.

***

Eine weitere Ironie fiel mir auf. Die dunkle Unterwelt schien mir als Agnostiker realer zu sein als die himmlische Welt Gottes. Aber jetzt wurden die Mächte und Gewalten der Finsternis zu unbekannten Geistern, während der Geist Christi in meine Seele eindrang wie ein fehlendes Körperteil, von dem ich nicht einmal gewusst hatte, dass es existierte.

Monatelang fühlte es sich wie ein natürliches Hoch oder ein übernatürlicher Rausch an, bewiesen durch meine „Bless You's" („Sei gesegnet!") an zufällige Kassiererinnen, Müllmänner, Postboten und so ziemlich jeden, der mit mir Augenkontakt aufnahm. Eine solch dramatische Veränderung für einen introvertierten Menschen wie mich kann nicht mit Glück erklärt werden, da Glück von einer Situation abhängt.

Nein, dieses Gefühl der Freude kam aus dem Herzen. Es überwand selbst die schwierigsten Situationen, wie die, als ich mich in einem Hotel auf der Michigan Avenue in Chicago aufhielt und um 3 Uhr morgens aufwachte und wegen eines Asthmaanfalls nach Luft schnappte. Selbst als ich auf der Suche nach einer geöffneten Apotheke die Straße hinuntertaumelte, um einen Inhalator zu kaufen, und dann auf dem Gehweg zusammenbrach, bevor mich ein Polizist rettete und in die Notaufnahme des *Northwestern University Hospital* brachte, war diese Freude noch da. Die ganze Zeit über hatte ich meinen Herrn gelobt. Das stellte einen wirklich dramatischen Sinneswandel dar.

Mir dämmerte, dass das Spirituelle sich während meiner Zeit „vor Christus" durch äußere Einflüsse gezeigt hatte, wie durch die Frau bzw. den Engel, der mir durch das zerbrochene Fenster meines zertrümmerten Autos Leben eingeflößt hatte. Es war auch in der dämonischen Stimme zu hören gewesen, die vom alten Friedhof herüberschallte, als ich mit Brad dort vorbeijoggte, und ebenso in dem grausigen „Besuch" des kürzlich verstorbenen Verbindungsbruders.

Und dann war da natürlich noch das unheimliche Gefühl, dass der Tod bei der Totenwache von Onkel Carlyle oder nach dem Tod unseres Nachbarn in Cherry Hill in mein Denken eingedrungen war. Mein Geist war jetzt durch eine innere Präsenz geweckt worden, die in sanften Eingebungen und unleugbarem Flüstern zu mir sprach – eine Präsenz, die ich als den Heiligen Geist kennenlernte. Ich begann mich für die „leise Stimme" zu interessieren, von der in christlichen Kreisen so oft gesprochen wird. Für mich war es überhaupt keine leise Stimme. Es war ein Gefühl, eine Wahrnehmung, eine Güte, die in meinem Denken eine absolute Gewissheit erzeugte.

***

Ich begann, mich mit dieser neue Sprache zu beschäftigen, der Sprache des Geistes. Einmal, während einer Bibelstudiengruppe, platzte ich vor einer jungen Dame damit heraus, dass Gott sie von ihrer Laktoseintoleranz geheilt habe. Warum ich das tat, weiß nur Gott, aber anscheinend stimmte es, denn sie teilte mir später mit, sie habe mehrere Liter Milch ohne Nebenwirkungen getrunken. In einem anderen Fall erklärte ich einem jungen Mann auf untypische Weise, dass sein Traum, Pastor zu werden, „nicht nur ein Traum, sondern eine Berufung durch Gott“ sei. Der Mann erwiderte, er habe um eine Bestätigung von jemandem gebetet, dass sein Wunsch, Pastor zu werden, real und nicht nur eingebildet sei.

Diese forschen Aussagen erschreckten mich zunächst, da ich dazu neigte, ein stiller Beobachter zu sein. Plötzlich wurde ich in den aktiven Dienst hineingezogen und wandelte mich schnell vom Kirchenbankwärmer zum aktiven Teilnehmer. Worte der Erkenntnis und prophetische Äußerungen, wie sie der Apostel Paulus beschreibt, häuften sich nun, da ich mehr und mehr meinen inneren Eingebungen vertraute – dieser beharrlichen Ahnung, dem ersten Eindruck, der ein Gefühl der Dringlichkeit vermittelte (vgl. 1. Korinther 12,8). Die Worte schienen richtig zu sein, da sie Frieden und Klarheit hervorbrachten. Ich vertraute einfach darauf, dass alles vom Heiligen Geist kam, aufgrund des neuentdeckten Glaubens, dass Gott in der Stille unserer Seele spricht und nicht in der forschen Überzeugung, Recht haben zu müssen.

***

Als eine Freundin aus der Gemeinde mich fragte, ob ich mit ihr und zwei anderen zu einem verlassenen Haus an der *Bloods Point Road* gehen wolle, fiel ich in meiner geistlichen Entwicklung etwas zurück.

„Das soll wohl ein Witz sein“, sagte ich. „Ein verlassenes Haus, das buchstäblich an einer Straße namens *Bloods Point* (Blutstelle) liegt?“

„Ja, hier spukt es“, sagte sie.

„Okay …“

„Ja, wirklich. Viele meiner Freunde sind dort gewesen und haben Dinge gesehen oder gehört.“

„Geister?“

„Es gibt nur einen Weg, das herauszufinden“, sagte sie.

Also fuhren wir an einem Wochenende zur Bloods Point Road.

Die lange, unbefestigte Straße zwischen endlosen Reihen hoher Maisstängel schien nirgendwohin zu führen, außer zu einem weiteren Maisfeld. Wie eine Fata Morgana tauchte dann plötzlich auf der rechten Seite ein eingezäuntes Grundstück auf, das von verdorrtem Gras gesäumt war. Es war ein hoch aufragendes, verlassenes Relikt, das uns durch seine zerbrochenen Fenster anstarrte. Das Haus im viktorianischen Stil mit seiner verfallenen grauen Fassade, den verschnörkelten Säulen, den Dachgiebeln auf vier Seiten sowie einem Eckturm, der schief in den Himmel ragte und zweifellos einen geheimen Knochenhaufen beherbergte, wirkte bedrohlich.

„Das gleicht zu sehr einem Drehbuch", sagte ich zu den anderen Autoinsassen.

„Das ist das Haus in der Bloods Point Road", antwortete die Fahrerin, die mich eingeladen hatte.

Als der Sonnenuntergang nahte, färbte sich der Himmel grau.

„Habt ihr das gesehen?", fragte einer der Mitfahrer auf dem Rücksitz etwas nachdenklich.

„Was?", antwortete ich schnell.

„Die Vorhänge im Fenster oben rechts wurden aufgezogen."

„Auf keinen Fall", sagte die Fahrerin. „Das Haus ist verlassen."

„Wende den Wagen und richte deine Scheinwerfer auf das Haus", sagte ich zu ihr.

Als sie den Wagen wendete, um das Licht auf die Hausfassade zu richten, schienen die Vorhänge tatsächlich aufzugehen.

„Hast du gesehen, was ich gesehen habe?", fragte ich.

„Ja … lass uns verschwinden", sagte die Fahrerin.

Ich nehme an, dass jemand, der im Glauben reifer ist, den Reiz, ein Spukhaus oder ein von Dämonen besetztes Haus zu besuchen, vermeiden würde. Doch unsere christliche Gruppe besuchte dieses baufällige Haus mehrmals. Jedes Mal unterhielten uns die Dämonen mit Erscheinungen wie einem Gebrüll, das ertönte, wenn wir an dem Haus vorbeifuhren; einem Licht, das bei Sonnenuntergang den Feldweg hinunterschwebte – ohne eine Person, ein Auto oder ein Fahrrad, die es ausgestrahlt haben könnten; oder der schattenhaften Gestalt im Fenster im Obergeschoss in einem Raum, den eigentlich niemand betreten konnte, weil die Innentreppe schon vor langer Zeit eingestürzt war.

Bis heute erinnere ich mich an das Erlebnis aus der Unterwelt, das mich am meisten erschütterte. Es geschah in der Abenddämmerung auf dem Maisfeld gegenüber dem gespenstischen Haus. Während die vordere Fliegengittertür im Wind flatterte und es klang, als würde jemand mit den Lippen schmatzen, starrten uns die Fenster im Obergeschoss mit ihren geschwärzten Augen an. Bei heruntergekurbelten Fenstern konnte ich im Maisfeld ein leises Wimmern hören, das mir wie der Schrei eines verängstigten Kindes vorkam.

„Halt an!“, sagte ich zu unserer Fahrerin.

„Warum?“

„Ich glaube, ich höre ein Kind im Maisfeld weinen.“

„Ein was?“

„Ein Kind, wie ein verlorenes Kind oder so, das da draußen weint!“

Meine Freundin hielt den Wagen an. Hätte ich nicht die Befürchtung gehabt, dass auf dem Feld tatsächlich ein Kind weinte, hätte ich nie einen Fuß in dieses Maisfeld gesetzt. Aber ich fand mich dabei wieder, wie ich Maishalme wegschob und mit meiner Taschenlampe in alle Richtungen leuchtete, ohne zu wissen, ob ich einen Geist oder eine Leiche sehen würde. Jedes Mal, wenn ich vorwärts oder seitwärts ging, bewegte sich das wimmernde Geräusch in eine andere Richtung. Ein zuvor noch verblassender Sonnenuntergang verwandelte sich nun in die Dunkelheit der Nacht.

Oh Herr, ich weiß, dass ich das nicht verdiene, aber bitte rette das Kind oder mich, wenn das ein Dämon ist. Ich betete sowohl still als auch offen bei jedem Schritt, während ich den Strahl der Taschenlampe verzweifelt in alle Richtungen lenkte.

„Jesus, was immer es ist, nimm es weg“, rief ich. „Wenn es ein Kind ist, dann lass es mich finden, aber wenn es ein Geist ist, dann halte ihn davon ab, mich zu verfolgen, Jesus!“

Das Wimmern ließ sich an einer Stelle nieder, die etwa drei Meter vor mir und mindestens dreißig Meter vom Auto entfernt lag. Ich bewegte mich langsam vorwärts, während ich mit der Taschenlampe auf den Boden leuchtete. Es war keine Leiche zu sehen, aber ein schwefelhaltiger Geruch lag in der Luft. Plötzlich hörte das Wimmern auf und es war nur noch das Zirpen der Grillen zu hören. Ich eilte zurück zum Auto, stieg ein, schlug die Tür zu und sagte: „Weg hier, schnell!"

Als ich nach dieser Fahrt zum Haus an der Bloods Point Road in meinem Haus in Rockford ankam und aus dem Auto stieg, schwankte die Autoantenne schnell hin und her, als hätte eine Hand sie zurückgebogen, um sie dann loszulassen. Diese Hin-und-Her-Bewegung setzte sich auch dann noch fort, als mein Auto schon einige Minuten in der Garage geparkt war.

Schließlich lag ich im Bett und lauschte dem Gewitter draußen, aber das Donnergrollen fühlte sich bedrohlicher an als sonst. Ich spürte eine bedrückende Präsenz in meinem Zimmer und Angst stieg in mir auf, als wäre ein dämonischer Geist in meinem Auto mitgefahren, um mir nach Hause zu folgen. Eine neue Schwere drückte auf meine Brust, und ich begann nach Luft zu ringen, als hätte ich einen Asthmaanfall. Nach mehreren Inhalationen spürte ich Erleichterung. Schließlich schlief ich ein, während ich den krachenden Geräuschen des Gewitters lauschte.

Am nächsten Tag fuhr ich, als wäre ich nicht schon genug gestraft, allein zu dem schrecklichen Haus – diesmal bei Tageslicht. Als ich mich der Adresse näherte, sah ich die gotischen Türmchen des Hauses nicht, also fuhr ich näher heran, um davor zu parken. Das ehemals gespenstische Gebäude lag nun in Trümmern, mit gesplitterten Paneelen und zerbrochenem Glas auf dem verkohlten Boden verstreut. Offenbar hatte in der Nacht zuvor ein Blitz in das Haus eingeschlagen und es dem Erdboden gleichgemacht. Der Sturm musste einen Tornado mit sich gebracht haben, denn es waren nur Trümmer übriggeblieben. Ich fühlte mich von Gott verhöhnt, weil ich ihn immer wieder herausgefordert hatte und zu diesem Haus zurückgekehrt war. Gott sei Dank sorgte er dafür, dass ich nie wieder in dieses Haus mit seiner süchtig machenden, bösen Verlockung zurückkehrte.

***

An jenem Tag habe ich eine wichtige Lektion gelernt. Gott wird die Quelle der Sünde nicht dulden, weil diese Quelle seine Kinder durch ihre trügerische Anziehungskraft verletzt. Auch wenn wir schwach sind, ist Gott ein starker Hüter unserer Seele, der sogar die von ihm geschaffenen Elemente einsetzen wird, um uns von der Ursache unserer Sünde zu befreien. In diesem Fall räumte ein irdischer Sturm das Böse aus dem Weg, das in und um das Haus an der Bloods Point Road wohnte.

Jahre später sollte ich Zeuge eines Sturms anderer Art werden – eines geistlichen Sturms. Dieser Sturm würde die dämonischen Festungen in der Welt niederreißen, so wie Gott die Geister zerstörte, die das Haus in der Bloods Point Road bewohnten oder umgaben. Dieser kommende Sturm, den ich zum ersten Mal im Himmel sehen sollte, ist von einer Intensität, die diese Welt für immer verändern und den Willen Gottes in einem viel größeren Ausmaß offenbaren wird, als es jeder natürliche Sturm je könnte. Dieser Sturm wird nicht nur dämonische Festungen zerstören, sondern auch die größte Erweckung in der Geschichte der Menschheit einleiten.

Kapitel 6

Beziehung oder Religion?

Dies aber ist das ewige Leben, dass sie dich, den allein wahren Gott, und den du gesandt hast, Jesus Christus, erkennen.

Johannes 17,3

Ich weiß, dass Gott zu jedem von uns über Dinge spricht, die uns nur persönlich betreffen, aber manchmal fordert er uns auf, öffentlich über ihn zu sprechen. Ich war kein öffentlicher Redner, aber anscheinend sucht sich Gott gerne Menschen aus, die das Gegenteil ihrer natürlichen Neigungen tun sollen. Ich habe gelernt, dass Gott unsere Schwächen am besten dazu benutzt, seine Stärke zu verdeutlichen und zu erweisen. Er gibt sich selbst in uns hinein, so wie man eine leere Tasche füllen kann. Was meine introvertierte Natur betrifft, so war meine Fähigkeit, mutig zu sprechen, wirklich vergleichbar mit einem leeren Gefäß.

Das erste Mal, als ich jemandem ein „So spricht der Herr" verkündete, fühlte ich mich, als stünde ich nackt vor der Gemeinde. Ein Mann kam während des Gottesdienstes zum Gebet nach vorne. Danach schlenderte er in Richtung des hinteren Ganges. Ich fühlte mich gedrängt, ihm zu folgen, und merkte, dass meine Handflächen schwitzten. Ich dachte, Gott wolle, dass dieser Mann einen neuen Job annimmt, und dass dieser neue Job darin bestehen würde, mit einem christlichen Vorgesetzten zusammenzuarbeiten, der ihn in eine neue geistliche Aufgabe einführen würde. Es war seltsam, dass ich das dachte, aber meine Handflächen hatten noch nie zuvor geschwitzt, und der Drang, mit dem Mann zu sprechen, zog an mir wie ein Gummiband, damit ich die Botschaft loswerden konnte, die mich jetzt plagte. Bevor er zur Tür hinausging, fasste ich den Mut, auf ihn zuzugehen und ihn zu fragen, ob ich ihm etwas mitteilen dürfe. Sein Rücken richtete sich auf, als er zustimmte: „Natürlich."

„Hallo", sagte ich. „Mein Name ist Randy Kay."

„Ted Schroeder", stellte er sich vor. „Sind wir uns schon einmal begegnet?"

„Nein."

Jetzt kam der schwierige Teil. Ich sagte: „Ich hatte einfach das Gefühl, dass Gott will, dass ich Ihnen etwas mitteile", und wartete auf eine Antwort.

„Oh … okay."

„Ich glaube, ich hörte Gott sagen, dass Sie eine neue Stelle annehmen sollen und dass Ihr neuer Vorgesetzter Christ sein und Sie in die Berufung hineinführen wird, die Gott für Sie hat."

Danach war ich drauf und dran, aus der Tür zu rennen und nie wieder in diese Kirche zurückzukehren, aber die Augen des Mannes öffneten sich so weit, dass man meinte, sie würden gleich aus ihren Höhlen herausspringen. „Ich habe gerade ein Jobangebot erhalten, und der Mann, dem ich unterstellt sein würde, ist Christ. Ich habe bisher unter jemandem gearbeitet, der geflucht hat und nicht wirklich ein guter Kerl war, und ich habe gebetet, dass Gott mich zu etwas führt, bei dem ich ihm besser dienen kann!"

Jetzt spürte ich, wie *meine* Augäpfel hervortraten. Ich hatte noch nie so mutig über etwas gesprochen, von dem ich buchstäblich nichts wusste. Ein oder zwei Mal hatte ich gehört, dass Christen von der „stillen Stimme" sprachen, aber ich konnte mich nie mit der stillen Eingebung des Geistes Gottes identifizieren, bis ich diese Botschaft überbrachte. Es fühlte sich ein wenig so an, wie ich es mir bei jemandem mit dem Tourette-Syndrom vorstellte – wie ein unwillkürlicher Zwang, Worte auszusprechen. Aber im Gegensatz zum Tourette-Syndrom, bei dem die Leute Obszönitäten ausstoßen, hatten meine Worte den Mann aufgerichtet. Er bedankte sich ausgiebig und verließ die Kirche mit neuem Schwung.

***

Als ich lernte, den Impulsen des Heiligen Geistes zu vertrauen, öffneten sich die Schleusen für diese neu entdeckte Gabe, die immer häufiger auftrat, wenn ich in meiner Kleingruppe und bei spontanen

Gemeindetreffen Gottes Eingebungen aussprach. Einige Male wurden meine Erklärungen zwar auch mit verständnislosen Blicken quittiert, aber je mehr ich mich auf Gottes Stimme einstellte, desto mehr verbesserte sich die Genauigkeit des „richtigen Gefühls", das mir eine unnatürliche Zuversicht gab, göttliche Worte an andere weiterzugeben – Worte, die Bände zu Fremden sprachen. Ich erkannte, dass meine introvertierte Persönlichkeit im Gegensatz zu meinem extrovertierten Geist stand, der Gott einfach nur ehren wollte, indem er sich immer weiter in die tiefen Gewässer seiner Salbung hineinwagte.

Ich dachte darüber nach, dass Gott oft die unwahrscheinlichsten Menschen benutzt, um seine Botschaften zu übermitteln, wie z. B. Paulus, den Christenverfolger, der später die damals bekannte Welt evangelisierte, oder Mose, den Stotterer, der Gottes Zehn Gebote verkündete, oder Maria Magdalena, eine Prostituierte – sie alle lehren uns die reine Hingabe an Christus. Alle diese biblischen Beispiele halfen mir zu verstehen, warum Gott einen ehemals überzeugten Agnostiker und praktisch denkenden Menschen, der nun gestorben war, dazu benutzen würde, mit Jesus im Himmel herumzureisen. Vorerst lernte ich, im Geist zu wandeln, ohne zu erkennen, dass Gott wollte, dass ich sprintete. Ich ahnte nicht, dass ein kommender Sturm mich zwingen würde, ein Wort zu verkünden, das alles verändern würde.

Manche Menschen werden an ihre charismatischen Gaben herangeführt, indem sie zunächst eine eher liturgische Gemeinde besuchen. Aber zu meiner Einführung in das Christentum gehörte es, Zeuge einer großen Menge von Wundern zu werden. Jeden Sonntag wurde mindestens eine Person geheilt oder bekam eine Prophetie. Später erfuhr ich, dass meine erste Gemeinde das erlebte, was viele eine „Erweckung" nennen. Die klassische Definition einer christlichen Erweckung verweist auf *ein geistliches Wiedererwachen aus einem Zustand des Schlafs im Leben eines Gläubigen und das Erwachen zur Evangelisation Ungläubiger*. Eine Erweckung führt dazu, dass sich eine große Zahl von Menschen zu Jesus als ihrem Herrn und Retter bekennt.

Ich habe beides erlebt. Meine Bekehrung vom militanten Agnostiker zum feurigen Gläubigen löste in meinem Geist eine Erweckung aus, bei der ich die Gaben der Prophetie (in der griechischen Übersetzung als „die Wahrheit sagen oder vorhersagen" definiert) und

Worte der Erkenntnis (die Fähigkeit zu wissen, was Gott im Leben eines anderen tut oder zu tun beabsichtigt) erlebte. Später ereigneten sich Heilungswunder und ich lernte, dass Gott Gaben für verschiedene Phasen des Lebensweges eines Menschen mit Christus freisetzen kann.

***

Am Anfang hatte ich das Gefühl, die Berufsgeistlichen seien die wichtigste Stimme Gottes und die Kirchenbesucher könnten Gaben erhalten, die nur gelegentlich während des Sonntagsgottesdienstes eingesetzt werden. Wahrscheinlicher würden sie die Gaben ausüben, wenn sich außerhalb der Kirche eine Gelegenheit bietet, was ich allerdings selten erlebte. Die mangelnde Gelegenheit, meine neuen Gaben auszuüben, empfand ich als frustrierend. Es war, als wäre ich nur ein Teilzeit-Christ.

Eine Zeit lang schloss ich mich der großen Armee von Gottes „Kirchenbankwärmern" an. Wie die meisten Christen suchte ich nach Gelegenheiten, wo ich meine Freude in Christus mit der säkularen Welt teilen konnte, fand aber nur wenige. Als zum Beispiel eine Krankenhausschwester ihre Mutter an Krebs verlor, sagte ich ihr: „Ich werde für dich beten." Leider ist dies ein gängiges Mantra unter Christen, das mehr Klischee als Hingabe ist.

Tatsache ist, dass sich die Ausübung des Glaubens auch heute noch auf Kleingruppen, kirchliche Ämter, ehrenamtliche Arbeit und sogenannte „offene Türen" beschränkt, wobei man eine barmherzige Form des Christentums praktiziert, z. B. wenn jemand in unserer Mitte eine Krise erleidet. Aber das wird sich jetzt ändern. Der Sturm im Himmel hat mich das gelehrt.

Unterdessen widmete ich mein „junges" Leben dem beruflichen Aufstieg statt einer Stelle im geistlichen Dienst. Nach einem Praktikum bei einer Public-Relations-Firma schrieb ich für die *Chicago Tribune* kleine Artikel. Außerdem schrieb ich freiberuflich Artikel für *Forbes* und andere Wirtschaftspublikationen, während ich gleichzeitig an der Business School der Northwestern University ein Aufbaustudium in Betriebswirtschaft absolvierte. Im Alter von sechsundzwanzig Jahren wurde ich schließlich der jüngste Manager in einer Abteilung für medizinische Geräte bei Johnson & Johnson.

In meinen Dreißigern kaufte ich ein Haus in der San Francisco Bay Area, wurde mehrmals befördert und zog dann nach Texas, um bei der Entwicklung einer großen Fusion innerhalb von Johnson & Johnson zu helfen. Danach kehrte ich nach San Francisco zurück, um ein neu erworbenes Unternehmen von Johnson & Johnson zu unterstützen, bevor ich eine große Gemeinde besuchte, wo ich in mehreren Bibelkursen sowie auch im Hauptgottesdienst lehrte.

***

Eines Tages sprach mich bei einem Gemeindefest eine junge Frau an einem der Stände wegen einer Kleingruppe an, die ich leitete. Ich war ihr in meiner babyblauen Hose, die bis zur Taille hochgezogen war, dem dazu passenden karierten blauen Hemd und meinen zurückgegelten Haaren aufgefallen. Offensichtlich schreckte sie mein „nerdiger" Modestil nicht ab, da sie unter dem Vorwand zu meinem Stand kam, eine Kleingruppe zu suchen. Ihr goldenes Haar und ihr ansteckendes Lächeln verwandelten meine Aufmerksamkeit sofort von einem heiligen Bestreben in eine körperliche Anziehung. Ihr Name war Renee Vanderbilt.

Dienstagabends kamen Renee und etwa acht andere zu mir, um die Bibel zu studieren, aber in Wirklichkeit studierten wir die ganze Zeit nur einander – so sehr, dass Renee und ich schon nach wenigen Wochen fast die Sätze des anderen zu Ende sprechen konnten. An einem denkwürdigen Tag in der Kirche bat ich Renee um eine Verabredung und versprach ihr, mit ihr nach Angel Island in der Bucht von San Francisco zu fahren, wo ich ihr auf einer grasbewachsenen Anhöhe mit Blick auf die Stadt ein selbstgemachtes Essen servieren wollte.

„Du solltest mir lieber ein großes Essen einpacken, denn ich esse sehr viel", sagte meine schlanke Freundin, die aussah, als würde sie kaum eine Mahlzeit ganz aufessen.

Ich packte vier Sandwiches, Krautsalat, Essiggurken, aufgeschnittenes Obst und Schokoladentrüffel in einen Korb, und wir fuhren mit der Fähre nach Angel Island, der größten Insel in der Bucht. Nachdem wir auf einem Feld neben einer alten Bürgerkriegsfestung gegessen hatten, spazierten wir über die Insel, die mit historischen Relikten aus den beiden Weltkriegen übersät war. Wir besichtigten auch die Haftbaracken der Insel, in denen einst Einwanderer aus über achtzig Ländern (hauptsächlich Chinesen und Japaner) registriert, festgehalten und/oder inhaftiert worden waren.[1]

Renee blieb etwas zurück, um den Anblick zu genießen, während ich schon um die Kurve lief, um die mit Segelbooten übersäte Bucht vor dem Hintergrund der Golden Gate Bridge zu betrachten. Ein sanfter Meereswind wehte durch das hohe Gras der Insel, die von den wellenförmig verlaufenden Spitzen der Golden Gate Bridge bewacht wurde. Während die umliegenden Klippen von weißen Wellenkämmen umspült wurden, die in die Bucht rollten, stand ich da und pries Gott. Als der Wind durch die Luft wehte, hörte ich Gottes Stimme in meinem tiefsten Inneren erklingen. Er sagte: „Renee soll deine Frau werden."

Wenn ich ganz ehrlich bin, frage ich mich noch heute, ob die Stimme hörbar gewesen war. Da ich nicht zu fantasievollem Denken neige, konnte ich den Klang nur als Wahrnehmung eines sehr ausgeprägten Echos akzeptieren, das vielleicht vom Wind zu Silben geformt wurde. Ich glaube, dass dies das erste Mal war, dass Gott mit einer himmlischen Stimme zu mir gesprochen hat, obwohl ich es damals nicht als solches zu betrachten wagte. Natürlich hatte ich Jahre später keine andere Wahl, als diese Stimme erneut zu hören, und zwar auf eine unbestreitbare Weise.

Bis zu diesem Zeitpunkt hatte ich noch nie etwas mit einer solchen zu Herzen gehenden Überzeugung wahrgenommen, das sich so tief in meine Seele eingegraben hat. Die Worte Gottes vermischten sich mit dem warmen Wind eines ansonsten so frischen Nachmittags. Ich sagte darüber kein Wort zu Renee, bis ich ihr ein paar Wochen später an Bord der *Hornblower*-Yacht einen Heiratsantrag machte. Dort speisten wir während einer abendlichen Kreuzfahrt in der Bucht von San Francisco und betrachteten dabei die Golden Gate Bridge in ihrem fernen Lichterglanz. Trotz der Ungewissheit über ihre Antwort hatte ich einen großen Teil meines Bankguthabens für einen Diamantring ausgegeben. Zum Glück sagte Renee „Ja" zu mir, als ich vor ihr auf dem Boden kniete.

Sechs Monate später standen wir am Fuße der *Bridal Falls* im *Yosemite National Park* und gaben uns vor dem *Ahwahnee Hotel* inmitten von etwa hundert Gästen das Eheversprechen. Gemessen

[1] https://de.wikipedia.org/wiki/Angel_Island (Zugriff am 19.08.2024).

an herkömmlichen Maßstäben geschah es plötzlich, aber ich hatte gelernt, auf die subtilen Eingebungen von Gottes Geist zu hören. Als Gott durch den Wind zu mir sprach, wurde mir klar, dass er sicherstellen wollte, dass ich *seine* Wahl für meine Frau kannte, da ich bis ich fünfunddreißig war hartnäckig an meinem Single-Dasein festgehalten hatte. Erst bei meinem Besuch im Himmel hörte ich wieder eine solche Erklärung von Gott. Ich bin der festen Überzeugung, dass Gottes göttliche Anweisung damals dazu dienen sollte, mich auf die bevorstehenden übernatürlichen Ereignisse vorzubereiten.

In der Anfangszeit unserer Ehe haben wir viel in Bezug auf das Übernatürliche gelernt, vor allem als wir von Renees Schwangerschaft erfuhren, unserem „Flitterwochen-Baby", das während unserer Hochzeitsreise gezeugt wurde. Wir besuchten Griechenland, Korinth, die Insel Patmos, Ephesus (in der Türkei) und Ägypten, Jerusalem und Bethlehem als unsere „biblische Tour". Ich denke oft an die Zeit zurück, als ich in der Höhle lag, in der der Apostel Johannes seine Offenbarung von Gott empfing, um mich daran zu erinnern, dass der Himmel nur eine göttliche Eingebung entfernt ist (wie ich später entdecken sollte).

Wir brauchten das Fundament, das wir uns im Heiligen Land angeeignet hatten, vor allem nach der Nachricht von Renees Gynäkologen, dass eine Lücke in der Wirbelsäule unseres Babys die Diagnose *Spina bifida* bedeuten würde.

An jenem Freitagnachmittag und während des gesamten Wochenendes beteten Renee und ich fast unaufhörlich und flehten Gott an, unser Baby zu heilen. Am Sonntag kam wieder diese Überzeugung in mein geistliches Herz – dieses Wissen, das über jeden Zweifel erhaben war –, nur dass Gott mir dieses Mal erklärte, dass unser Sohn geheilt worden war. Am nächsten Tag kehrten wir für eine weitere Ultraschalluntersuchung ins Krankenhaus zurück. Der Arzt betrat unser Zimmer und schüttelte den Kopf.

„Ich habe beide Scans überprüft und dann erneut überprüft, und es gab eine Lücke, aber jetzt gibt es keine Lücke in der Wirbelsäule", sagte er.

Renee und ich sahen uns lächelnd an. Sieben Monate später wurde unser Sohn Ryan als gesundes Baby geboren. Das bestätigte mir, dass es tatsächlich Wunder gibt.

Während meiner Arbeit im Gesundheitswesen führte ich Tagebuch über Ryans Geburt und jedes wichtige Ereignis in seinem Leben. Renee und ich versuchten vergeblich, ein weiteres Kind zu zeugen. Wir hielten an unserem Glauben fest, dass Gott uns mit einem weiteren Baby segnen würde, weil wir die Macht des Gebets und der Fürbitte kennengelernt hatten. Als Pastor Rich Marshall in der *Springs of Life Church* in San Jose, Kalifornien, „Paare, die schwanger werden wollen", zum Gebet nach vorne rief, traten wir sofort an den Altar.

Gleich als Rich seine Hände auf Renees Kopf legte, fiel sie zu Boden. Ich fing sie auf, aber auch ich sackte zu Boden. Dort sah ich ein blendendes, goldenes Licht, das vor mir leuchtete. Nach etwa zwanzig Minuten auf dem Boden kehrten wir zu unseren Sitzen zurück. Weniger als einen Monat später gab Renee bekannt, dass ihr Schwangerschaftstest positiv war. Acht Monate später kam unsere geliebte Tochter zur Welt.

***

Obwohl wir Wunder erlebten, beklagte ich immer noch die Tatsache, dass ich Gott mit meinen Gaben nicht routinemäßig außerhalb der Gemeinde dienen konnte. Der Pastor einer Gemeinde in der Nähe unseres Hauses erfuhr von meinem Wunsch, mehr zu dienen, und lud mich ein, in seiner Gemeinde Kurse zu geben. Dort lehrte ich über die geistlichen Gaben und hielt auch einen Kurs über die Ausübung des Glaubens am Arbeitsplatz. Wenn ich schon kein Pastor in der Gemeinde sein konnte, so dachte ich, dass ich doch zumindest versuchen könnte, Menschen an meinem Arbeitsplatz mit dem Evangelium zu erreichen und im Glauben zu begleiten.

Ich gründete christliche Gruppen in jeder der Geschäftsstellen meines Unternehmens, wo wir uns in der Mittagspause und gelegentlich nach der Arbeit trafen. In einer Abteilung in San Jose, Kalifornien, rief mich eines Tages die Vizepräsidentin der Personalabteilung in ihr Büro.

„Sie leiten eine christliche Gruppe, die sich auf dem Campus trifft?", fragte sie.

„Ja."

Ihre gerötete Haut verriet, dass in ihrer schlanken Gestalt ein dämonisches Lagerfeuer brannte.

„Eine Person von Ihren Leuten verteilte einen Flyer, der Ihr Treffen nach der Arbeit in einem unserer Konferenzräume ankündigte, und sie gab ihn an einen unserer Vizepräsidenten weiter, der sehr verärgert war. Er hatte das Gefühl, missioniert zu werden.

„Es tut mir leid, dass er verärgert war“, sagte ich. „Ich bin sicher, es war nur eine nette Geste.“

„Nein.“ Sie schob ihren Stuhl vom Schreibtisch weg und blähte ihren Oberkörper auf. „Das war nicht akzeptabel, Randy. Sie wissen, dass unsere Firmenpolitik es verbietet, dass sich religiöse Organisationen auf dem Campus treffen.“

„Nein, das wusste ich nicht, denn ich habe den Gebäudemanager um ein Zimmer gebeten, und er hat Ja gesagt.“

Ihre Augen schienen pechschwarz, als sie mit zusammengebissenen Zähnen lächelte. „Dann lassen Sie es mich ganz klar sagen, Randy. Unsere Firmenpolitik verbietet religiöse Versammlungen auf dem Campus. Und da Sie der Anführer dieser Gruppe sind, mache ich Sie dafür verantwortlich. Wir werden alle Verstöße, die in Ihrem Namen begangen werden, untersuchen.“

Nach meiner Entlassung aus ihrem Büro wurde eine Untersuchung eingeleitet. Bei zahlreichen Gelegenheiten befragte mich ein Vertreter der Personalabteilung zu verschiedenen Dingen und suchte nach ungeheuerlichen Vergehen, wie „Wessen Kopiergerät haben Sie benutzt?“ oder „Haben Sie Firmenpapier für den Druck Ihrer Flyer verwendet?“ Ich beantwortete jede Frage und bestätigte, dass für die Planung weder Geräte noch Papier der Firma verwendet worden waren. Ich hatte die Rechnung für alles bezahlt. Offensichtlich suchte die Vizepräsidentin der Personalabteilung nach einem Grund, mich zu entlassen.

Ein christlicher Freund aus dem Verwaltungsrat sagte, die Frage, ob ich wegen meines „Verhaltens“ entlassen werden könne, sei in einer Verwaltungsratssitzung zum Thema geworden.

„Es ging bis zum Vorstand?!“, fragte ich ungläubig.

Bei einer weiteren Überprüfung der Unternehmensrichtlinien konnte niemand eine Erklärung finden, die Treffen religiöser Organisationen nach Feierabend in den Einrichtungen des Unternehmens verbietet. Von einem Freund erfuhr ich, dass ein Weinclub seine Treffen auf dem Campus abhielt, ein klarer Verstoß gegen die Unternehmensrichtlinien, die den Konsum von Alkohol auf dem Campusgelände untersagten. Die von mir gegründete christliche Gruppe tat nichts Unrechtes. Dennoch wollte der Vorstand darüber abstimmen, ob ich aus dem Unternehmen entlassen werden würde.

Eines Nachts weckte mich der Heilige Geist mit dem klaren Eindruck, dass Gott in der Firma „aufräumen“ würde. Als ich am Morgen im Büro ankam, stürmte eines der Mitglieder unserer christlichen Gruppe in mein Büro und sagte: „Ich hatte letzte Nacht den seltsamen Traum, dass Gott einen Hausputz macht.“ Damals verstand ich nicht, was damit gemeint war, aber eine Woche später verließen alle Mitglieder des Vorstands aus verschiedenen Gründen das Unternehmen. Einer starb. Zwei traten zurück. Zwei gingen in den Ruhestand, darunter die Vizepräsidentin der Personalabteilung, die mich ursprünglich verurteilt hatte, und der Präsident. Nur ein Vorstandsmitglied blieb übrig. Es war mein christlicher Freund, der die Rolle des Geschäftsführers im Unternehmen übernahm und mir versicherte, dass unsere christliche Gruppe sich jederzeit und überall auf dem Campus treffen könne.

„Und übrigens“, sagte er. „Ich erlaube euch, unsere Kopierer und unser Papier zu benutzen, um eure Flugblätter zu drucken, wenn ihr das möchtet.“

Die Untersuchung, die zur Beendigung meines Arbeitsverhältnisses führen sollte, wurde eingestellt, und zwar nicht nur, weil es keine Beweise gab, die meine Entlassung gerechtfertigt hätten. Sie endete, weil Gott in dem Unternehmen aufräumte und die Vorstandsmitglieder durch solche ersetzte, die unserer christlichen Gruppe freundlich gesinnt waren. Das ist die Kraft von Gottes Sturm – er räumt auf und schafft klare Verhältnisse. Nach dieser Erfahrung wurde mir klar, dass Gott Hausputz macht, weil Menschen dazu neigen, seine Pläne zu vereiteln. Jedes Haus muss gereinigt werden.

Den Hausputz, den ich in der physischen Welt erlebte, würde ich eines Tages in einem noch viel größeren Maßstab miterleben – in der ganzen Welt. Aber die Ereignisse in der Firma machten mich mit der Dynamik vertraut, wie Gott arbeitet. Erstens: Wenn der Heilige Geist eine Veränderung ankündigt, kommt er mit einer Botschaft, die nur unser Geist verstehen kann, so wie er mir den Begriff „Hausputz“ eingab. Zweitens kommt die Ankündigung einer Veränderung oft mit einer Bestätigung durch eine andere Person (z. B. einen Propheten), wie die Kollegin, die mir sagte, sie habe denselben Begriff im Traum gehört. Drittens entfernt Gott die Ungerechten, und ersetzt dann die Autoritätsperson(en) des Feindes durch seine eigenen Leute.

Unsere christliche Gruppe wurde nicht nur zur größten außerbetrieblichen Gruppe auf dem Firmengelände, sondern wir gründeten auch mehrere christliche Gruppen in Unternehmen in der San Francisco Bay Area. Außerdem half ich zahlreichen Christen an anderen Arbeitsplätzen im ganzen Land, interne christliche Gruppen zu gründen. Ich begann zu verstehen, dass es nicht erforderlich ist, in der Kirche zu *sein,* um „Kirche zu leben". Die Bibel sagt: *„Denn wo zwei oder drei versammelt sind in meinem Namen, da bin ich* [Jesus] *in ihrer Mitte"* (Matthäus 18,20). Alles, was ich brauchte, war ein Quorum von zwei oder drei, und Jesus würde unsere Versammlung mit seiner Gegenwart segnen.

Dieses kleine Beispiel von Gottes Hausputz sagte eine zukünftige Hausputzaktion in der Welt voraus, die ich nach meinem Tod zu sehen bekam. Heute wundere ich mich über die Art und Weise, wie Gott die scheinbar „schwachen" Dinge in der Welt benutzt, um die starken zu „beschämen" (siehe 1. Korinther 1,27).

Kapitel 7

Religion aufgeben

Eine Religion, die so klein ist, dass wir sie verstehen können, wäre nicht groß genug für unsere Bedürfnisse.

Grenville Kleiser

Während mir verschiedene Facetten von Gottes Sturm klar wurden, von der Beseitigung des Bösen bis zu dem Neuen, das Gott hervorbringt, schien es mir, als würde mich Gott auf etwas vorbereiten. Aber ich wusste nicht, wie dieses „Etwas" in meinem Leben oder im Leben anderer konkret aussehen würde. Ich fühlte mich überhaupt nicht besonders, obwohl ich, wie viele andere Menschen auch, unbedingt mehr tun wollte.

Manchmal denke ich daran, wie Gott den Apostel Paulus mit einem Blitz himmlischen Lichts überwältigt hat. Während er mit Blindheit geschlagen war, wurde Paulus nach Damaskus geführt, wo Christus ihn anwies zu warten. Manchmal hatte auch ich das Gefühl, dass ich mich in einem Stadium des Wartens befand, die Zukunft nicht sehen konnte und doch wusste, dass Gott mehr von mir wollte als die Teilzeitbeziehung, die die Einschränkungen der organisierten Religion bieten.

Ich begann, die Geschichte der Kirche zu erforschen, wobei mir bewusst war, dass die westliche Kirche ganz anders war als die erste Gemeinde, von der ich in der Apostelgeschichte gelesen hatte. Wir wohnten inzwischen in unserem 165 Quadratmeter großen Haus in Pleasanton, Kalifornien, etwa vierzig Meilen östlich von San Francisco, wo ich in meinem weniger als 30 Quadratmeter großen Büro an einem weißen IBM-Desktop-Computer arbeitete. Im Jahr 1993 steckten das Internet und das World Wide Web noch in den Kinderschuhen. Ich konnte nur begrenzte Erkenntnisse über die frühe Kirchengeschichte aus dem Internet und aus meinen gelegentlichen Besuchen in der Bibliothek gewinnen.

Ich entdeckte, dass die Urgemeinde in Jerusalem, unter der Aufsicht von Jakobus, dem Bruder von Jesus, existiert hatte. Diese Versammlung bestand nur aus Juden. Paulus setzte sich später dafür ein, dass seine nichtjüdischen Konvertiten anerkannt wurden, aber gegen Ende des ersten Jahrhunderts trennten sich die Christusgläubigen weitgehend von der Synagoge.

Da die Gläubigen keine Kirchengebäude besaßen, in denen sie sich treffen konnten, versammelten sie sich meist in ihren Häusern als voneinander abhängige Gemeinschaft. Die erste Hausgemeinde wird in Apostelgeschichte 1,13 erwähnt, wo sich die Jünger Jesu im „Obersaal" trafen.

Das erste Kirchengebäude entstand Anfang des 3. Jahrhunderts, aber es dauerte noch fast ein Jahrhundert, bis Kaiser Konstantin die Form der Kirche einführte, die wir heute in der westlichen Welt im Allgemeinen vorfinden.

Konstantin trat während der großen Christenverfolgung in Erscheinung, die im Jahr 303 unter dem römischen Kaiser Diokletian begann. Im Jahr 305 kämpften dann mehr als sechs verschiedene Generäle um die Nachfolge Diokletians. Konstantin hob sich von den anderen ab, weil er sich zum Christentum bekannte und mutig Jesus zum Schutzpatron seiner Armee erklärte. Im Jahr 313 gab es nur noch zwei Anwärter: Konstantin und Licinius. Beide erließen gemeinsam das *Edikt von Mailand*, welches das Christentum zu einer legalen Religion machte und die Verfolgung offiziell beendete. Aber erst im Jahr 324 wurde Konstantin schließlich alleiniger Herrscher des Römischen Reiches.

Konstantin sah den Glauben des Christentums an einen einzigen Gott als Plan zur Einigung eines Reiches, das zwei Jahrzehnte lang stark gespalten gewesen war, und er erkannte, dass das Christentum selbst nicht geeint war. Er berief im Jahr 325 das Konzil von Nicäa ein, um die 1800 Bischöfe aus dem ganzen Reich zusammenzubringen und eine offizielle Lehre auszuarbeiten, die die Grundlage für eine einheitliche Kirche bilden sollte. Konstantin bestellte das gesamte

Konzil ein und bezahlte alle Kosten. Er gewährte den Bischöfen sogar das Recht auf kostenlose Beförderung mit dem kaiserlichen Postsystem.

Auf diese Weise legte das Konzil das Fundament der orthodoxen (katholischen) Theologie und erklärte mehrere abweichende Theologien für „häretisch". Konstantins Unterstützung gab der Orthodoxie zunächst die Möglichkeit, von den Christen zu verlangen, dass sie ihre Lehrformulierungen übernehmen. Doch in den nächsten Jahrzehnten ging es mit der Kirche auf und ab. Innerhalb eines Jahrhunderts wurde das Christentum zur offiziellen Religion des Römischen Reiches erklärt, während die nichtchristlichen Religionen stark zurückgingen.

Das Christentum in den entwickelten und neu entdeckten Ländern folgte im Wesentlichen derselben ursprünglichen kirchlichen Lehre, abgesehen von einigen Abwandlungen, wie z. B. den Erklärungen Martin Luthers, der Schlüsselfigur der protestantischen Reformation, oder Lady Jane Greys, die neun Tage lang Königin von England war, aber 1554 enthauptet wurde, weil sie sich der Kirche von England widersetzte. Sie hatte erklärt, dass jeder von Gott hören könne, nicht nur durch das, was ein Priester von der Kanzel sagt. Lady Jane war in den Zeiten, in denen sie verspottet und verfolgt wurde, ganz entspannt, indem sie „in der Gegenwart und der unterstützenden Kraft" Christi ruhte sowie eifrig in der Heiligen Schrift las und betete.

Stellen Sie sich meine Freude vor, als mein Vater, ein begeisterter Ahnenforscher, mir eines Tages erzählte, er habe die Abstammung unserer Familie bis zu Lady Jane Grey zurückverfolgt. Dies passte gut zu meiner damaligen Auffassung (in den 1990er Jahren), dass Gott das Haupt ist – nicht die Kirche. Daher war es notwendig, dass sich das kirchliche Modell von einem „Zuschauersport" zu einem aktiven Engagement des gesamten Leibes Christi änderte.

Zu dieser Zeit wurde ich von der Kirche, in der ich Kurse unterrichtete, gebeten, in ihrem Verwaltungsrat mitzuarbeiten. Bei einem Frühstückstreffen mit dem Seniorpastor schlug ich eine Veränderung vor. „Ich habe die Leute über die Gaben des Geistes unterrichtet, und wir haben durch Tests und Bestätigungen die spezifischen Gaben bestimmt, die der Heilige Geist denjenigen gegeben hat, die in unserem Kurs sind", sagte ich. „Das Problem ist aber, dass, wenn wir erkennen, dass eine Person die Gabe des Hirten, der Heilung oder der Lehre hat, es normalerweise für sie keinen Platz gibt, um ihre Gaben in der Gemeinde auszuüben."

„Doch, natürlich", antwortete er. „Wenn jemand die Gabe des Lehrens hat, dann kann er Menschen in kleinen Gruppen unterrichten. Und wenn jemand die Gabe der Heilung hat, dann kann er für Menschen beten.

„Aber bei den übernatürlichen Gaben kann sich eine Person, die sie ausübt, zunächst unwohl fühlen, z. B. wenn sie um Heilung betet oder eine Prophetie ausspricht", sagte ich. „Ich denke, du musst die Gemeinde von der Kanzel zu diesen Dingen ermutigen ... weißt du, die Gabe der Prophetie und andere übernatürliche Gaben einfach erklären."

„Ich denke, dass der Heilige Geist das bewirken wird, nicht ich."

„Naja, aber du bist der Leiter und Pastor der Kirche, deshalb denke ich, dass du zumindest etwas dazu sagen solltest."

„Ich habe das Gefühl, dass Gott das schon machen wird, ohne dass ich darauf dränge."

„Was ist mit der Gabe des Hirten?", fragte ich. „In unserer Gemeinde mit etwa 3.000 Mitgliedern gibt es mehrere Personen, die die Gabe haben, Hirte zu sein, aber nur du und die angestellten Mitarbeiter können die Herde offiziell pastoral betreuen."

An diesem Punkt hörte der Pastor auf zu essen, neigte den Kopf nach unten und starrte mich über seine Brille hinweg an.

„Was würdest du dann vorschlagen, wie ich Menschen mit der Gabe des Hirten einsetzen kann?", fragte er.

„Bestimme ein Team von ehrenamtlichen Pastoren in der Gemeinde", sagte ich. „Ich werde dir ihre Namen nennen, aber du kannst selbst erkennen, wer sie sind, nämlich diejenigen, die sich regelmäßig um die Leute kümmern und darauf achten, dass sie gut versorgt sind. Sie sind deine Seelsorger, diejenigen, die sich die Zeit nehmen, Leute zu Hause anzurufen, um sich einfach zu erkundigen, wie es ihnen geht.

Der Pastor schob seinen Teller beiseite. „Du willst also, dass ich ein Team von Pastoren ernenne?"

„Ja, warum nicht? Du und die drei anderen Pastoren sind bezahlte Mitarbeiter. Dann hast du einen unbezahlten ehrenamtlichen Stab von mehreren Pastoren; nicht nur deine Kleingruppenleiter, sondern auch Leute, die den Menschen zu Hause und im Beruf nachgehen, sie zum Mittagessen einladen oder vielleicht an ihrem Arbeitsplatz besuchen und bei Bedarf der Gemeinde helfen. Sorge dafür, dass das Pastorale dezentralisiert und weit verbreitet ist, um den Menschen routinemäßig zu dienen.“

„Das machen doch die Leiter der Kleingruppe“, sagte er. „Du leitest derzeit doch auch eine Kleingruppe, oder?“

„Ich spreche von einem bestimmten Team von Pastoren in der Gemeinde, die dir und den Mitarbeitern helfen können, sich um Menschen zu kümmern – nicht nur Kleingruppenleiter, sondern Co-Pastoren.

Der Pastor schaute auf seine Uhr. „Ich habe in zehn Minuten einen Termin, aber ich werde darüber nachdenken und beten. Danke für die Idee.“ Damit war unser Gespräch beendet, und der Pastor stand auf und verließ im Laufschritt das Lokal.

Am liebsten wäre mir eine Gemeinde nach Art der Apostelgeschichte gewesen, die auf Gemeinschaft statt auf kirchlichen Veranstaltungen basiert, aber nach diesem Treffen mit dem Pastor passierte nichts. Wenn die konventionelle Religion einmal Wurzeln geschlagen hat, ist es schwer, sie zu ändern. Dennoch ist und bleibt Gottes Aufmerksamkeit immer auf seine geliebten Kinder gerichtet – und manchmal benutzt er ein anderes Modell als die Norm. Auch ich war der Meinung, dass Kleingruppen die Grundlage für die Beziehungen innerhalb der Gemeinde sind, aber ich wusste auch, dass Gott immer unsere Komfortzone infrage stellt, um eine neue Welle der Ausgießung seines Geistes einzuleiten. Später sollte mich Gottes Sturm die ganze Tragweite dieser Wahrheit lehren.

Viele Menschen, die in unseren Kursen unterrichtet wurden, verließen unsere Megagemeinde, weil sie sich entweder nach einer tieferen Beziehung sehnten, als sie diese Gemeinde bot, oder weil es ihnen nicht gelungen war, dauerhafte Beziehungen innerhalb der Gemeinde aufzubauen. Mich frustrierte das mangelnde Engagement in der Gemeinde, und wie viele „Laien“ wandte ich mich wieder meiner Arbeit und meiner Familie zu.

***

Ich verließ Johnson & Johnson und wechselte zu dem am schnellsten wachsenden Pharmaunternehmen der Welt, das damals *Elan Pharmaceuticals* hieß. Die Entdeckung eines neuen Medikaments zur Vorbeugung der Alzheimer-Krankheit hatte das Unternehmen zu einer Expansion und zur Übernahme von drei anderen Unternehmen hochkatapultiert, darunter eines mit Sitz in San Diego, Kalifornien. Als wir vier Unternehmen zu einem einzigen zusammenführten, folgten eine Reihe von Eingnungsbewertungen. Ich wurde Corporate Operations Director für das neue biopharmazeutische Unternehmen. Renee, unsere Kinder Annie (inzwischen fünf Jahre alt) und Ryan (inzwischen fast sieben Jahre alt) und ich zogen nach San Diego um und kauften ein etwa 450 Quadratmeter großes Haus in Meeresnähe.

Das *Time Magazine* bildete unser neues Medikament auf der Titelseite ab. Ich flog nach Washington, D.C., um dabei zu helfen, das mit Spannung erwartete mögliche „Heilmittel" für Alzheimer der Welt vorzustellen. Alle großen Nachrichtensender brachten Interviews mit unserem Chefwissenschaftler.

Nach unserer Rückkehr aus Washington erhielt ich eine niederschmetternde Nachricht. Neun von fast 300 Patienten in der letzten Phase unserer drei klinischen Studien hatten eine Enzephalitis, eine Schwellung des Gehirns, entwickelt. Die Food and Drug Administration (FDA) erzwang einen Rückruf unseres Medikaments, und das bedeutete, dass wir unsere Pläne, es auf den Markt zu bringen, nicht weiterverfolgen konnten.

Die Aktien unseres Unternehmens verloren daraufhin fast ihren gesamten Wert, nachdem sie zuvor auf ein Rekordhoch gestiegen waren. Ich verlor dadurch über Nacht mehr als eine Million Dollar. Vor allem aber tat es mir um die vielen an Alzheimer erkrankten Menschen leid, die letztlich an dieser schrecklichen Krankheit starben, darunter auch meine Mutter, die einige Jahre später verstarb. Nachdem meine gesamte Abteilung entlassen worden war, wurde auch ich ein Opfer von Entlassungen. Wie in allen Unternehmen, in denen ich gearbeitet hatte, hatte ich auch hier eine christliche Gruppe gegründet.

Mein letzter Tag in diesem Pharmaunternehmen endete mit einem Gebetstreffen in einem der Konferenzräume. Als ich danach den

Raum verließ, sah ich eine Menge Mitarbeiter, die die Geländer der Flure über mir säumten und mir applaudierten. Mir kamen die Tränen und ich hielt mir die Hand vor die Brust, als ich zum Abschied winkte und das Gebäude zum letzten Mal verließ.

Kurze Zeit später fing unsere Tochter an, nächtliche Anfällen und das Tourette-Syndrom zu erleben. Es äußerte sich in unkontrollierbaren, ruckartigen Kopfbewegungen nach dem Essen. Als Elfjährige, die gerade in die Pubertät eintrat, weigerte sich Annie oft, mit Freunden in der Cafeteria der Schule oder bei gesellschaftlichen Anlässen zu essen, weil sie Angst hatte, sich zu blamieren. Mehrere Male gingen Renee oder ich nach Mitternacht in Annies Zimmer, nachdem sie heftig geschrien hatte. Wir versuchten, sie mit Kopfmassagen zu beruhigen, aber ohne Erfolg. Ich erinnere mich, dass ich mitten in der Nacht an ihrem Bett saß und still betete. Aus Frustration schrie ich die Luft an und forderte Gott auf, Annie zu heilen oder zu befreien, während sie sich in Qualen wand.

Mehrere Besuche bei einem Spezialisten führten zu keiner Diagnose. Dann fand Renee einen Kinderneurologen, der bei Annie eine hemiplegische Migräne diagnostizierte, eine seltene Form von Mini-Schlaganfällen, die zu einer Schwäche auf einer Körperseite (Hemiplegie) und schmerzhaften nächtlichen Angstzuständen führen. Der Spezialist verschrieb Medikamente, um Annies traumatische Erlebnisse zu unterdrücken, aber sie litt immer noch an Tourette – allerdings reduzierten die Medikamente das Vorkommen.

Irgendwann gab ich fast 1000 Dollar pro Tag in Behandlungszentren aus, um Annie zu helfen. Wir waren dabei, schnell pleite zu werden. Während der Stille unserer nächtlichen Gebete kamen Renee und mir die Tränen. Unsere kostbare Tochter, die ein „Herz aus Gold" und ein Lächeln hatte, das in jeder Situation Freude verbreitete, hatte allmählich immer wieder tiefe depressive Phasen. Es schien, als würde uns Gott nicht mehr mögen.

Für eine kurze Zeit arbeitete ich als Vorstandsvorsitzender eines Biotech-Unternehmens, aber es wurde schließlich veräußert, wie es bei Biotech-Unternehmen häufig der Fall ist. Ich hätte 80 Millionen Dollar aufbringen müssen, um das Unternehmen über Wasser zu halten, trat aber dann zurück, obwohl wir einen Großteil unserer persönlichen Finanzen dort investiert hatten. Zusammen mit

Hunderttausenden von Dollar an Arztrechnungen brachte uns dies an einen Punkt der finanziellen Verzweiflung. Eine Erinnerung hatte sich wie eine schwere Last in meinem Kopf festgesetzt und mich noch tiefer in die Depression gezogen: Als ich damals in unserem Schlafzimmer zu Renee hinüberschaute, sah ich, dass sie schluchzte.

„Was ist los?“, fragte ich.

„Wir haben kein Geld mehr“, sagte sie.

Wir hatten Millionen von Dollar verloren, einschließlich unserer persönlichen Investitionen in das Biotech-Unternehmen, weil die Aktien aufgrund des zurückgezogenen Alzheimer-Medikaments eingebrochen waren. Zusammen mit den steigenden Arztrechnungen waren wir pleite und psychisch am Ende.

„Gott, diesmal musst du auf den Plan treten“, rief ich eines Abends, während ich an die Decke unseres leeren Schlafzimmers starrte.

Ich musste einen Job finden, also flog ich nach New Jersey, um mich bei meiner Alma Mater, Johnson & Johnson, in New Brunswick für eine Stelle zu bewerben. Die Person, die die offene Stelle besetzen sollte, sollte ein kardiovaskuläres Team leiten, das sich auf minimalinvasive Chirurgie konzentrierte. Aufgrund meiner klinischen Ausbildung und meiner Erfahrung im Geschäftsleben fühlte ich mich für die Stelle gut geeignet. Nach einer langen Reihe von Vorstellungsgesprächen, bei denen ich nicht einmal Zeit für einen Schluck Wasser hatte, nahm ich den Rückflug nach San Diego und schlief an Bord des Flugzeugs ein.

Während dieser Zeit lag ich im Sterben, aber ich wusste es nicht. In Wahrheit würde ich in wenigen Stunden tot sein. Während ich schlief, war ich mir nicht bewusst, dass Gott mich von Angesicht zu Angesicht treffen wollte.

TEIL II

Jesus im Himmel begegnen

Kapitel 8

Der Tod und der zweite Himmel

Wir sind aber getrost und begehren sehr, den Leib zu verlassen und daheim zu sein bei dem Herrn.

2. Korinther 5,8 (LUT)

Nach der Landung in San Diego wurde ich von Renee nach Hause gefahren, begrüßte Ryan, Annie und unsere beiden kleinen Hunde und ging direkt ins Bett. Gegen vier Uhr morgens wachte ich auf, weil ich auf die Toilette gehen musste. Ich spürte eine Schwere in der Wade meines rechten Beins, als hätte jemand ein Gewicht an meinen Unterschenkel gebunden. Unfähig, wieder zu schlafen, ging ich die Treppe hinunter in die Küche. Bei jedem Schritt hatte ich stechende Schmerzen.

Zuerst nahm ich an, ich hätte Krämpfe in den Beinen, weil ich mich am Vortag zu wenig bewegt hatte. Ich ging zur Garage, um mein Fahrrad zu holen, in der Hoffnung, dass ein wenig Bewegung entlang der Küste auf der Route 101 meine Schmerzen lindern würde. Normalerweise entspannten die Wellen des Ozeans, die mit ihrer gläsernen, vom Sonnenaufgang geküssten Oberfläche an Land gespült wurden, meine Seele. Doch dieses Mal fiel es mir selbst auf der ebenen Straße schwer zu atmen, während mein Unterschenkel bei jedem Tritt in die Pedale pochte.

Auf dem etwa zwei Kilometer langen Heimweg bemerkte ich, dass meine Wade wie geschwollen aussah. Gleich nachdem ich die Haustür geöffnet hatte, hüpfte ich auf einem Bein zur Küchentheke, um meinen Inhalator aus einer der Schubladen zu holen, weil ich dachte, mein starkes Keuchen würde von einem Asthmaanfall herrühren. Ich begann, Eier und Speck für das Frühstück zuzubereiten und hielt regelmäßig inne, um weitere Züge aus dem Inhalator zu nehmen, ohne dass es etwas brachte.

Dann hörte ich ein Klopfen an der Tür und sah, dass zwei Freunde zu Besuch kamen, also hüpfte ich auf meinem linken Bein die Treppe hinauf, um Renee zu wecken. Während wir uns zu viert an unseren Esstisch setzten und unterhielten, rieb ich mein Bein, in der Hoffnung, die Schwellung zu lindern, von der ich annahm, dass es eine Muskelzerrung war. Nachdem das Paar gegangen war, machte ich weiter das Frühstück. Danach versuchte ich, den Müll zu leeren, aber auf halbem Weg zwischen der Küche und dem seitlichen Garten gab ich die Idee auf. Niedergeschlagen hüpfte ich in Richtung Familienzimmer und fiel in einen Stuhl, während ich nach Luft schnappte.

„Du musst das untersuchen lassen“, sagte Renee.

Da wir an diesem Wochenende einen Familienausflug in die Berge geplant hatten, beschloss ich, dass die schnellste Lösung darin bestand, ein entzündungshemmendes Mittel für mein Bein und möglicherweise ein Schmerzmittel zu besorgen, und rief an diesem Freitag in der Praxis des Orthopäden an, um meine Situation zu schildern. Glücklicherweise war ein Termin abgesagt worden, sodass ich noch am selben Tag vorbeikommen konnte. Jetzt klingelte das Telefon in meinem Heimbüro.

„Hallo“, sagte ich zwischen zwei Atemzügen.

„Hallo Randy. Hier ist Kathy von Johnson & Johnson.“

„Hallo Kathy“, sagte ich und hielt inne, um Luft zu holen. „Schön, von dir zu hören.“

„Ich möchte Ihnen die Stelle des Direktors anbieten“, sagte sie. Es handelte sich um die kardiovaskuläre Stelle, für die ich mich beworben hatte. Sie erläuterte mir die Einzelheiten meines Stellenangebots, und ich sagte schnell „Ja“ zu ihrem Angebot. Ich konnte unser Gespräch gerade noch beenden, bevor mir schwindlig wurde und ich eine Zeitlang nicht mehr sprechen konnte.

Renee war noch beim Frühstück, bot mir aber an, mich zur Arztpraxis zu fahren. Ich bestand stur darauf, selbst zur nahe gelegenen Praxis in Oceanside zu fahren, und keuchte während der gesamten kurzen Fahrt.

Nachdem ich aus dem Wartezimmer in die Arztpraxis gehumpelt war, erklärte ich mein Dilemma.

„Wie lange ist es schon so geschwollen?“, fragte er.

„Gestern Abend begann es anzuschwellen“, sagte ich.

„Drücken Sie mal Ihren Fußballen für mich auf den Boden“, sagte er. „Tut das weh?“

„Eigentlich nicht.“

„Drücken Sie jetzt mal Ihre Ferse gegen den Boden.“

Als ich das versuchte, sank ich vor Schmerzen zu Boden, da ich nicht mehr stehen konnte. Wenige Augenblicke später wurde ich ohnmächtig und wurde in die Notaufnahme gebracht, wo Blutuntersuchungen, ein Ultraschall meines rechten Beins und eine Computertomographie meiner Brust durchgeführt wurden. Nach einer Weile kam der Arzt mit den Ergebnissen zu mir ins Zimmer.

„Sie haben sechs Blutgerinnsel, die Ihre Lungenarterie verstopfen, Mr. Kay“, sagte er.

„Was … bedeutet … das?“, flüsterte ich erschöpft.

„Es bedeutet, offen gesagt, dass Sie ein wandelnder Toter sind“, sagte er. „Ich würde Sie am liebsten sofort ins UCSD-Krankenhaus (University of California in San Diego) bringen, um Ihren Brustkorb zu öffnen, damit ein Spezialist dort die Gerinnsel entfernen kann, aber Sie würden es nicht bis dorthin schaffen.“

Männer und Frauen in weißer Krankenhauskleidung brachten nun ihre Ausrüstung in mein Zimmer, darunter ein Beatmungsgerät und Behälter mit Lösungen und Blutgerinnungshemmern. Danach erinnere ich mich an nichts mehr, außer dass ich in einem Zimmer aufwachte, in dem mein Herz raste, als würde es mir aus der Brust springen.

Der Mann neben mir wurde plötzlich schnell aus dem Zimmer und in die Isolierstation gebracht, weil man entdeckt hatte, dass er eine hoch ansteckende, medikamentenresistente bakterielle Infektion hatte. Später erfuhr ich, dass er mich angesteckt hatte, was zu weiteren Blutgerinnseln führte. Die Sepsis breitete sich bald in meinem Körper aus und verursachte einen Stau von roten Blutkörperchen, der den Arzt daran hinderte, mir Blut aus dem Arm zu entnehmen.

Unkontrollierbare Krämpfe ließen meinen Körper nun auf dem Bett herumspringen, wie ein Fisch auf dem Trockenen. In diesen Sekunden kämpfte ich darum, die Kontrolle nicht zu verlieren. Zugleich aber wollte ich aufgeben. Dann – in scharfem Kontrast zu der Angst, die mein schneller Herzschlag, die Schwere in meiner Brust und die Taubheit auslösten – hörte mein Kampf auf.

Nach einem sanften Ziehen in meiner Brust, verfiel ich in eine absolute Stille. Das Ziehen ermöglichte es meinem Geist, irgendwie über meinem reglosen Körper zu schweben, der jetzt unweit von mir auf dem Tisch lag. Ein Licht von oben umhüllte mich plötzlich und zog mich sanft nach oben. Ich fühlte einen vollkommenen Frieden in einem Raum der Dunkelheit, der von dem Licht, das jetzt von oben kam, leicht erhellt wurde. Ich war tot.

***

Für einen Moment blickte ich hinunter, um meinen Körper zu sehen, fand es dabei aber überhaupt nicht merkwürdig, dass ich kurz zuvor noch in einem Krankenhausbett gelegen und Krämpfe gehabt hatte. Seltsamerweise herrschte jetzt eine vollkommene Ruhe in mir. Mein praktisch veranlagter Verstand hatte es nicht mehr nötig, über meinen Zustand oder meine Umgebung nachzudenken, sondern wollte nur noch jede Facette meiner Erfahrung in sich aufnehmen. Offensichtlich hatte ich keine Kontrolle über die Situation. Ich wollte mich nur noch dem hingeben, was oder wer auch immer von oben an meinem Körper zog; dieser dunkle Raum wurde allmählich von Licht erhellt. Unten lag mein Körper seltsam still, während ich als Zuschauer auf ihn herabblickte und dachte: *Dieser Körper bin nicht mehr ich.*

Mein zweiter Gedanke war: *Ich bin nicht mehr in der Welt.* Es scheint jetzt seltsam, aber ich erinnerte mich an eine Szene aus dem Film *Der Zauberer von Oz*, in der Dorothy sich im Land von Oz wiederfindet und sagt: „Ich bin nicht mehr in Kansas." Ich hatte die geistliche Welt ja teilweise erlebt, hatte aber nie voll darin gelebt wie jetzt – getrennt von allem, was der Welt ähnlich war, existierte ich nun in einem unbekannten Raum.

Augenblicklich konnte ich sehen, wie Galaxien an mir vorbeirauschten, während ich von dem Licht schnell nach oben gezogen wurde. Der untere Teil meines Körpers bzw. meine Füße schossen wie ein Blitzstrahl dahin. Ich sah, dass sich glitzernde Spuren von meinem Körper lösten, so wie man die Kondensstreifen eines Raketenschiffs durch die Atmosphäre brechen sieht. Ich fühlte mich wie eine surreale Version meiner selbst, ein Fremder ohne erdgebundene

Identität, vielmehr in der Erscheinung eines Körpers, der eine fremde Substanz umfasste – fühlbar, durchdringbar und wundervoll gemacht. Außerdem fühlte es sich an, als sei meine Existenz eher durch das Licht definiert, das mich zog, als durch das Stoffliche meines Körpers. Mein Verstand wurde vom Augenblick eingenommen, ohne an die Zukunft zu denken – zum ersten Mal war ich unbeschwert, wenngleich ich mich nur an die Annehmlichkeiten meines Lebens auf der Erde voll erinnerte.

Als Nächstes konnte ich Planeten oder riesige Felsen vorbeiziehen sehen, während ich aufstieg. Nach diesem rasanten Flug, der nur eine Nanosekunde zu dauern schien, setzten meine Füße auf dem Boden eines jenseitigen Raums auf, der sich völlig von der Spiralgalaxie unterschied, die ich passiert hatte. Die Atmosphäre wirkte surreal, als würde man einen Filter auf einen dynamischen Hintergrund legen, sodass er blasser wirkte. Als ich ein schwaches, klirrendes Geräusch hörte, das von irgendwo in der Ferne zu kommen schien, blickte ich in diese Richtung.

Ob meilenweit oder nur ein paar hundert Meter entfernt – Raum und Zeit schienen keine Rolle zu spielen –, kämpften dort zwei Gruppen von Gestalten in einer Mischung aus mittelalterlichen und *Star-Wars*-Gewändern und Waffen. Auf der rechten Seite befanden sich die Engelskrieger des Himmels – Gestalten, die etwa doppelt so groß waren wie ich und die in demselben Licht schimmerten, das mich nach oben gezogen hatte. Dieses Licht strahlte nun auf ihre silbernen Schilde und reflektierte einen laserartigen Strahl auf ähnlich große dämonische Figuren, die in der Dunkelheit auf der linken Seite gegen sie kämpften.

Während diese Wesen kämpften, brannte der Lichtstrahl durch die zerfetzten grauen Gewänder, die die Dämonen bedeckten. Obwohl der Lichtstrahl ihr Fleisch durchbohrte, blutete es nicht – zumindest sah es wie Fleisch aus, oder es hatte eine andere Beschaffenheit, die ich aufgrund des trüben Rauchs, der die Szene durchdrang, nicht erkennen konnte.

Auf der linken Seite trieften die Wunden der dämonischen Gestalten vor Eiter, und als Reaktion auf das Licht, das ihre Körper durchdrang, breiteten sie ihre zahlreichen Flügel aus. In starkem Kontrast zu den himmlischen Kriegern auf der rechten Seite erschienen die

Dämonen mit monströsen Reptilienköpfen – schwarzen, glotzenden Augen, spitzen, knolligen Schädeln mit faulenden Zähnen, abgeflachten, aufgeweiteten Nasenlöchern, fehlenden Ohröffnungen und Körpern, die mit verrottenden Stoffen bedeckt waren. Einige Dämonen fielen auf den verbrannten Boden, der leicht mit Schutt übersät war.

Einmal gefallen, nagten die Dämonen an ihren eigenen Gliedmaßen oder an den Körpern anderer gefallener Dämonen. Ihre mumifizierten Gesichter sahen nicht im Entferntesten menschlich aus, und verdorrte Tierhaut bedeckte ihre Knochen. Sie hatten längliche, ziegenähnliche Schnauzen mit aufgedunsenen, menschenförmigen Stirnen und Schlitzen als Augen. Ihre unverhältnismäßig großen Arme baumelten nach vorne und waren vielleicht knapp zwei Meter lang. Überlange Beine ragten aus ihren zerfetzten Gewändern hervor und enthüllten Sehnen und etwas, das wie Muskelgewebe aussah – wie ausgefranste, ineinander verwobene Seile in einem ständigen Zustand des Verfalls. Die Gestalten kämpften mit rostigen Schwertern oder Speeren, die etwas wie geschwärzte Schneeflocken durch die Luft schleuderten.

Die Kämpfer beider Seiten unternahmen ab und zu Vorstöße auf die jeweils andere Seite, um ihre Waffen in die riesigen Körper ihrer Feinde zu rammen. Sobald eine Gestalt verwundet wurde, fiel sie zu Boden. Bei den betroffenen Dämonen nahm ich dabei einen schwachen, schwefelhaltigen Geruch wahr, der aus ihren Körpern quoll. Zum Glück verströmten die himmlischen Krieger auf der rechten Seite einen recht angenehmen Duft, der jeden umgab, der von dem geheimnisvollen Licht umgeben war, mich eingeschlossen.

Das verfallene Aussehen der Dämonen auf der linken kontrastierte mit dem Glanz der Engel auf der rechten Seite. Diese menschenähnlichen Wesen trugen vollständige Rüstungen, die ihre muskulösen Körper wie ein Neoprenanzug umschlossen. Ihre silbernen Helme waren ihren Köpfen angepasst und glitzerten in dem goldenen Licht, das sie umgab. Sie schienen etwa gleich groß wie die Dämonen zu sein, nur dass die Engel kräftiger und gesünder wirkten. Ich bewunderte ihr Aussehen und ihre glänzende silberne Rüstung.

Obwohl ihre Helme ihre Köpfe umgaben, konnte ich die Umrisse ihrer Gesichter erkennen, die ziemlich menschlich aussahen, obwohl ihre Augen eher Feuerflammen glichen. Wenn sie die Dämonen angriffen, schlugen als Reaktion ihre Flügel, die länger als ein Meter waren. Die Engel schwangen körperlange Schwerter, welche die Lichtstrahlen reflektierten, sodass diese die Körper der Dämonen durchdrangen. Ich glaube, dass die Lichtstrahlen und nicht die Schwerter die Dämonen zu Fall brachten, denn die Dämonen fielen allein schon durch die reflektierenden Strahlen.

Ich weiß nicht, ob die Engel und die gefallenen Dämonen, die auf dem Boden lagen, auf der Stelle starben, da die Gestalten sich in etwas Staubartiges auflösten. Der Staub der geschlagenen Engel schwebte nach oben ins Licht, aber der Staub der gefallenen Dämonen fiel nach unten in einen pechschwarzen Abgrund – eine Grube, die dunkler als schwarz erschien. Am Boden des Abgrunds bemerkte ich einen glühenden orangefarbenen Schimmer wie bei einem aktiven Vulkan. Schon der bloße Blick in den Abgrund löste ein Gefühl der Hoffnungslosigkeit aus, das stärker war als alles, was ich je zuvor empfunden hatte. Ich wagte nicht, nach oben zu schauen, denn die Lichtstrahlen strömten mit einer Kraft herab, die stärker war, als die des Sonnenlichts. Trotzdem stellte ich fest, dass das Licht mich nicht verbrannte.

Zu diesem Zeitpunkt hatte ich weder Angst, noch fühlte ich mich von diesem jenseitigen Schauspiel verwirrt. Ich nahm einfach alles auf, was ich sah, wie ein Zuschauer bei einem Sportereignis. Irgendwie wusste ich, dass die Engel mein Team vertraten, und sei es nur, weil mir einige von ihnen zuversichtlich zugenickt hatten. Nur einer der Dämonen versuchte, mich anzusehen, wich aber sofort zurück und schirmte seine glühend roten Augen gegen das Licht ab, das ihn wie eine verzehrende Feuerflamme versengte.

Das gleiche Licht glitzerte und funkelte in den Engeln und um sie herum. Es schien mir klar, dass das Licht von oben die Lebensquelle der Engel war, die Dämonen aber versengte und vernichtete. Das Klirren der Schwerter und das Schlagen der Fäuste auf mehr als körperlange Arme warf die Frage in mir auf, warum ich diesen furchterregenden Kampf überhaupt wahrnahm. Dennoch blieb ich ruhig, als wäre der Ausgang des Kampfes bereits vorherbestimmt.

Da die Engel mehr Dämonen erschlugen als umgekehrt, bemerkte ich eine Veränderung. Ich beobachtete, wie die Engel begannen, das Gebiet der Dämonen zurückzuerobern, einschließlich einer verbrannten Anhöhe mit verblassten Bergen im Hintergrund. Ein leises Flüstern wehte Gefühle der Ermutigung in mein Ohr, nicht als hörbare Worte, sondern als Gefühle oder Eindrücke. Jedes Mal, wenn einer der Dämonen fiel, hallte ein Wort in mir wider, weniger in meinen Ohren als in meiner Seele. Das gab mir das Gefühl zu wissen, dass das Gute siegte – was auch durch eine unendliche Ruhe bezeugt wurde.

Wenn dagegen ein Engel fiel, ertönte in mir nur ein Pochen und Schreien, ein Geräusch, das Furcht und Angst auslöste. Bevor ich diesen Raum betrat und sogar noch bevor ich das Krankenhaus betrat, hatte ich mich wegen meiner Verluste und des Leids meiner Frau und Familie oft von Gott verlassen gefühlt. Kurz vor meinem Tod hatte ich sogar aufgehört zu beten und zur Kirche zu gehen. Bevor mein Herz stehenblieb, hatte ich fälschlicherweise angenommen, Gott würde sich nicht um mich kümmern. Ich bat Gott nicht um Hilfe, selbst nicht, als ich im Krankenhaus litt.

Als die schwach wahrnehmbaren Gefühle der Engel in mir widerhallten, empfand ich eine neue Dankbarkeit für Gott. Später erfuhr ich, dass der Sieg der Engel über die Dämonen einen Raum geöffnet hatte, durch den die Engel die Eindrücke des Heiligen Geistes meiner Seele vermitteln konnten. Ich nahm an, dass dies so funktionierte, wie ein Sturm die Luft reinigt, sodass die Radiowellen nach dem Getöse deutlicher zu hören waren. Erst später verstand ich das ganze Ausmaß von Gottes Sturm. Diese „Radiowellen“ stellten sich als die ungehinderte Kommunikation des Heiligen Geistes mit mir heraus.

Irgendwie hatte der Sieg der Engel über die Dämonen etwas in meine Seele „injiziert“, das mich ermutigte, den Namen Jesu zu rufen und ihn zu preisen. Jahre später wurde mir klar, dass es bei dem Kampf, den ich miterlebt hatte, um das Recht ging, zu meiner gequälten Seele zu sprechen.

Schon Monate, bevor ich meinen Körper in diesem Krankenhausbett verließ, hatte ich unter dämonischer Bedrückung gelitten. Jetzt schrie ich mit einer neuen Freiheit und Inbrunst, wie ich sie noch nie in meinem Leben empfunden hatte, zu Gott.

***

„Jesus!“ Mein Ausruf war mehr als nur ein Name. Ich schrie in absoluter Kapitulation, so wie man in den Schlaf fällt, wenn man von den Sorgen der Welt völlig ausgelaugt ist – und doch fühlte ich mich lebendiger als je zuvor.

In diesem Moment stand eine Gestalt rechts von mir und legte ihre bärtige Wange sanft an meine, während sie ihren linken Arm um mich legte. Mein erster Gedanke war: *Das ist also Liebe*. Selbst jetzt, während ich diesen Bericht schreibe, muss ich zugeben, dass ich weine, weil ich bei dieser ersten Begegnung so intensive Gefühle empfand. Es gibt keine Worte, die mein völliges Eintauchen in den vollkommenen Frieden, den Trost und die Gewissheit, die ich zum ersten Mal in meinem Leben erlebte, angemessen beschreiben könnten. Ich wusste instinktiv, dass es sich bei der Person um Jesus handelte, und hatte das Gefühl, dass alle meine Sehnsüchte bei dieser ersten Begegnung gestillt wurden. Ich war zu Hause. Ich war in vollkommenem Frieden und wusste, dass mein Lebensweg abgeschlossen war.

Noch wichtiger war aber das überwältigende, einzigartige Gefühl, in der Gegenwart der Liebe selbst zu sein. Das war keine „Liebe“ als Gefühl oder Empfindung. Es war das Gefühl, von dem Bewusstsein der Liebe Gottes zu mir durchdrungen zu sein und diese Liebe zu verinnerlichen, was mich mit immenser Dankbarkeit und dem Wunsch erfüllte, Gott und alle Menschen zu lieben. Ich würde Ihnen gerne einen Vergleich geben, aber es gibt keine Vergleiche für die Begegnung mit der Person der Liebe. Es genügt zu sagen, dass „Liebe“ nicht mehr als Wort oder als eine Erkenntnis existierte. Liebe, wie sie in jener Welt existiert, entspricht nicht annähernd einer Erfahrung, die mit dem weltlichen Leben verbunden ist.

Im Himmel hatte die uns ständig entschwindende Definition von „Liebe“, mit der viele in dieser Welt kämpfen, keine Bedeutung mehr. Das liegt daran, dass die Liebe – Jesus – die eigentliche Definition der *Existenz* im Himmel umfasst. In der Tat: *Die wahre Quelle der Liebe ist Jesus,* und der ganze Himmel ist von Liebe durchdrungen.

Ich fiel auf die Knie. Ein Damm von Emotionen brach und ergoss sich in eine überschwängliche Hingabe.

„Mein Gott!“, rief ich aus.

„Mein Herr!“

„Allmächtiger … Jesus … gepriesen sei … dein Name!"

(Eine Flut von Tränen fließt aus meinen Augen, selbst jetzt noch, wenn ich mich an den Moment erinnere, als ich der Liebe zum ersten Mal begegnete.)

Jesus schob seine Arme unter meinen Achseln hindurch und zog meinen schlaffen Körper hoch, bis ich die Kraft aufbrachte, aufzustehen. Dann drehte er mich so, dass ich seinem Gesicht zugewandt war. Zuerst war mir danach, mich abzuwenden. Ich fühlte mich nicht würdig, sein Gesicht zu sehen, aber er fasste mein Kinn, um meinen Kopf direkt vor sein Gesicht zu drehen, und ich schaute in die Augen der Liebe. Sie erschienen wie die Farben des Ozeans – Blau, Grau, Braun und Grün. Ein strahlendes Licht ging von ihm aus, das sich in seinen Augen widerspiegelte, so wie das Sonnenlicht auf der Oberfläche des Ozeans in Wellen von Farben aufbricht.

Es war die Tiefe dieser Augen, die mich am meisten beeindruckte. Das Licht seiner Augen durchdrang mich mit der Wärme einer Tasse wohltuenden Trankes und flößte mir das Gefühl von Schutz und das Vertrauen eines neugeborenen Babys ein. Zu diesem Zeitpunkt wurde kein Wort gesprochen, obwohl ich seine Gefühle mir gegenüber spürte. Ich wusste, dass auch er meine Gedanken und Gefühle ihm gegenüber spüren konnte. Wir teilten ein gemeinsames Verständnis für die bedingungslose Liebe, die Jesus für mich hatte, und ich liebte ihn mit einer Hingabe, die ich zuvor für noch niemand anderes empfunden hatte.

Ein strahlendes Licht überzog nun den Körper von Jesus und ging von ihm aus, und zwar mit einer Intensität, die in meiner Vorstellung größer war als die Strahlen der Sonne. Vielleicht weil ich zu diesem Zeitpunkt nur ein Geist war, konnte ich durch die Strahlen, die von Jesus ausgingen, hindurchsehen, um seine Gestalt zu sehen. Ich bemerkte sein fast schulterlanges braunes, leicht gewelltes Haar, aber sein Gesicht beeindruckte mich mehr. Mir fielen nicht nur die orientalischen Züge seiner gebogenen Nase und des kantigen Kiefers auf, sondern sein Gesicht hatte einen Ausdruck, als würde er mich so schätzen, wie ein liebendes Elternteil ein Kind wertschätzt, nur unendlich viel stärker. Mir war nie bewusst gewesen, dass die Liebe eine Person war – eine reine, durchdringende und unendliche Liebe. Jede Facette von ihm strahlte Liebe aus.

Das Licht, das von Jesus ausging, spendete nicht nur tröstliche Strahlen, sondern ich konnte auch einen süßen Duft riechen, der spektakulärer war als alles, was ich je auf der Welt eingesogen hatte – und unmöglich zu beschreiben ist. Jesus blähte seine Nasenlöcher auf und schien einen Duft, den ich verströmte, einzuatmen, als trüge ich ein Parfüm, das ihm sehr gefiel. Er lächelte und brachte mich dazu, für immer innerlich zu lächeln.

***

Zu diesem Zeitpunkt verstand ich die Dinge nicht mehr nur durch bloße Beobachtung. Ich spürte eine intime geistliche Gemeinschaft zwischen uns. Tränen, die anfangs in Anbetung aus mir herausgeflossen waren, sanken nun tief in mein Innerstes hinein. Schließlich erkannte ich, dass dieser Wasserstrom das lebendige Wasser Jesu war, das durch meinen durchsichtigen Geistkörper floss – einen Körper, der sich luftig, leicht und frei von allen irdischen Krankheiten anfühlte.

Jesus lehnte seinen Kopf über mein rechtes Ohr und flüsterte: „Vertraue mir!"

Ich nehme an, dass man diese Aussage in Anbetracht meiner Situation für offensichtlich halten könnte, aber diese beiden Worte beinhalteten alles, was mir in der Welt fehlte, was ich aber im Himmel von Natur aus verstand. Ich wusste, dass ich im Himmel verweilte, weil Jesus mir diese Erkenntnis schenkte. Und ich wusste, dass er mich liebte, weil er mich mit Liebe erfüllte. Aber Vertrauen – Vertrauen auf Gott war das Eine, das ich ihm geben konnte, was er mir niemals schenken konnte, es sei denn, ich war bereit, es ihm zurückzugeben. Im Himmel wurde mir klar, dass ich auf der Erde Gott nie voll und ganz vertraut hatte, im Gegensatz zu dem uneingeschränkten Vertrauen auf Jesus, das ich jetzt im Himmel spürte.

„Ich gebe mich dir ganz hin", sagte ich.

Kapitel 9

Mein Leben im Rückblick

Der Lebensrückblick ist eine Vorschau auf die Preisverleihung des Himmels.

John Burke

Ich trat durch eine Reihe von undurchsichtigen, konzentrischen Kreisen ein, die sich verengten und in einem Ort mündeten, an dem ich nun stand, inmitten einer Art Bühne, die sich in verschiedene Orte verwandelte. Am ersten Ort, an dem ich mich wiederfand, war ich ein Kind, das meinen Onkel Carlyle in seinem Sarg betrachtete, aber ich nahm ihn nicht aus der Perspektive eines Kindes wahr. Ich betrachtete seinen Leichnam nun aus der Perspektive Gottes – gefiltert durch mein jetziges Verständnis – auch wenn ich an demselben Ort stand, an dem ich als Kind zum allerersten Mal mit dem Tod konfrontiert worden war.

Was ich nun mit Ihnen teilen werde, sind keine verbalen Einsichten, die mir von Jesus eingegeben wurden. Vielmehr waren es die Gedanken des Heiligen Geistes, die mir für jeden Moment, der mir gezeigt wurde, vermittelt wurden, zusammen mit meinen inspirierten Antworten. Diese Lebensrückblicke lehrten mich den Sinn hinter gewissen Situationen in meinem Leben. Sie bestätigen mir auch, dass das Leben keine Reihe von zufälligen Ereignissen ist. Stattdessen bilden sie ein Muster, das nur Gott kennt. Jesus offenbarte mir auch einige der Gründe für diese Situationen, während ich den Himmel besuchte.

(Unsere geistlichen Gespräche sind kursiv gedruckt.)

Was siehst du, mein Geliebter?, fragte Jesus.

Ich sehe meinen Onkel und erinnere mich, wie viel Angst ich hatte, weil ich nicht verstand, wie leblos er geworden war, sagte ich.

Du hast deinen unschuldigen Glauben, du würdest ewig leben, verloren, sagte Jesus. *Aber du hast nicht gesündigt, mein Lieber – du wurdest nur mit deiner Unsterblichkeit bekannt gemacht.*

Ich habe mich damals nicht an dich gewandt, sagte ich.

Nein, du hast dich an deine Eltern gewandt, Geliebter, aber meine Augen waren immer auf dich gerichtet. Jedes meiner geliebten Kinder muss den Preis des Todes erkennen, bevor es den Preis des Lebens verstehen kann, den ich bezahlt habe.

Du hast diesen Preis bezahlt, damit wir für immer im Geist leben können, mein Herr, aber ich musste zuerst erkennen, dass dieses Leben im Fleisch enden würde, bevor ich auf die Frage kam, was nach dem Tod passieren würde, sagte ich.

Jesus nickte und bestätigte meine Worte.

Eine weitere Reihe von konzentrischen Kreisen erschien in einem Vakuum, das mich im Nu an einen anderen Ort versetzte. Nun änderte sich der Schauplatz in mein Elternhaus in Arlington Heights, Illinois, als ich mit meiner Freundin Patti mit einer Katze spielte und Stunden später ins Krankenhaus gebracht wurde. All diese Erscheinungen waren keine Visionen, denn Visionen sind surreal oder weit weg. Ich war tatsächlich dort. Ich war wieder im Krankenhaus, mit meiner kollabierten Lunge, und schaute durch die Gitterstäbe, die mich davor bewahrten, aus dem Bett zu fallen.

Du warst bei mir und ich habe es nicht einmal gewusst, sagte ich.

Immer, mein Geliebter. Du hast als Kind gelitten, und ich wusste schon damals, wie ich dein Leiden nutzen würde.

Ich habe dir damals keine Vorwürfe gemacht, Herr, aber ich wollte, dass mir jemand hilft. In diesem Moment wusste ich, dass mein Mitgefühl für die Leidenden von meinem eigenen Verständnis des Leidens herrührte.

Du kanntest mich nur als Namen und nicht als Gefährten, Geliebter. Aber ich kannte dich während deines ganzen Lebens.

Ich merkte, wie Jesus Tränen in die Augen schossen, als ich in diesem Bett lag, und während der vielen Male, in denen ich nach Luft schnappte. Er sah mich, als wäre ich der einzige Mensch auf der Welt. Ich spürte die absolute Hingabe Jesu, als ob er sich nur um mich kümmerte und um nichts anderes. Ich wusste auch, dass er jeden Menschen, den er geschaffen hat, so sieht, als wäre nichts anderes wichtig.

„Huiii“ – ein Wind wehte, um die Wolken oder Dämpfe zu vertreiben und eine andere Umgebung zu enthüllen. In der nächsten Szene saß ich auf dem gesteppten, weißen Satinsofa im Wohnzimmer der 116 Covered Bridge Road in Cherry Hill, New Jersey. Es war 1965 und ich schaute in Tonys gerötete Augen. Dann schaute ich noch einmal durch das Fenster, als die Lichter des Krankenwagens auf der anderen Straßenseite rot aufleuchteten, bevor die Sanitäter Tonys toten Vater in den Krankenwagen schoben.

Warum haben mich diese Episoden, in denen ich Zeuge des Todes wurde, als Kind so sehr getroffen, Herr?

Weil du mich auf der anderen Seite des Todes finden musstest, mein Kind. Weisheit kann nicht verdient werden; man findet sie durch die Dunkelheit, wenn man nach meinem Licht sucht.

Meine heile Welt fing an zu zerbröckeln.

Nein, mein Geliebter, du hast die Traurigkeit, die der Tod verursacht, erkannt, damit du nach dem Leben suchst, das nur ich dir geben kann.

Warst du traurig?

Ja, Geliebter, denn in dieser Zeit hat sich niemand an mich gewandt. Viele betrauern den Tod, ohne nach meinem Leben zu suchen, und deshalb beschäftigen sie sich mit den Dingen der Welt, um sich zu unterhalten. Aber ich bin immer auf der Suche nach meinen Kindern.

In der nächsten Szene las ich einen Brief, der auf dem Schreibtisch meines Vaters lag. Wieder sah ich unter dem Briefkopf der Kirche das Wort „exkommuniziert“ – ein Wort, das mich bis in die Seele traf.

Es war falsch, sagte ich zu Gott. *Damals habe ich dir die Schuld dafür gegeben. Ich glaube, dass ich damals meinen Glauben verloren habe.*

Aber ich habe dir keine Vorwürfe gemacht, Geliebter. Ich habe dich immer geliebt. Ich wollte immer, dass du mich kennst, sagte er.

Zeigst du mir das jetzt, um mir zu zeigen, wie sehr ich mich gegen dich gewendet habe, Herr?, fragte ich.

Geliebter, ich zeige dir das jetzt, damit du weißt, dass meine Liebe zu dir nie durch deine Unfähigkeit, mich zu lieben, beschränkt wurde. Meine Liebe ist nicht von der Fähigkeit eines anderen, mich zu lieben, abhängig.

Oh Herr, wenn ich das nur gewusst hätte. Wenn ich nur gewusst hätte, wie sehr du mich geliebt hast, selbst als ich dich noch gar nicht kannte. Wie groß ist deine Geduld und Barmherzigkeit, aber es war meine Schuld, dass ich dich ignoriert habe.

Jesus drückte mich ganz fest an sich. Es waren keine Worte nötig, denn jede Episode offenbarte mir ihre tiefere Bedeutung. Hier war ich frei von meinem physischen Körper und Gehirn. Mein geistlicher Verstand war von den Wegen Jesu eingenommen, als sähe ich die Dinge mit seinen Augen. Was für eine erstaunliche Offenbarung – dass ich im Himmel mit den Augen Jesu sehen konnte! Diese Perspektive beseitigte alle Angst, Traurigkeit und Verwirrung. Jetzt konnte ich die tiefe Bedeutung in jedem Menschen und jedem Lebewesen sehen.

***

In der nächsten Szene saß ich auf einem Holzstuhl, mit meinen Mathe- und Naturwissenschaftsbüchern auf dem Schreibtisch, in der ersten Stunde der *Brainerd Junior High.* Ich schaute auf mein Notizbuch. Darauf hatte ich gekritzelt: *Ich hasse die Schule*. Joel, Vincent und Jeffrey schwebten nun über mir, während Vincent laut sprach: „O nein, Randy hasst die Schule. Armer Randy!“ Er sagte dies so laut, dass es die ganze Klasse hörte. Frau Pfeiffer hielt ihr Gesicht hinter einem aufgeschlagenen Buch verborgen. Die Schüler um die Rüpel herum kicherten, und der ungewöhnlich große Joel klopfte mir spöttisch immer wieder auf den Kopf, bis ich seinen Arm wegschlug, wie eine Fliege, die mich ständig belästigte.

Du warst da, aber es sah gar nicht so aus, sagte ich.

Ich war für dich damals nicht einmal ein flüchtiger Gedanke, mein Lieber; aber ja, ich war da.

Warum? Warum ist das passiert, Herr? Damals war es für mich wie die Hölle auf Erden.

Ich sehe nicht nur, was ist, sondern auch, was kommen wird. Ich wusste, dass der Junge, der gemobbt wurde, zu dem Mann heranwachsen würde, der den Zerbrochenen dieser Welt gegenüber ein weiches Herz haben würde. War es das wert, mein Geliebter?

Ja, Herr. Das war es mehr als wert, wie ich jetzt sehe. Ich hatte diese schmerzhafte Zeit in meinem Leben vergessen, bis du sie mir hier wieder gezeigt hast. Ich erinnere mich nicht mehr an die schmerzhaften Dinge, die passiert sind. Aber ich bin froh, dass du sie mir zeigst, denn ich erkenne, dass du meine Wüste in ein Paradies und sogar in eine Bestimmung verwandelt hast. Danke, dass du mich nicht verlassen hast, Herr, selbst als ich dich verlassen hatte.

Geliebter, ich kenne dein Herz. Ich wende für diejenigen, die sich mir zuwenden, immer das Schlechte zum Guten, selbst wenn es ein Leben lang dauert.

Im nächsten Moment sah ich gerade die Sendung *Lost in Space* („Verloren im All“) auf dem neuen Farbfernseher, als meine Mutter das Wohnzimmer im Erdgeschoss betrat und den Fernseher ausschaltete.

„Jimmy ist im Krankenhaus, Schatz“, sagte sie.

„Wie und warum?“

„Er wurde an der Bushaltestelle überfallen.“ An diesem Tag war ich nicht zur Schule gegangen, weil ich mich krank gefühlt hatte – aber ich hatte die Krankheit *nur vorgetäuscht.*

„Geht es ihm gut?“, fragte ich besorgt.

„Er ist in einem ernsten Zustand“, sagte sie. „Ich hoffe, er wird wieder gesund.“

Herr, seine Familie ging in die Kirche. Sie schienen vorbildliche Christen zu sein, aber hast du zugelassen, dass mein bester Freund aus einem bestimmten Grund angegriffen wurde?

Geliebter, ich habe es zum Guten genutzt. Das Böse regiert nur eine Zeit lang. Ich habe trockenen Gebeinen Leben eingehaucht, und deshalb werde ich denen, die mich kennen, das Böse in Gutes verwandeln. Geliebter, ich kannte deine und Jimmys Zukunft, denn ich konnte in eure Herzen sehen, und eure Herzen bestimmten, wer ihr werden würdet.

Mein physischer Tod führte zu einer absolut reinen, unvorstellbaren Freude im Himmel, denn Gott erlöst seine Kinder von Leid und Tod. Der Heilige Geist vermittelte mir auch eine weitere Erkenntnis:

Mein Herz sehnte sich unweigerlich nach Gott, weil sein Reich in mir wohnte, aber dieses Reich wohnte nicht im Fleisch, sondern im

Geist. Jesus befestigte dies in meinem Geist durch eine göttliche Verbindung zwischen Himmel und Erde, zwischen der Person, die ich im Himmel entdeckte, und der Person, die ich auf der Erde hätte sein können, hätte ich nicht das Misstrauen gegenüber Gott gehabt, das Jesus mir bei unserer ersten Begegnung im Himmel offenlegte.

Die wahrhaftigste Verbindung mit Gott kann nur in Abwesenheit jeglicher Beeinträchtigung durch unseren physischen Körper und unser physisches Gehirn stattfinden. In dem Moment wusste ich, dass unsere Zukunft ganz in Gottes Vergangenheit liegt. Dann wurde es mir klar. Ich erkannte, dass all dieses „Wissen" vom Heiligen Geist kam, dem Einen, der in mir Wohnung genommen hat, als ich mein Herz für Jesus öffnete. Normalerweise sprach Jesus durch den Heiligen Geist zu meinem Herzen. Als er hörbar sprach, kam diese Stimme von Jesus selbst. Der Heilige Geist sprach immer durch Eindrücke zu mir. Ich verstand nun, dass Jesus mit mir ging, als wäre er mein „Seelenfreund", dass der Heilige Geist jedoch als mein engster Gefährte auf Erden in mir wohnte, aber im Himmel schienen mir beide gleichermaßen nahe zu sein.

Als würde er meine Erkenntnis bestätigen, durchströmte mich in diesem Moment ein warmer Wind als Zeichen für meinen engsten Gefährten, den Heiligen Geist. Er gab mir sofort zu verstehen, dass das, was ich festgestellt hatte, wahr war. Ich brauchte keine Erklärung von Jesus, warum unter seiner Aufsicht schlimme Dinge passierten. Ich wusste ohne jeden Zweifel, dass selbst die schlimmsten Leiden im Himmel – im Plan der Ewigkeit – belanglos sind. Ich wusste auch, dass der Segen, den die Verwandlung von Bösem in Gutes mit sich bringt, den Schmerz der Welt bei Weitem überwiegt, und zwar für alle, die ihr Vertrauen auf Gott setzen. Vertrauen – alles drehte sich nur darum, Gott zu vertrauen.

Im Himmel erinnerte ich mich an nichts, was ich in der Welt erlitten hatte. Selbst wenn ich meine Prüfungen in der Welt während meiner Lebensrückblicke betrachtete, riefen sie keine Trauer hervor. Sie sprachen von der Bestimmung und manchmal von der Freude, die Gott für mich durch diese Stürme des Lebens geschaffen hat.

Diese Offenbarung manifestierte sich vor meinen geistlichen Augen, als der Heilige Geist nun einen starken Wind wehen ließ, der durch alle Szenen, die ich gesehen hatte, blies. Er reinigte sie von allem, was falsch war, und stellte sie in der Fülle dessen wieder her, was Gott im Himmel beabsichtigt hatte, indem er sie alle durch eine Art geistliche Reinigung zum Guten wendete.

Als Jesus mir mein Leben offenbarte, erkannte ich, dass er alles in meinem Leben vollständig zum Guten nutzte, sodass das Nachglühen der Erlösung Jesu in Verbindung mit dem reinigenden Atem des Heiligen Geistes mir eine neue Wertschätzung meiner irdischen Leiden vermittelte. Ich konnte den geistlichen Regen sehen, der vom Heiligen Geist auf die Erde ausgegossen wird und aus dem er Leben aus dem Tod, Freude aus dem Leid und Schönheit aus der Asche hervorbringt.

***

In meiner nächsten Serie von Rückblicken fand ich mich beim Tauziehen mit Casey, dem Hund meiner Kindheit, wieder. Wir befanden uns im Garten unter der gleichen Eiche, unter der Wochen zuvor ein Eichhörnchen vor Schreck erstarrt war, als Casey seine Kette zerriss. Ich konnte das frisch geschnittene Gras riechen, das ich mähte, während Casey auf und ab sprang und versuchte, das kurze Seil zu schnappen.

Meine Umgebung änderte sich plötzlich wieder. Ich war jetzt im Paradies, stand neben Jesus, umgeben von sanften Weinbergen. Vor meinen Augen wuchsen Blumen und Bäume. Schillernde Blumen sprossten augenblicklich aus ihren Knospen, in Myriaden bunter Schattierungen und Sorten. Es dämmerte mir, dass das ständige Wachstum der Pflanzenwelt nicht darauf zurückzuführen war, dass sich die Zeit im Himmel beschleunigte. Vielmehr waren die zirkadianen Rhythmen[1] nicht von der Sonne abhängig, weil es keine Sonne gab. Sie gediehen in der Gegenwart des Lichts von Jesus, in einem immerwährenden Zustand der Erneuerung, in dem nichts starb.

Die Wunder des Himmels verschlangen mich, bis Jesus mir andeutete, hinter mich zu schauen. Dort im Himmel – nicht in der Szene, die ich gerade gesehen hatte, sondern im Himmel in der

---

[1] Der zirkadiane Rhythmus ist die Fähigkeit eines Organismus, physiologische Vorgänge auf eine Periodenlänge von etwa 24 Stunden zu synchronisieren. Der wichtigste zirkadiane Rhythmus ist der Schlaf-Wach-Rhythmus. (Quelle: https://flexikon.doccheck.com/de/Zirkadianer_Rhythmus; 21.08.2024).

Gegenwart – konnte ich leuchtende und verschiedenfarbige Steine sehen, die vor Leben pulsierten. Meine Augen erblickten Berggipfel, die nicht von der Sonne leuchteten – denn auch hier gab es keine Sonne –, sondern vom Glanz des Lichts Jesu erstrahlten. Ich blickte mit meinen geistlichen Augen über die Gipfel der Berge, und zugleich sah ich die Adern in den Blättern unten, als würde ich sie durch ein Mikroskop untersuchen.

Engelchöre, die mit gefalteten Flügeln anbeteten, hallten durch den Himmel. Sie sangen freudige Lob-, Dank- und Siegeslieder. Ihre reinen Töne klangen wir ein sanfter Nachhall von tausend Chören oder mehr. Inmitten der herrlichen Klänge fokussierte Jesus irgendwie mein Gehör, sodass ich mich ausschließlich auf das „Jetzt“ im himmlischen Paradies konzentrieren konnte.

Wir waren von einer Wiese umgeben, auf der lila Blumen blühten, meine Lieblingsfarbe. Jesus schwang seinen Arm, um mich anzuweisen, nach links zu gehen. Mein kleiner Hund Casey sprang auf und ab, so wie wir es als Kind beim Spielen gemacht hatten. Ich hob ihn hoch, umarmte ihn ganz fest, und dankte Gott, während ich mich an meinen kleinen Hund kuschelte. Ich musste nicht niesen, wie es auf der Erde oft der Fall war. Er leckte mir mit der gleichen Aufrichtigkeit das Gesicht ab, mit der er mich begrüßt hatte, wenn ich von der Schule nach Hause gekommen war. Oh, wie sehr ich es genoss, im Himmel wieder mit dem kleinen Casey zusammen zu sein. Ich hatte ihn in der Welt so sehr vermisst. Ihn im Himmel wiederzusehen, ließ mich Gottes Güte erkennen.

„Siehst du, mein Lieber, ich erfülle dir den Wunsch deines Herzens“, sagte Jesus hörbar. „Du wirst ihn wiedersehen, wenn du hierher zurückkehrst.“.

„Danke, Herr!“, sagte ich. Casey bellte dreimal, als wollte er sagen: „Wir sehen uns wieder, mein Freund.“ Ich schien sein Bellen als Worte zu verstehen. Dann rannte er in eine mehr als grüne Wiese hinein, bevor er über einen Hügel verschwand, auf dem sich die Bäume elegant bewegten, was ich dem Atem des Heiligen Geistes zuschrieb – ein Atem, der alles im Himmel inszenierte.

Dieser Lebensatem brachte eine weitere Veränderung meiner Umgebung mit sich – eine dunkle, die nur Gott in Ordnung bringen konnte.

Kapitel 10

Gott hassen

Jeder, der Böses tut, hasst das Licht.

Johannes 3,20 NIV

In einem Augenblick war mein Standpunkt nicht mehr im Himmel. Wieder einmal fand ich mich als Zuschauer meiner Vergangenheit wieder. Gott hatte mich in der Zeit erneut in mein „Theater des Lebens" zurückversetzt. Ich existierte jetzt in der echten Zeit, während Gott zwei Realitäten nebeneinanderlegte. Ich war im Geist, aber ich fand mich in einem Krankenhauszimmer mit dem Jungen, der an Krebs starb, wieder. Im Gegensatz zu der Bestürzung, die ich als Teenager empfunden hatte, als ich sein ausgehöhltes Gesicht, die vorstehenden Wangenknochen und die knochigen Arme und Beine sah, war ich jetzt dankbar, ihn zu sehen. Der Junge, ein Fremder, betete für mich, eine Pflegehilfskraft, die ihm sein Essen brachte. Jetzt sah ich den Tag, an dem er für mich betete, nachdem ich sein Zimmer bereits verlassen hatte. Er sagte: „Jesus, rette diesen Mann. Hilf ihm, dich zu erkennen."

Wenige Augenblicke zuvor hatte der Junge mir gesagt, ich würde eines Tages im Himmel sein. Und tatsächlich erlebte ich die Szene noch einmal, als ich dank der Gebete dieses kleinen Jungen tatsächlich im Himmel war.

„Oh Herr", sagte ich zu Jesus, „du hast die Gebete dieses Jungen erhört, obwohl er mir fremd war."

Aber er war kein Fremder für mich, Geliebter, sagte Jesus oder der Heilige Geist, oder vielleicht beide. *Ja, ich habe seine Gebete erhört, und was er damals im Glauben proklamierte, erfüllte sich.*

Ich war gerade im Himmel und wurde gleichzeitig Zeuge, wie dieser kleine Junge sagte, dass ich „eines Tages" dort sein würde, und dieses „eines Tages" war jetzt.

Ich höre die Gebete meiner Kinder immer und bringe sie zum Thronsaal, und wir tun das, was gut ist, sagte der Heilige Geist.

„Der Thronsaal?", fragte ich hörbar. Jesus antwortete mir hörbar.

„Ja, Geliebter, wir werden bald dorthin gehen und einiges von dem, was du sehen wirst, wirst du verstehen, und manches andere ist für später."

„Später?"

„Ja, Geliebter. Ich werde dir zeigen, wann du das, was du sehen wirst, mit anderen teilen sollst; aber was du sehen wirst, darf mit niemandem geteilt werden bis zu meiner festgesetzten Zeit. Ein Sturm wird sich erheben, und das Gute wird vollendet werden, und das Böse wird zerstört werden."

Ich dachte nicht daran, weiter nachzufragen, was Jesus meinte, da ich im Himmel ein vorbehaltloses Vertrauen zu Gott spürte. Obwohl mich Jesu Erwähnung eines Sturms stutzig machte, wusste ich, dass ich ihm in Bezug auf das Unbekannte vertrauen konnte.

Meine Gedanken kehrten zu dem kleinen Jungen zurück, der für mich gebetet hatte.

Ein Fremder, Herr. Ich war erstaunt, dass die Gebete eines fremden Jungen einen so großen Einfluss auf den Plan für meine Ewigkeit haben konnten.

„Aber ich wurde dann Agnostiker. Ich hasste die Christen", sagte ich.

Dann fanden unsere Gespräche wieder auf der Ebene von Eingebungen durch den Heiligen Geist statt.

Du hast mich gehasst, Geliebter.

„Meinst du das ernst, habe ich dich wirklich gehasst?"

Wenn du auch nur eines meiner Kinder gehasst hast, hast du mich gehasst.

Die Erkenntnis, dass ich Gott jedes Mal beleidigt hatte, wenn ich einen Christen als „Heuchler", „Narr" oder mit einer anderen Herabsetzung bezeichnete, löste in meinem Geist eine tiefe Überführung aus. Ich sah diese Szenen nicht mit den Augen eines Kindes oder Jugendlichen oder in welchem Stadium auch immer ich sie in meinem physischen Leben erlebt hatte. Ich sah sie mit den Augen meines Geistes und empfand meine Erfahrungen nicht einfach so, wie ich sie in den Momenten, in denen ich sie erlebte, empfunden hatte. Ich nahm sie mit den Augen Jesu wahr, genau so, wie er sie sah. Ich konnte meine Erlebnisse wie ein Dritter sehen, und doch verstand ich diese Zeiten in meinem Leben vollkommen. Jetzt, im Himmel, konnte ich die Gnade Jesu Christi in allen Situationen meines Lebens deutlich sehen und spüren.

„Du hast mir sogar meinen Hass auf dich vergeben, Herr?“, fragte ich.

„Ja“, antwortete er. „Meine Liebe zu dir hat sich nie geändert. Ich habe immer an dich geglaubt, auch wenn du nicht an mich geglaubt hast.“

„Aber ich habe dich enttäuscht, und zwar sehr oft. Wie konntest du mir vergeben, obwohl ich dich nicht kannte und dich nicht um Vergebung gebeten habe, Herr?“ Dann wurde mir klar, dass ich Jesus um Vergebung gebeten hatte – irgendwann.

„Ich habe dein Herz erforscht, mein Geliebter, und als du mich als deinen Herrn angenommen hast, habe ich dir das Leben geschenkt. Da du keine Beziehung zu mir hattest, warst du ohne Leben, und deine Sünden bedeuteten den Tod für dich. Ich gab dir das Leben, indem ich dir meine Gerechtigkeit übertragen habe.“

Ich erinnerte mich daran, wie Jesus gesagt hatte, dass wir *das Fleisch des Menschensohns essen und sein Blut trinken* müssen, um Leben zu haben“ (s. Johannes 6,53). Jesus sagte, dass wir auf Erden kein Leben in uns selbst haben. Der Apostel Paulus schrieb auch, dass *„Gott den, der die Sünde nicht kannte, für uns zur Sünde gemacht hat, damit wir in ihm die Gerechtigkeit Gottes würden“* (2. Korinther 5,21). Das ergab im Himmel für mich einen vollkommenen Sinn. Bei dieser Offenbarung spürte ich, wie das Blut Jesu durch meinen transzendenten Körper floss.

Als ich mit meiner rechten Hand die linke Seite meines Brustkorbs berührte und dabei durch mein Äußeres hindurch in das Innere meines Körpers langte, konnte ich den oszillierenden Fluss von Jesu Blut spüren. Die Wärme Jesu drang in meine Hand ein und wanderte durch meinen Körper, während der wohltuende Fluss seines Blutes meine „Hülle“ ausfüllte. Es fühlte sich an, als würde ich in ein warmes Bad eingetaucht werden, nur besser, denn ich war belebt und entspannt zugleich. Es war, als hätte mir jemand ein Beruhigungsmittel injiziert, während ich eine belebende Massage erhielt. Das war das erste Mal, dass ich den Unterschied zwischen Leben und Tod wirklich verstand. Leben ist für mich jetzt ganz einfach Jesus.

„Und die ganze Zeit war ich für dich tot?", fragte ich.

„Geliebter, ohne mich gibt es kein Leben", sagte Jesus.

„Weil mein Geist kein Leben hatte?"

Jesus lächelte, denn er wusste, dass ich die Antwort – „Ja" – kannte, ohne dass er etwas sagen musste.

Jedes Versagen und jede Sünde, die ich während der mir gezeigten Lebensszenen beging, diente nicht dazu, mich zu überführen. Stattdessen spiegelten sie die Gnade Jesu in jeder Situation wider. Durch die Eingebungen des Heiligen Geistes verstand ich, dass diese Gnade zur Wirkung kam, weil ich schließlich Jesus als meinen Herrn und Erlöser annahm. Danach empfand ich echte Reue für meine Sünden und bat Jesus, mir zu vergeben. Auch wenn ich nicht verbal um Vergebung bat, kannte Gott doch mein Herz – ich wollte ihm gefallen und bereute meine Vergehen gegen ihn zutiefst. Ich erkannte auch, dass unser barmherziger Gott mein Leben verlängert hatte, weil er wusste, dass ich in meinem Herzen irgendwann zu einer aufrichtigen Umkehr kommen würde.

„Der Autounfall, Herr, ich wäre gestorben, wenn du nicht gewesen wärst, nicht wahr?" Jesus lächelte als Antwort, während der Heilige Geist meine Frage bejahte.

Ja.

Ich blickte auf den hochaufragenden Engel, der die ganze Zeit, in der ich mit Jesus unterwegs war, neben mir stand. Er schaute mich mit feurigen Augen an; seine muskelgewölbten, bronzenen Arme schienen bereit, jeden Moment jede gegnerische Kraft anzugreifen. Dann wurde mir klar, dass dies mein Schutzengel war.

War das mein Schutzengel – derjenige, der als einfache Frau an der zerstörten Autotür erschien, als mein gebrochener Körper darin lag? War es diese, die mir versicherte, dass es mir gut gehen würde, als ich nach dem Unfall unter Schock stand? Auch hier antwortete der Heilige Geist mit demselben inneren Wissen.

Ja.

Mein Schutzengel hatte sich irgendwie in eine unschuldig aussehende Frau verwandelt, die mir sagte, dass es mir gut gehen würde. Der Heilige Geist teilte mir auch mit, dass eben dieser furchterregend aussehende Engel mein Auto davor bewahrt hatte, über die Böschung zu rollen, was mit Sicherheit meinen sofortigen Tod zur Folge gehabt hätte.

Da ich gesehen hatte, wie Dämonen und Engel gegeneinander kämpften, als ich nach meinem Tod zu Jesus aufgestiegen war, stellte ich mir den gleichen Kampf mit Dämonen und Engeln vor, die nach dem Autounfall um mein Leben kämpften. Dann ließ mich der Heilige Geist den Ausgang dieses Kampfes erkennen, als ich während meiner letzten Tage als Agnostiker zerquetscht in meinem Auto lag. Wäre ich gestorben, wäre ich in die Hölle gekommen. Gott bewahrte mich vor dem sicheren Tod, damit mein Geist gerettet werden konnte. Der Kampf um mein Leben hatte mit der Niederlage der Dämonen geendet: Engel – Dämonen 1:0. Nun war „Randy Kay“ für die Erlösung bestimmt, denn kurz nach dem Unfall wurde ich vom Heiligen Geist geführt, mehr über Gott zu erfahren.

„Ich habe damals Leben über dich ausgesprochen“, sagte Jesus. Ich wusste, dass mein Schutzengel in dem Moment, als Jesus das sagte, das Auto vor dem Überrollen in den Graben bewahrt hatte.

***

Meine nächste Szene im „Theater des Lebens“ führte mich zu der Zeit, als ich nachts mit Brad am *Lake Shore Drive* joggte und die Wellen des Michigansees gegen die Felsen zu unserer Linken schlugen, während wir den alten Friedhof zu unserer Rechten passierten.

„Ich hasse dich, weil du mich getötet hast.“ Die Stimme war aus dem Inneren des verschlossenen Eisentors gekommen.

„Wer war das?“, fragte ich den Herrn.

„Ein Dämon, Geliebter; die Dämonen lügen, wenn sie diejenigen anklagen, die ich gerufen habe.“

„Du hast mich schon damals gerufen, als ich dich noch hasste?“

„Hast du mich gehasst?“, fragte Jesus verbal. Als Jesus mir diese Frage stellte, erinnerte mich sein Gesichtsausdruck an das Gesicht meiner Mutter, wenn sie mir als Kind eine rhetorische Frage stellte, wenn ich etwas verbarg. Ich dachte eine Weile über die Antwort nach, weil ich wusste, wie ich mich damals fühlte, bis mir die Antwort klar wurde.

„Ich habe die Person gehasst, für die ich dich hielt, weil ich dachte, Gott sei zornig auf mich", erwiderte ich. Jesus umarmte mich fest und lehnte seinen Kopf sanft an den meinen.

„Ich war nicht zornig auf dich, mein Geliebter … Ich sehnte mich danach, dass du mich kennenlernst, und ich trauerte um unser Getrenntsein. Aber ich wusste, dass du mich schließlich annehmen würdest. Ich wusste, dass die Härte deines Herzens daher rührte, dass du dich nach der Liebe des Vaters gesehnt hast."

Dann erinnerte ich mich daran, wie mein irdischer Vater mich geliebt hatte. Er war mein Held, aber ein Jahr bevor er starb, saß er in seinem abgenutzten, braunen Ledersessel und drehte seinen Kopf zu mir her. Als ich sah, wie sich eine Träne in seinem linken Auge niederließ, sagte er: „Ich habe dich nie gekannt."

„Doch!", antwortete ich.

Tief in meinem Innern wusste ich, dass der Gleichmut meines Vaters aus einem Leben in Armut und dem tiefen Trauma, Zeuge der Gräueltaten des Zweiten Weltkriegs geworden zu sein, herrührte – plus seiner Erziehung, „ein Mann zu sein und seine Gefühle nicht zu zeigen", aus seiner Kindheit in der Zeit der Wirtschaftskrise, die sich tief in seiner Seele festgesetzt hatte. Er sagte nie: „Ich liebe dich" zu mir, aber ich wusste, dass er es tat. Seine arbeitssüchtigen Tendenzen rührten daher, dass, als er ein Kind war, keiner etwas zu essen bekam, ohne dafür gearbeitet zu haben. Durch seine Erziehung und seine Einstellung hatte ich während meiner gesamten Kindheit keine „Vaterzeit", außer beim Sport, bei gelegentlichen Ausflügen oder banalen Gesprächen während der Mahlzeiten. Im Alter war sein Herz endlich so weich geworden, dass er den Mut aufbrachte, sich bei mir zu entschuldigen – eine Entschuldigung, die ich zu schätzen wusste, aber eigentlich nicht forderte.

„War ich wie mein Vater, der mich liebte, es aber selten zeigte?", fragte ich. „Habe ich dich tief im Inneren geliebt?"

„Nein", antwortete Jesus. „Ich habe dich zuerst geliebt, damit auch du lieben könntest."

„Danke", sagte ich. Das war alles, was ich sagen konnte. Ich fühlte mich mit Jesus und dem Heiligen Geist verbunden, aber der Vater … Er wohnte an einem Ort, den ich noch nicht gesehen hatte.

***

Jesus winkte mir mit einer abwärts gerichteten Handbewegung zu, als sich ein undurchsichtiges Fenster öffnete und eine Stadtlandschaft darunter sichtbar wurde. Massen von Autos kamen sich auf den gegenüberliegenden Seiten zweispuriger Straßen entgegen, hielten an roten Ampeln oder rasten über gelbe Ampeln. Auf den Bürgersteigen gingen Menschen in Jeans und Turnschuhen und einige in Anzügen und polierten Schuhen allein oder zu zweit spazieren und unterhielten sich, ohne viel zu sagen.

Es kam mir alles verkehrt vor, denn die Menschen schienen für gewisse Orte bestimmt zu sein, ohne wirklich irgendwo hinzukommen. Als ich im Himmel stand, wusste ich, dass diese Szene die Erde in Echtzeit war und nicht nur ein Lebensrückblick. Jesus gab mir das als eine Art inneres Wissen ein. Mein Geistkörper konnte teleskopisch sehen, während ich einige Meter über einer Menschenmenge schwebte, die eine belebte Fußgängerzone entlangging. Einige hielten einen Kaffeebecher in der Hand und einige unterhielten sich mit anderen, während sie in der Morgensonne zu ihren Zielen eilten. Ein obdachloser Mann mit grauem Bart saß mit einem Pappschild, auf dem stand: „Kriegsveteran braucht Geld für Lebensmittel".

Ich sah auch Schatten, die über mehreren Personen schwebten und in sie eindrangen, um Dunkelheit zu verbreiten. Eine Frau trug ein weißes, gepunktetes, locker sitzendes Kleid, das zu ihrem weißen Haar passte. Ihr langsamer Gang stand im Gegensatz zu den schnellen Schritten der anderen. Ihr faltiges Gesicht, ihr leicht gebeugter Körper und ihre dickrandige Brille fielen mir auf. Über ihr schwebte ein Engel mit weiß leuchtenden Flügeln. Der Engel umhüllte die Frau mit etwas, das mir wie ein wunderbarer, leuchtender Friede vorkam.

Vor ihr stand ein hoch aufragender Engel in einer Rüstung, die den Kriegern glich, die ich wahrgenommen hatte, als ich hochgehoben worden war. Ich begriff, dass dies der „zweite Himmel" war. Dieser Engel schwang sein Schwert, in dem sich das Licht Jesu spiegelte, während nebelhafte Gestalten auswichen, um dem Schwert des Engels zu entgehen, nur um sich dann den vielen anderen Gestalten zuzuwenden, die umhergingen. Die Nebelgestalten umhüllten die meisten Menschen und durchdrangen diejenigen, deren Gesichter milchig aussahen und die verrückte, kranke Augen hatten und ziellos irgendwohin wankten, aber eigentlich nirgendwohin.

„Was siehst du, mein Geliebter?“, fragte Jesus.

„Ich sehe Menschen, die es eilig haben, irgendwohin zu kommen, aber die meisten von ihnen – außer dieser einen alten Frau – haben kein Leben in sich.“ Ich hielt inne, weil ich wusste, dass Jesus mich zu einer Erkenntnis führen wollte, weshalb ich ihm die Frage stellte: „Was siehst du, Herr?“

„Ich sehe ihr Getrenntsein von mir, außer der Frau mit dem weißen Haar, die mein Kind ist.“

Dann bemerkte ich die Gesichter derer, die an dieser belebten Durchgangsstraße gingen oder standen. Selten lächelte jemand. Diejenigen, die lachten oder lächelten, taten dies nur flüchtig. Ich erkannte ihr wahres Selbst, nicht nur ihre äußere Erscheinung. Ich konnte verstehen, wie sie sich fühlten. Niemand fühlte sich so frohgemut, wie ich mich jetzt im Himmel fühlte, nicht einmal die alte Frau, die nur einen Teil der Freude empfand, die ich in der Fülle des Himmels erlebte.

„Innen sind sie leer, Herr“, sagte ich.

„Ja, mein Geliebter, und so geht es allen, die mich nicht kennen, und denen, die mich ignorieren“, sagte Jesus.

Ich blickte auf den nach unten geneigten Kopf Jesu. Ein stöhnender Schrei hallte durch den Himmel, der aber nicht von Jesus kam. Er tönte durch den Himmel und klang wie ein trauriges Klagelied, das eine düstere Stimmung einleitete. Ich wusste, dass der wirbelnde Wind, der durch den Himmel wehte, der Heilige Geist war, der tröstende Wärme verströmte. Aber in dieser Stadtlandschaft spürte ich die kalte Trostlosigkeit der verlorenen Seelen, und es schien, dass der Heilige Geist, der Wind, den ich als vertraute Person kannte, diese Menschen nicht erreichen konnte. Deshalb konnte kein Friede zu ihnen oder an diesen Ort gelangen.

Meine geistlichen Augen sahen Auren, die vom Geist der Menschen ausgingen und eine undurchdringliche Kraft bildeten, die sie von Gottes Geist abschirmte. Nicht einmal er konnte die Aura durchdringen, die die Unwissenheit und die Selbstverliebtheit der Menschen verströmte – wie mächtige Schilde gegen den Heiligen Geist. Damals wurde mir klar, dass alles Leid von der Trennung von Gott herrührt und dass nur die Gegenwart Gottes wahre Freude hervorbringen kann. Demut und Wahrheitssuche waren die einzigen Gegenmittel, die diese Schutzschilde durchbrechen konnten.

Einige der Menschen, die die Straße entlanggingen, hatten Krebs oder andere Krankheiten. Ich konnte die Krankheiten in ihnen wahrnehmen, die durch die Trennung der Welt von Gott und die Anhäufung von Generationen von Sünden verursacht werden, die die Welt, welche die Menschen des Fleisches „Heimat" nennen, verderben und besudeln.

Mein Blick richtete sich nun auf eine ältere Frau in einem Rollstuhl, die am Straßenrand entlangfuhr. Ihre zerlumpte Kleidung war mit Löchern übersät. Über ihrer Person lag keine Aura. Da ich neben Jesus im Himmel stand, konnte ich erkennen, dass sie Jesus liebte, denn er lächelte auf sie herab. Das Lächeln Jesu glitzerte wie Funken, die zu der alten Frau hinströmten, und sie blickte hoch, als wüsste sie, dass Jesus sie mit Segnungen überschüttete. Selbst in ihrem Elend genoss sie die Nähe zu Jesus.

Ja, die Liebe zu dir, Herr, dachte ich. *Du möchtest allen nahe sein.*

Du hörst gut zu, sagte der Heilige Geist. *Im Himmel zu sein, lehrt jeden, voll und ganz auf meine Wahrheit zu hören.*

Im nächsten Moment sah ich mein Leben wieder Revue passieren. Diesmal sah ich mich, wie ich Christen als Heuchler beschuldigte, doch im Himmel fühlte es sich an, als wäre ich der größte Heuchler von allen. Ich sah mich in meiner Studentenverbindung vor Mark, von dem ich wusste, dass er über seine Noten und seine Kenntnisse in verschiedenen Fächern gelogen hatte. Er schien mir ein klassisches Beispiel für einen christlichen Heuchler zu sein – jemand, der sich zu Christus bekannte und gleichzeitig ein sündiges Leben führte. Aber Jesus zeigte mir, dass ich ein Lügner gewesen war, der sich zum Richter über andere aufgeschwungen hatte, obwohl ich selbst voller Schuld war.

Weil Jesus mir eine tiefere Einsicht in alles, was ich sah, schenkte, wusste ich, dass die Lebensrückblicke zeigten, dass meine Rebellion gegen Gott eine bestimmte Ursache hatte. Ich dachte über meine Rebellion gegen Gott als bekennender „hingegebener Agnostiker" nach. Aber ich fragte mich: *Warum jetzt? Warum zeigst du mir diese Szenen, die meine Hartherzigkeit herausstreichen?*

Ich betrachtete die Szenen in einem Raum, der merkwürdigerweise einem Gerichtssaal ähnelte. Es gab ein Richterpult, das aus Marmor zu bestehen schien, und ein riesiges, felsiges, weißes Gestell ohne Makel, das kilometerweit zu reichen schien und auf dem ein goldenes Buch mit geprägtem Einband lag. Jesus wusste, was ich dachte, bevor ich ihm die Frage stellen konnte.

„Alles, was ich dir zeige, könnte vor meinem Gericht verwendet werden, um ein Urteil darüber zu fällen, ob du würdig bist, in den Himmel zu kommen, mein Geliebter. Ich zeige dir diese Dinge nicht, um dich zu verdammen, sondern um zu zeigen, dass dein Leben in der Welt durch meine Gnade bestimmt wurde, nicht durch meine Gerechtigkeit. Du hast mich erwählt, weil du die Wahrheit gesucht hast, aber ich hatte dich schon lange vorher erwählt, und ich habe auf dich gewartet und mich nach dir gesehnt. Wenn ich jede Verfehlung von dir gegen mich richten würde, könntest du niemals meine Gnade im Himmel verdienen. Was du siehst, ist mein Thron der Gnade, und ich habe deinen Namen bereits in das Buch geschrieben, das du siehst."

Auf dem Richtertisch lag tatsächlich ein ledergebundenes Buch mit goldenen Schnüren. Jesus legte seine Hand auf das Buch und fuhr mit seiner Hand über das rote Siegel, das oben auf dem Buch angebracht war. Obwohl mir das volle Ausmaß der Gnade Christi unergründlich erschien, verstand ich seine Bedeutung. Ich war durch das Blut Jesu Christi versiegelt.

Ich sagte: „In den Zeiten, in denen ich dachte, du wärst nicht bei mir, warst du also bei mir, aber ich war nicht bei dir. Und doch habe ich dich verurteilt und dich für schuldig befunden, mich nicht zu beachten. In Wahrheit jedoch warst du immer bei mir, also *warst* du gerecht, allerdings glaubte ich an eine falsche Gerechtigkeit – an die Gerechtigkeit der Welt. Aber als es an der Zeit war, dass du mich richtetest, hatte ich so viel Unrecht getan, das ich nicht bereut habe, doch deine Gnade … Oh je … deine Gnade, Herr, hat eine *Vielzahl* meiner Sünden bedeckt, weil du mein *Herz* dir gegenüber beurteilt hast und nicht nur meinen Kopf."

„Du hast mir dein Herz gegeben, Geliebter", sagte Jesus. Und wie sehr brachte mich meine Erkenntnis von Gottes Gnade dazu, voller Staunen über seiner Liebe zu jubeln! Gott beurteilte mein Herz, das sich danach sehnte, seine Wahrheit zu erkennen.

Jesus lächelte mich an, und ich wusste, dass ich einer Sache auf der Spur war.

Kapitel 11

Die verlorene Kindheit wiederherstellen

Denn solchen gehört das Reich der Himmel.

Matthäus 19,14b

Bei der nächsten Szene im „Theater des Lebens“ war ich ein 23-jähriger Agnostiker. Ich schrie durch das Fenster meiner Wohnung zu Gott: „Ich muss dich besser
kennen als etwas, das ich nur aus einem Buch kenne.“ Nur sah ich diesmal nicht nur mich selbst, wie ich durch die Gitterstäbe meines Fensters unter dem Nachthimmel zu Gott schrie, sondern ich spürte auch den innersten Schrei meines Herzens, das sich nach einer Beziehung zu Gott sehnte.

„Ich habe versucht, deine Existenz zu widerlegen“, sagte ich zu Jesus, „aber du kanntest mein Herz. Tief im Inneren fühlte ich mich von dir verlassen und gab dir die Schuld an allem – der Atemnot, dem Mobbing, dem Gefühl, ein Verlierer zu sein – all das. Aber du wusstest wirklich, dass ich dich die ganze Zeit wollte, nicht wahr?“

„Ja“, sagte er. „Ich weiß alle Dinge.“

Bei meinem nächsten Rückblick war ich wieder in dem zertrümmerten Auto eingeschlossen, ohne Erinnerung an den Unfall, der mich hätte töten sollen, außer an die Frau, die am Fenster erschien. Ich hätte eigentlich nichts über diesen Unfall wissen sollen, weil ich bewusstlos war. Zum ersten Mal wusste ich, dass ich durch die Augen meiner Seele sah, und dass ich einen Engel sah.

„Du hast sie geschickt, Herr, und du hast mir gesagt, dass ich eigentlich hätte sterben sollen, aber dass es nicht geschah, weil du wusstest, dass mein Herz letztlich nach dir verlangte. Du hast mich vor dem Tod bewahrt."

„Mein Feind wollte dich töten, aber ich habe es zum Guten gewendet", sagte er.

Ich erinnerte mich daran, dass die Gehirnerschütterung mich in eine Depression gestürzt hatte. Sie zwang mich auch, mich auf Gott zu besinnen, da sie meine Gedanken zur Ruhe brachte. Oh ja, Gott wirkt wirklich auf geheimnisvolle und wundersame Weise!

Nachdem ich monatelang an einer Gehirnerschütterung gelitten hatte, unterwarf sich mein Verstand tatsächlich meinem Herzen. Und Gott schenkte mir einen christlichen Freund, der sich aufrichtig wie ein gläubiger Christ verhielt, um meine Theorie, dass alle Christen Heuchler seien, zu widerlegen. Dann legte Gottes Geist den Wunsch in mich, etwas über den Gott Jesu Christi zu erfahren, und Wunder über Wunder ging ich in die Kirche und betete, um Jesus als meinen Herrn und Retter anzunehmen.

„Das warst du, Herr – dein Geist hat mein Gebet erhört, mein Leben gerettet, und dann habe ich mich dir endlich ergeben."

***

Ich konnte die Feier im Himmel sehen, die stattfand, als ich betete, um Jesus als meinen Herrn und Retter anzunehmen. Ich sah geflügelte Engel, die in lange, goldene Hörner bliesen und Lobpreisungen ausstießen, und Lichter, die von Jesus ausgingen, in einem herrlichen, blumigen Ausbruch von Sternen im Tageslicht. In dem Moment, als ich Jesus als meinen Herrn und Retter annahm, breiteten sich im Himmel alle möglichen Farben aus. Aber die auffälligste Farbe war Rot – Tausende von Rottönen. Es schien, als würde der ganze Himmel meine Wiedergeburt feiern, mit all den verschiedenen Arten von Gottes Gnade, von denen jede für das Blut Jesu stand, das für mich vergossen worden war.

Als ich Zeuge der Feier meines geistlichen Geburtstags wurde, öffnete Jesus seine Arme und strahlte vor Freude. Ich sah sein gewelltes braunes Haar, seine funkelnden Augen, das strahlende Licht, das von ihm ausging, und einen Strom von flüssigen Diamanten, der aus dem Saum seines weißen Gewandes floss. Dieses Mal befand ich mich nicht in einer Szene. Ich sah kristallines Wasser, das von Jesus ausströmte, und das klare Wasser, das von Jesus durch den ganzen Himmel floss. Danach befand ich mich wieder im Himmel und wurde Zeuge der vollen Herrlichkeit von Gottes vollkommenen Schöpfungen.

Zum ersten Mal drehte ich mich um meine eigene Achse und sah den Himmel in seiner ganzen Fülle. Sanfte Löwen lagen zusammen mit anderen kleineren Tieren in Wiesen mit Blumen und Bäumen, in einer Vielfalt und Farbenpracht, die alles übertraf, was ich je auf der Welt gesehen hatte. Menschen waren in Gesprächen und Gebeten vereint. Ich sah eine Künstlerin, die ein brillantes Kunstwerk malte, das würdig wäre, in den besten Museen der Welt ausgestellt zu werden. Sie malte ein surrealistisches Bild von Jesus, umgeben von Engeln. Auf dem Bild beugte sich Jesus vor, um den brünetten Kopf einer Frau zu küssen, bei der es sich vermutlich um die Künstlerin handelte. Im Hintergrund floss klares Wasser zwischen tiefgrünen Hügeln – sie hatte das Bild des Himmels perfekt eingefangen. Vielleicht wusste ich durch die Eingebung Christi, dass ihre künstlerische Leistung im Himmel weit über das hinausging, was ihr Talent auf Erden gewesen war.

Als Nächstes sah ich einen in Purpur gekleideten Mann, der eine goldene Schärpe trug und andere in einem Kreis speiste. Irgendwie wusste ich, dass dieser Mann in der Welt ein Bettler gewesen war. Jetzt speiste er die gleichen, die ihn in der Welt gespeist hatten. Seine königliche Statur strafte den Status Lügen, den er in der Welt gehabt hatte, bevor er starb.

„Wer anderen in der Welt dient, dem wird hier noch mehr gedient“, sagte Jesus.

Ich drehte mich nach rechts, immer noch im Bewusstsein der Anwesenheit Jesu, aber ich sah ihn nicht. Als ich über den Fluss blickte, entdeckte ich Jesus mit einer perlenförmigen Flasche, die eine Flüssigkeit enthielt. Er neigte den Kopf mit einem drolligen Blick und einem leicht schiefen Lächeln. *Das ist nicht typisch für ihn*, dachte ich. Seine humorvolle Geste spiegelte eine Absicht wider, als wolle er signalisieren, dass sich im Himmel alle Dinge in Freude verwandeln. Als ich ihm auf der anderen Seite des kristallklaren Flusses gegenüberstand, hob Jesus die Flasche an, drehte sie auf den Kopf und ließ ihren Inhalt in den Fluss fließen.

Impulsiv bückte ich mich am Rand des Wassers. Mit gebeugten Knien schöpfte ich mit der Hand etwas Wasser aus dem Fluss und trank von seiner angenehmen Kühle. Sofort durchdrang mich Freude. Ich hüpfte auf und ab und sang meinem Herrn voller Hingabe und Freude ein Loblied. Ich fühlte mich unbeschwert, als würde ich gleichzeitig einem lustigen Witz und einer bewegenden Symphonie lauschen – ausgelassen und doch nachdenklich, kindlich und doch ehrfürchtig. Diese gegensätzlichen Gefühle passten gut in meine Seele, als würde ich ein Nickerchen machen und von etwas Schönem träumen. Es ist fast unmöglich, es zu erklären, aber ich fühlte mich voller Leben. Ich schaute zu Jesus hinüber, um eine Antwort auf meine Verwunderung zu erhalten, als er kicherte.

„Geliebter, die Flasche, die ich in der Hand hielt, enthielt deine Tränen. Ich habe sie dein ganzes Leben lang gesammelt."

Oh je, wie schwer war es doch, zu erkennen, dass Jesus den Kummer meines ganzen Lebens gesammelt hatte. Das traf mich zutiefst.

„Wirklich? Du hast meine Tränen des Kummers gesammelt?"

„Ja, Geliebter, nicht zur Erinnerung, sondern um im Himmel deinen Kummer vollständig gegen Freude einzutauschen. Du siehst also, dass du nicht wegen deines Leidens getrauert hast, sondern du hast wegen deiner Trennung von mir gelitten."

„Du hast meine Tränen in Freude verwandelt."

Jesus lächelte. Im nächsten Moment erschien er an meiner Seite. Jetzt beugte er leicht die Knie und streckte seine Hände aus, um etwas von dem lebendigen Wasser in seinen beiden Handflächen aufzufangen, wobei er kurz die Narben an seinen Handwurzeln entblößte. Dann richtete er sich auf und streckte seine hohlen Hände über meinen Kopf, um mich mit dem lebendigen Wasser zu taufen, indem er es auf meine Kopfhaut fallen ließ.

Danach erschien vor mir eine Vision des Heiligen Geistes in glitzernden Funken, die wie ein Nebel über dem Wasser und vor mir schwebten. Gleichzeitig spürte ich ihn in mir, als würde mir Gott seine Allgegenwart als etwas Eigenes und zugleich Inneres offenbaren. In diesem Moment wurde mir voll bewusst, dass der Heilige Geist in mir Wohnung genommen hatte, als ich wiedergeboren wurde – erst dann wurde ich wirklich lebendig. Vorher war ich innerlich tot, leblos und lustlos gewesen, im Gegensatz zu der Fülle der Freude, die ich empfand, als ich das lebendige Wasser Jesu zu mir nahm.

Meine geistlichen Augen atmeten die Fülle des Himmels als wahrhaftigen Abdruck von Gott selbst ein. Jeder Mensch, den ich sah, erstrahlte in demselben Glanz, der mir nun von Jesus und dem Heiligen Geist verliehen wurde. Ich sah die Farben lebendiger und spürte die Gefühle intensiver. Alles im Himmel sprach von Gottes Herrlichkeit, sowohl im stillen als auch im gesprochenen Lobpreis, der größere Freude hervorrief, als Worte ausdrücken können. Ich wusste, dass dies die Fülle des Heiligen Geistes war. Ich wusste, dass dies das Leben war – nicht als Ausdruck, sondern als Abdruck von Jesus, dem Leben selbst, bzw. von Gottes Gegenwart – was ich immer mehr als die manifestierte Gerechtigkeit Gottes erkannte.

„Geliebter, meine Gerechtigkeit ist ohne Makel, und die, die in meiner Gerechtigkeit gebadet sind, sind gereinigt wie reines Leinen."

***

Jesus zeigte nach rechts. Von einem Berg floss ein Wasserfall herab, der aus weißem Leinen zu bestehen schien, das sich wie Wasser kräuselte, mit dem Geräusch von Hunderten flatternder Fahnen, die den berauschenden Duft eines Neugeborenen verströmten. Die fließenden Kräuselungen erreichten den Talboden und bildeten seidenglänzende weiße Wellen. Sie waren eleganter als die Wogen des Ozeans und umarmten meine Seele mit ihrer sanften Natur.

Auf diesen Wellen tummelten sich Tausende von Kindern und Neugeborenen, zusammen mit vollkommen weißen Engeln, deren Gewänder mit dem Leinen zu fließen schienen. Freudenschreie erklangen aus den Mündern der Kinder und Neugeborenen. Es wurde viel gekichert, denn die Engel hüpften mit den Kindern, so wie eine aufblasbare Hüpfburg die Freude auf einer Kindergeburtstagsparty vergrößert. In diesem Moment hallte das Wort Gottes in meinen Gedanken wider: *„Und ihr wurde gegeben, dass sie sich kleidete in feine Leinwand, glänzend, rein ..."* (Offenbarung 19,8).

Ja, ich erinnerte mich daran, dass feines Leinen für die gerechten Taten von Gottes heiligem Volk steht.

„Du siehst die, die als kleine Kinder gestorben sind, und die Ungeborenen der Welt", sagte Jesus.

Seine Worte machten mir die Schwere dessen bewusst, was diese Kinder in den Himmel gebracht hatte, vor allem, weil ich wusste, dass viele vor mir erschienen, die in der Welt abgetrieben worden waren. Aber selbst diese Erkenntnis machte mich nicht traurig, denn Gott hatte ihre Kindheit im Himmel erlöst und ihnen den absoluten Spaß und Gefühle der glücklichen Ausgelassenheit zurückgegeben, die sie auf der Erde verloren hatten. Noch heute sage ich Müttern, die ihre Babys abgetrieben haben und sich danach schuldig fühlten, dass Gott die Freude ihres Babys im Himmel wiederherstellt.

Ich habe auch verstanden, dass der Akt, ein Baby seiner von Gott vorgesehenen Bestimmung zu berauben, Jesus zum Weinen bringt. Der „Wasserfall aus Leinen“ steht für die Todestränen, die in Leben verwandelt werden. Gottes Gerechtigkeit befahl diesen Tränen, aus Asche Schönheit zu machen, da das makellose, fließende Leinen der Reinheit die Unschuld der Kindheit wiederherstellte und die Schmerzen der letzten tragischen Erinnerungen der Kinder an die Erde ersetzte.

In der Tat hat Gottes Gerechtigkeit jedes Lebewesen im Himmel zum Leben erweckt, und alles im Himmel war lebendig – die Flora, die Felsen, die Berghänge, die Luft, das Wasser und natürlich Gottes Meistgeliebte, Sie und mich. Nichts starb – niemals. Gott sorgt für ständiges Wachstum durch die Erneuerung, die der Heilige Geist durch die Verleihung neuen Lebens bewirkt. Wie schon andere im Himmel sah ich alles so, als würde ich es zum ersten Mal sehen, auch wenn ich immer wieder dieselben Dinge betrachtete.

***

Gerade als ich anfing, die Wunder des Himmels in mich aufzunehmen, wurde mein durchsichtiger Geistkörper durch konzentrische Kreise zu einem anderen Rückblick des Lebens nach dem Tod in einen anderen Raum und eine andere Zeit transportiert. Dieses Mal sah ich meinen Geist in einer Krankenhaus-Intensivstation. Wie Jesus mir mitteilte, wurde mein Geist zum ersten Mal lebendig, nachdem ich ihn als meinen Herrn angenommen hatte. Anstatt meinen fleischlichen Körper zu sehen, sah ich also meinen geistlichen Körper – denselben Körper, in dem ich war, als ich mit Jesus den Himmel erlebte. Ich bin mir nicht sicher, ob ich mich zu diesem Zeitpunkt im Himmel befand oder ob Jesus mich an einen anderen Ort transportiert hatte, um mir meine Vergangenheit zu offenbaren, aber Jesus wich nie von meiner Seite, während ich irgendeinen Teil meines Lebens noch einmal erlebte.

Jetzt sah ich den sterbenden Mann auf der Intensivstation des Krankenhauses in Freemont, Illinois, vor mir. Damals war ich ein neuer Christ, der Ärzte darin schulte, ihre neuen Vitalparameter-Monitore zu nutzen, die ich für sie installiert hatte. Wie mir eine der Reinigungskräfte mitteilte, hatte dieser Mann die Kirche besucht und war in seinem Leben wohltätig gewesen. Nun stand seine Familie an seinem Bett, und der Monitor zeigte an, dass sein Körper immer schwächer wurde.

„Was siehst du?", fragte Jesus.

„Ich weiß noch, dass ich dachte, dass dieser Mann die Früchte seines guten Lebens erntete."

„Aber, mein Lieber, kein Mensch ist gut, nur Gott ist gut", sagte Jesus.

„Er hat dir gedient, soweit ich mich erinnere, mein Herr."

„Ja, Geliebter, und doch wurde er nicht durch sein Dienen gut. Es war meine Gerechtigkeit in ihm, die ihn gerechtfertigt hat."

„Und du hast ihn gut gemacht, Herr?"

„Ich habe seinen Geist in meinen Augen heilig gemacht. Du hast den Geist dieses Mannes gesehen, Geliebter, und der schien dir gut zu sein, aber ich sah seine Gerechtigkeit durch mich und mich allein. Ohne mich wäre er genau wie der andere Mann, den du gesehen hast.

Bei diesem Wort stand ich nun im Nebenzimmer und beobachtete den Mann, der sich in der Kleinstadt Freemont herumgetrieben hatte. Sein Gesicht war abgemagert, wie das des Jungen, den ich gesehen hatte und der an Krebs gestorben war. Aber der Junge hatte Freude ausgestrahlt. Von diesem Mann dagegen ging eine starke Dunkelheit aus, die sich anfühlte und sogar roch wie die Luft in einer schmutzigen Latrine. Er wirkte leblos, wie die meisten Menschen, die ich in der Stadt beobachtet hatte. Seine Augen waren pechschwarz, und ich erkannte, dass Jesus mir erlaubte, durch seine erweiterten Pupillen in seine verdunkelte Seele zu sehen.

Bei diesem Lebensrückblick nahm ich von jedem Ort aus, an dem ich diese Szenen im Himmel wahrnahm, den spirituellen und physischen Ausdruck von allem, was ich sah, voll wahr.

„Was siehst du?“, fragte Jesus.

„Ich sehe kein Leben, Herr. Er hat kein Leben, auch wenn sein Herz noch schlägt“, sagte ich.

„Das ist wahr, mein Lieber, denn wer getrennt von mir ist, ist tot, obwohl er lebt. Was siehst du noch?“

„Ich sehe einen dunklen Tunnel unter ihm, Herr, und eine tiefe Grube und Flammen am Boden dieser Grube. Am Ende des Tunnels liegt die Grube – tief unter der Erde, als hätte eine große Bohrmaschine einen Tunnel zum geschmolzenen Kern der Erde gegraben. Und ich sehe Menschen in Gefängniszellen, die am anderen Ende des Tunnels aneinander reißen und sich anschreien, und Bestien, wie die, die ich sah, als ich von deinem Licht gezogen wurde, die sich auf ihre Körper stürzen.

Sie scheinen mit ihren stumpfen, schuppigen Armen wie Gummibänder nach dem sterbenden Mann zu greifen. Das Fleisch bzw. die äußere Erscheinung dieser Gestalten in der schwarzen Grube verrotten in ewiger Verwesung. Ich sehe, wie sich Hautschichten ablösen und in der Luft schweben, und es riecht nach Schwefel – ohne Licht, in absoluter Dunkelheit. Ich spüre nichts als Hass in diesen Menschen, und sie haben keine Hoffnung. Die Menschen unter ihnen leben in Käfigen, wie Tiere in brennenden Flammen. Und diese Schreie des Schreckens … bitte, Herr, zeige sie mir *nicht mehr!“*

„Du siehst die Hölle. Alle, die nicht zu mir gehören, befinden sich an einem Ort, der ohne Leben ist.“

„Das Böse“, sagte ich.

„Das Böse, Geliebter, ist nicht mein Plan. Dieser Ort wurde nicht für diejenigen geschaffen, die nach meinem Bild geschaffen wurden. Das Böse ist wie der Verfall, den du bei diesem Mann spürst. Was neben dem, was gut ist, übrigbleibt, ist böse, vergeudet und verloren. Diejenigen, die getrennt von mir leben und aufhören, in der Welt zu leben, wünschen sich den Tod – aber sie finden kein Leben und keinen Tod. Sie finden nur das Leid, das aus einem Leben abseits von mir kommt, beherrscht von denen, die mich abgelehnt haben, den gefallenen Engeln. Diejenigen ohne mich, Geliebter, haben kein Leben.“

„Und ein vergeudetes Leben führt zu Zorn und Hass, Herr.“ Es schien, als könne ich nicht nur die Gedanken Jesu lesen, sondern auch seine Absichten, etwas, das, wie ich später erfuhr, auf der Erde als Offenbarungen erscheint.

„Mein Geist hat dir das gesagt, Geliebter."

***

Danach durchlief ich eine weitere Spirale von Kreisen, bevor ich mich an einem anderen Schauplatz meiner Vergangenheit wiederfand. Jetzt stand ich in einem Maisfeld gegenüber dem Haus an der Bloods Point Road, während ein weinendes Geräusch wie das eines verlorenen Kindes durch den Wind wehte. Hinter mir konnte ich das gotische Haus mit seinen leeren Fenstern sehen, einen Blitz, der während eines Gewitters in das Haus einschlug, und einen Wind, der durch das Haus wirbelte und es wie eine schnelle Abrissbirne zu Boden riss.

„Oh ja, Herr – ich war Feuer und Flamme für dich und wollte allen von dir erzählen, aber ich bin in Versuchung geraten. Ich glaube, ich habe angefangen, dich für selbstverständlich zu halten. Ich habe schreckliche Dinge getan."

„Du hast meinem Feind die Tür geöffnet, Geliebter, und der Geist der Finsternis hat dir etwas vorgespielt."

„Das Kind, das ich im Kornfeld gehört habe – war die Stimme wirklich ein Dämon?"

„Ja, und auch jede der bizarren Erscheinungen, die du gesehen hast. Hast du etwas anderes erwartet?"

„Ich habe dich ignoriert", sagte ich. „Nein, ich wusste es besser, aber ich nahm an, du würdest mich nicht beobachten. Ich habe ohne Entschuldigung gegen dich gesündigt, weil ich dich als meinen Herrn und Erlöser kannte." Dann senkte ich meinen Kopf: „So viele Vergehen gegen dich, Herr."

„Mein Geist lebte in dir, mein Geliebter, also wusste ich natürlich immer, was du tust. Du hast mich betrübt, Geliebter."

„Vergib mir!"

„Das habe ich bereits", sagte er.

„Und warum zeigst du mir das dann, Herr?"

Ich erinnerte mich plötzlich daran, dass ich meine Indiskretionen und Vergehen gegen Gott bereut hatte, nachdem ich zu dem Haus an der Bloods Point Road zurückgekehrt war und gesehen hatte, dass es dem Erdboden gleichgemacht war, aber ich fühlte noch etwas anderes. Es war, als hätte ich Jesus veranlasst, sich noch einmal für mich zu opfern – als hätte ich die Wunden seiner Verfolgung wieder aufgerissen. Dann sah ich Jesus am Kreuz sterben, und sein Blut tropfte auf den Boden. Ich weinte, weil ich wusste, dass ich nicht besser war als die Jünger, die Jesus bei seiner Kreuzigung abgelehnt hatten.

„Das ist es, was die Sünde tut, nicht wahr, Herr? Die Sünde ist für den Gläubigen eine Form der Verfolgung gegen dich, nicht wahr?", fragte ich. Mein Geist wusste, dass Jesus immer wieder gekreuzigt wird, wenn wir als Christen sündigen.

„Geliebter, wenn eines meiner Kinder gegen mich sündigt, verleugnet er oder sie mich von Neuem."

„Dich verleugnen? Wie der verlorene Sohn?"

„Sünde, Geliebter, bedeutet mich abzulehnen. Der Ungläubige hat mich nie gekannt, aber meine Kinder kennen meine Stimme, und wenn sie sündigen, lehnen sie meine Stimme ab. Du dachtest, du wärst nicht besser als meine Jünger auf Erden, aber du warst wie Petrus, dessen Fundament eigentlich auf mich gegründet war; und dennoch hat er die Fundamente der Welt gewählt."

„Und das öffnete mich dafür, die Stimme der Dämonen zu hören? Ich habe dich immer wieder zurückgewiesen."

„Ja, Geliebter, du hast mich ignoriert. Als ich dein Herr wurde, hauchte ich deinem Geist Leben ein, damit wir zusammen sein konnten. Als du gesündigt hast, warst du wie ein entlaufenes Kind, aber als du Buße getan hast, bist du zu mir nach Hause gekommen."

Seltsamerweise fühlte ich keine Verurteilung durch Jesus, als ich meine Sünden sah. Im Gegenteil, ich war sogar noch dankbarer für seine Gnade. Er kannte mein Herz und wusste, dass ich nach Hause zurückkehren wollte, ähnlich wie der verlorene Sohn in der Bibel. Dies war für mich eine wichtige Lektion über Gottes Gnade. Wer an Christus glaubt, mag sich verirren, wie ich es nur allzu oft tat, aber unsere Herzensbande rufen uns schließlich zurück nach Hause. In Wahrheit fühlte sich meine Seele nie in Frieden, während ich sündigte.

Als Jesus auf der Erde lebte, sagte er: *„Niemand wird sie aus meiner Hand rauben"*, aber wir können vor ihm weglaufen (s. Johannes 10,28). Ich war gerettet und niemand konnte mich von Gott wegnehmen, aber ich hatte Gott zu oft verlassen.

Ein Geist, der in Christus geboren ist, will immer bei Jesus zu Hause sein und kann nie ganz zur Ruhe kommen, ohne zu bereuen, dass er gegen Gott rebelliert hat. Ich habe erkannt, dass die Gnade Jesu kein Freibrief für die Sünde ist. Sie ist eine Aufforderung, nach Hause zurückzukehren. Ist man wieder zu Hause, dann ist es so, als hätte es die Sünde nie gegeben.

Im Himmel, in meinem von Christus regierten Geistkörper, hatte ich kein Verlangen zu sündigen. Ich wollte nur Gott gefallen. Meine Freude war vollkommen. Aber in den Zeiten, in denen ich als Christ sündigte, verlor ich meine Freude und fühlte mich weit von Gott entfernt. Jesus ist unser Fels. Er entfernt sich nie von uns.

Meine himmlische Vorstellung wurde Wirklichkeit, wie ein Traum, der sich in Anblicke, Gerüche und Klänge verwandelte, da meine geistlichen Augen nun ein anderes Reich erkundeten. Es ist ein Ort, den ich nur als „das Unbekannte" oder „das Ungelebte" beschreiben kann. Plötzlich lief eine Reihe von Szenen vor meinen Augen ab. Die erste Szene spielte sich spät nachts auf einer zweispurigen Straße ab, auf der ich immer zur Arbeit in einem Krankenhaus fuhr. Plötzlich kam ein Auto mit hoher Geschwindigkeit frontal auf mich zu. Im nächsten Augenblick schien mein Auto über das andere Auto zu springen, weil ich dieses Auto in meinem Rückspiegel sah.

„Das warst du, nicht wahr – du hast mich vor einem Frontalzusammenstoß gerettet?" Jesus brauchte meine Frage nicht zu beantworten, denn ich kannte die Antwort bereits.

Andere Bilder waren mir fremd, wie zum Beispiel das Bild von mir, wie ich in einer Klinik eine Chemotherapie bekam. Ich sah einen Gedenkgottesdienst für mich in einer Kirche und eine Vielzahl anderer Erfahrungen, die ich in der Welt nie gemacht hatte, zumindest noch nicht. Ein Wirbelsturm von Tragödien lief an meinen Augen vorbei, und alle wurden von einem Schwefelgeruch begleitet. Im Gegensatz dazu atmete ich jetzt im Himmel eine Verschmelzung angenehmer Düfte ein, die eine Kombination aus frischer, sauberer Luft, schönen Blumensträußen und Waldaromen waren.

„Du siehst die Dinge, die mein Feind gegen dich geplant hatte und die nicht eingetreten sind, mein Geliebter", sagte Jesus.

Das ist also die Macht der Liebe Gottes in meinem Leben, dachte ich. Jesus hat mich aufgrund seiner Fürbitte vor einer Vielzahl von Prüfungen bewahrt, die nie stattgefunden haben.

Dann drang ein anderer Duft in meine Sinne, und ich fand mich neben Jesus stehend auf einem goldenen Weg wieder. Ich starrte in eine geleeartige Sphäre, die sich wie eine sich ausdehnende Qualle ausbreitete und eine klare Öffnung freigab. Sie war in der Mitte mit reinem Licht gefüllt, das weißer war als weiß.

Der Geruch von frisch gebackenen Schokoladenkeksen erfüllte meinen Raum. Dann schritt eine Gestalt durch das Licht, trat vor und blieb etwa drei Meter vor mir stehen. Ihr Haar schimmerte in Brauntönen. Mit ihren sanften Augen, der glatten Haut und dem ach so vertrauten Lächeln legte sie die Hände über ihr Herz, und ich erkannte das Wesen meiner Großmutter. Erst nach meiner Rückkehr aus dem Himmel blätterte ich in einem alten Fotoalbum und sah darin eine jüngere Version meiner alten Großmutter, die im Himmel vor mir gestanden hatte. Ihre geistliche Schönheit stand im krassen Gegensatz zu der stämmigen Großmutter, die ich in der Welt immer erlebt hatte.

Als ich ein Kind war, backte meine Großmutter jedes Mal Schokoladenkekse für mich, wenn ich ihr bescheidenes Haus in Keokuk besuchte. Manchmal nahm ich diese mit in den Schuhladen, und am Ende meines Besuchs waren sie alle aufgegessen. Derselbe Duft durchzog den Ort, in dem ich nun ihr Wesen betrachtete. Ihre Integrität, ihr Humor, ihre Loyalität und ihre Liebe zu mir fühlten sich in diesem Ort noch ausgeprägter an. Mir wurde klar, dass ich sie im Himmel eher an ihrem Wesen und ihrer inneren Natur erkannt hatte als an ihrer physischen Erscheinung, denn ich hatte meine Großmutter nie in ihrer Jugend gesehen.

Im Himmel sagte mir der Charakter meiner Großmutter, wer sie war. Ihre Gesichtszüge hatten etwas Vertrautes, und ihr Körper erschien durchscheinend, wie bei allen Menschen dort. Aber im Himmel kannten wir uns vor allem deshalb, weil der Heilige Geist mich ihre wahre Identität erkennen ließ. Großmutter formte mit den Lippen die Worte: „Ich liebe dich." Warum wir nicht hörbar miteinander sprechen konnten, ist mir bis heute ein Rätsel, aber ich wusste, dass ich auch nur mit den Lippen antworten konnte: „Ich liebe dich."

Vielleicht wollte Jesus, dass ich wartete, bevor ich mich mit ihr unterhielt, aber ich glaube, es lag daran, dass meine ganze Hingabe und mein ganzes Gespräch bei Jesus bleiben sollten. Selbst der riesige Engel, der mit Jesus und mir unterwegs war, sprach kein Wort zu mir und ich nicht zu ihm. Er hatte gefaltete Flügel und eine charmante, etwa zweieinhalb Meter hohe, kantige Gestalt, die in ein ultraweißes Gewand und eine violette Schärpe gehüllt war. Seine Augen sahen eher wie Feuer aus und sein Haar wallte in goldenen Strähnen.

Seine auffällige Erscheinung zog die Aufmerksamkeit auf sich, im Gegensatz zu den eher bescheidenen Zügen Jesu. Obwohl Jesus ständig in strahlendes Licht getaucht war, erschien er mir bzw. jedem anderen Menschen sehr ähnlich. Man könnte denken, dass ich unbedingt mit dem Engel oder meiner Großmutter hätte sprechen wollen, aber die Gegenwart Jesu nahm meine Aufmerksamkeit in Beschlag. Keine Kommunikation konnte jemals mit der absoluten Wahrheit, der Liebe und dem Leben mithalten, die von meinem Herrn ausgingen.

Die ganze Zeit über wusste ich irgendwie, dass ein Sturm auf mich zukommen würde. Aber im Moment fühlte sich mein Geist durch die Stille des Himmels beruhigt.

Kapitel 12

Engel im Einsatz

Im Hause meines Vaters sind viele Wohnungen. Wenn es nicht so wäre, würde ich euch gesagt haben: Ich gehe hin, euch eine Stätte zu bereiten? Und wenn ich hingehe und euch eine Stätte bereite, so komme ich wieder und werde euch zu mir nehmen, damit auch ihr seid, wo ich bin.

Johannes 14,2-3

Meine Reise im Himmel war davon geprägt, in der Gegenwart Gottes zu sein. Ich brauchte im Himmel nur eine Nanosekunde, um zu erkennen, dass mein Zuhause nicht etwas Materielles war, sondern in der Person Jesu bestand. Jetzt weiß ich, dass Gott mir für ein ganzes Leben auf der Erde einen Schutzengel zugewiesen hat. In der Tat kreisten Tausende von Engeln unterschiedlicher Art und Form im Himmel umher. Ihre Erscheinung unterschied sich durch die Farbe ihrer Schärpen oder durch ihre Gesichter. In der Ferne sah ich Engel, die mit Lobeshymnen anbeteten und deren Gesichtszüge eher an Menschen erinnerten. Alle sangen mit der Kraft von zehn menschlichen Stimmen.

Einige Engel stürzten sich in die untere Welt hinab. Jesus erklärte mir, sie seien Kriegerengel. Sie trugen silberne Schwerter und waren mit eng anliegenden, silbernen Anzügen geschmückt, die das Licht Jesu nicht reflektierten, sondern absorbierten. Wenn sie flogen, blitzten die Gesichter der Kriegerengel und die Spuren, die sie hinterließen, wie Blitze auf. Durch die Eingebung des Heiligen Geistes wusste ich, dass dies die Krieg führenden Engel waren, die ich im zweiten Himmel gesehen hatte, während ich zum dritten Himmel hin aufstieg, der Gottes Reich ist.

Der Heilige Geist schärfte mir ein, dass diese Kriegerengel sofort auf Befehle, die von Gottes Thron kommen, reagieren – Befehle, die als Antwort auf Gebete gegeben werden, welche in Kombination mit Gottes „Bestimmungen" wirken. Das Wort, das mir der Heilige Geist gab und das ich verstand, war, dass all diese Aktivitäten Teil von Gottes Plan für das Leben eines jeden Menschen sind.

Obwohl im Buch Henoch[1] die Erzengel erwähnt werden, konnte ich die Engel nicht beim Namen nennen, aber Jesus erläuterte ihre Stellung und ihre himmlischen Aufgaben, während ich im Himmel war.

„Ich befehlige jeden meiner Engel", erklärte Jesus. „Sie gehen hinaus, um mein Wort zu verkünden. Einige Erzengel kämpfen um die Herrschaft über Gebiete in der Welt. Die Schutzengel kämpfen für jedes meiner Kinder. Einige Engel bewachen meinen Thron, wobei sie meinen Vater loben und anbeten, und einige kämpfen um das Recht, meine Wahrheit denen zu sagen, die zuhören wollen."

Ich blickte über Gottes Königreich und sah Menschen und Engel, die entsprechend der Eingebung des Heiligen Geistes zusammenlebten und -wirkten. Einige Engel wachten über einen Ort in der Ferne, der in der Mitte einiger Dörfer lag, die ich um uns herum sah. Es waren die spektakulärsten Engel, deren Glanz mich fast blind machte. Ihre Gesichter und Körper leuchteten wie geschliffene Diamanten und andere Edelsteine. Ihre Augen blickten auf Jesus, auch dann, wenn sie ihre Köpfe wie 360-Grad-Kameraobjektive drehten, obwohl ihre Augen Licht von dem Ort hinter ihnen ausstrahlten. Vor diesen Engeln erschien eine Reihe kreisförmiger Tore. Sie ähnelten den Sphären, aus denen meine Großmutter herausgekommen war. Das Wunderbare, das ich sah, verblüffte mich völlig, und Jesus spürte meinen Wunsch, es zu verstehen.

„Wir werden bald dorthin gehen, mein Lieber", sagte Jesus.

„Wohin?", fragte ich.

„An den Ort der Schöpfung, Geliebter", sagte er. „Und dort wirst du mich mit meinem Vater sehen."

[1] Das Buch Henoch ist ein alter hebräischer apokalyptischer Text, der nicht als Teil der christlich inspirierten Schrift angesehen wird.

„Der Thronsaal?“, fragte ich, während ich die Antwort schon ahnte.

„Ja, Geliebter, du wirst das sehen, was kommen wird, und wirst die Fülle unserer Herrlichkeit sehen.“

Ich wusste natürlich, dass ich den Thronsaal nur mit meinen geistlichen Augen sehen konnte, denn niemand kann die volle Herrlichkeit Gottes im Natürlichen sehen und leben (s. 2. Mose 33,20).

Jesus schwang seinen Arm nach außen, und Tausende von Engeln folgten seinem ausgesandten Licht, wie riesige Tauben mit menschenähnlichen Gesichtern, die in perfektem Einklang flogen. Ich wusste, dass die Engel nicht ohne Absicht flogen, da im Himmel nichts ohne Absicht geschieht. Ich wusste auch durch den Heiligen Geist, dass die Engel als Reaktion auf die Befehle Jesu etwas vorbereiteten. Erst später verstand ich die monumentale Absicht von Jesu einfachem, befohlenem Wort.

Der absolute Frieden, den ich im Himmel spürte, begann sich zu verändern. Ich kann das Gefühl nicht erklären, weil mein geistlicher Verstand ganz auf Jesus ausgerichtet war, ähnlich wie die Engel; nur mein Flug mit Jesus brachte mich in eine endlose Stadt mit Bauwerken, die anders waren als alle architektonischen Entwürfe, die mir aus der Welt bekannt waren.

„Ich habe dir noch mehr über dein Leben zu zeigen, bevor wir in meinen Thronsaal gehen“, sagte Jesus.

Ich schwebte über gigantischen Bauten aus kristallinen Steinen, in denen sich Wirbel glühender Farben spiegelten. Ich sah Menschen, die in Gruppen oder Familien unterwegs waren, als sie durch diese Orte und in die angrenzenden Hochbauten gingen. Alle kannten einander und umarmten sich gelegentlich auf die zärtlichste Weise. Ihre Gesichter strahlten eine angenehme Ruhe und Frieden aus, und sie waren aus einem ganz bestimmten Grund unterwegs. Gleichzeitig zeigten alle eine unbekümmerte Haltung, was ihre Zielorte anging.

Einige der prächtigen Bauten erschienen als riesige Häuser, die den Stil der Menschen widerspiegelten, die sie betraten. Gebäude, die sich über einen ganzen Block und mehr erstreckten, hatten Marmoraufbauten und müssen Geschenke enthalten haben, denn die Menschen trugen vertraute Gegenstände wie Bücher und Materialien aller Art aus ihnen heraus. Lebende Bäume, Sträucher, Blumen und wogendes grünes Gras säumten jedes Gebäude. Gehwege waren überflüssig, denn der weiche, goldene Pfad, auf dem ich mit Jesus unterwegs war, führte in der makellosen und funkelnden Stadt überall hin. Es war ein Ort mit ausgedehnten Parks, die Tausende von Kilometern lang und weitaus größer waren als alle anderen, die ich auf der Welt gesehen habe.

Millionen von Menschen durchquerten diesen weitläufigen Raum. Einige gingen, andere schwebten wie die Vögel, die über den Schönwetter-Himmel flogen.

Einige standen auf dem fruchtbaren Boden und unterhielten sich mit anderen, während andere über sanftmütig aussehenden Löwen, Bären, Hunden und anderen Tieren aller Arten schwebten, die weitaus sanfter wirkten als jene auf der Erde. Die Tiere waren sehr auf die Bedürfnisse des menschlichen Geistes eingestellt, und ich sah Menschen, die mit ihnen kuschelten. Manchmal beugten sich Tiere, wie z. B. Pferde, nach unten, damit Menschen sie reiten konnten. Kein einziges schien Nahrung zu brauchen. Die Aufmerksamkeit der Tiere richtete sich einzig und allein darauf, den Menschen um sie herum zu gefallen, und ich beobachtete, wie sie gehorsam auf ihre Befehle reagierten.

Mein Blick fiel auf eine Gruppe von drei Personen, die sich im Park im Kreis an den Händen hielten. Es waren zwei Männer und eine Frau mit langen braunen Haaren, die im Licht Jesu schimmerten. Einer der Männer trug einen Ziegenbart, ein anderer hatte lockiges Haar. Obwohl sich ihre Gesichtszüge unterschieden, spielte das keine Rolle, als sie im Gebet für jemanden unten auf der Erde ihre Köpfe neigten. Ich wusste das, weil ihre Gebete als winzige, funkelnde Sterne erschienen, die auf die Welt regneten.

Die überraschendste Erscheinung war für mich Jesus, der mitten unter ihnen stand, während er gleichzeitig neben mir stand. Da wurde mir klar, dass der Heilige Geist, die allgegenwärtigste der Personen Gottes, in jedem Augenblick als Jesus erscheinen konnte. Ich erkannte, dass sich der Heilige Geist den Gebeten der Drei mit dem Licht Jesu anschloss, und dies bewirkte die funkelnden Antworten auf ihre Gebete, die den Einfluss Gottes auf die Erde brachten. Vor meinen Augen konnte ich sehen, dass das Gebet wie eine Mischung aus den Worten der Menschen und dem, was aus Gott herausströmt, funktioniert.

„Du siehst, wie ich mich den Gebeten meiner Heiligen anschließe“, sagte Jesus.

Dann meldete sich der Heilige Geist zu Wort, durch ein inneres Wissen, nicht mit Worten: *Und wir sagen immer „Ja“ zu den Gebeten derer, die mit mir beten, denn wenn wir gemeinsam beten, wünschen sich die Herzen unserer Kinder nur das, was wir wünschen. Wenn sie aber getrennt von uns beten, sind ihre Gebete wie Dämpfe – sie verflüchtigen sich mit den Winden der Welt. Aber wenn ich ihren Gebeten Leben einhauche, überziehen sie denjenigen, für den sie beten, mit den Funken, die du siehst.*

Wie eine geistliche Dusche, dachte ich.

„Das Licht des Himmels spricht auch zu meinen Engeln“, sagte Jesus.

Bei diesen Worten sah ich, wie ein Engel auf den Empfänger des Gebets in der Welt zuflog. Dann erkannte ich, dass diese Funken die Engel waren, die ich aus der Ferne wahrgenommen hatte.

Meine Kriegerengel, antwortete der Heilige Geist.

„Und die Dämonen haben keine Chance gegen die von mir Auserwählten“, sagte Jesus mit einer leiseren Stimme, als ich sie zuvor gehört hatte. Vielleicht lag das an der Ernsthaftigkeit, mit der er im geistlichen Bereich kämpfte – demselben geistlichen Bereich, den ich erlebt hatte, bevor ich Jesus begegnete. Es fiel mir auf, dass Jesus es nicht genoss, seine Feinde zu besiegen. Er trauerte um die gefallenen Engel und um die Menschen, die ihn abgelehnt hatten, was Gottes Gericht über die Übeltäter erforderlich machte.

Als Nächstes wurde ich Zeuge eines gerechten Zorns, der auf dem ruhigen Gesicht Jesu nicht zu erkennen war, sondern sein Zorn offenbarte sich in einer Art starker Hitze, die mich fragen ließ, ob die Feuer, die ich in der Hölle sah, Überbleibsel von Gottes gerechtem Zorn gegen diejenigen waren, die sich seiner Gerechtigkeit widersetzt hatten – ein Zorn, der sich in ihrer eigenen Selbstgerechtigkeit festgesetzt hatte, sodass ihnen nichts als die erstickende Hitze ihrer eigenen Wut blieb. Plötzlich wurde mir klar, dass meine Theorie gar keine Theorie war. Es war die Weisheit, die mir der Heilige Geist vermittelte.

Ich beobachtete weiterhin die Menschen im Himmel, die ihren Tätigkeiten mit einer Freude nachgingen, die mich inspirierte. Lehrer predigten auf öffentlichen Plätzen. Bauhandwerker schufen mühelos Meisterwerke aus lebendigen Steinen, die perfekt zusammenpassten, während die Menschen wie der Wind liefen. Keine Zufälligkeit bestimmte ihre Aktivitäten. Vielmehr schienen ihre Bewegungen und Worte durch den Atem des Heiligen Geistes inszeniert zu sein, der ihnen dieselbe Inspiration eingab wie mir. Ich fühlte mich, als könnte ich ein Meisterwerk schreiben oder mit reiner Offenbarung lehren.

Alle Menschen im Himmel hatten einen gewissen Glanz auf sich, aber einige waren heller als andere. Der Heilige Geist erklärte mir, dass je näher jemand Gott auf Erden ist, desto mehr von Gottes Herrlichkeit in und über ihm leuchten wird. Das Ausmaß ihres Dienstes für Gott verlieh ihnen ein größeres Leuchten und machte sie freudiger. Ihre Hingabe an Gott auf Erden befähigte sie auch, im Himmel noch größere Werke zu tun. Obwohl also der Status nicht ihre Position im Himmel bestimmt, verlieh ihnen der Grad ihrer Nähe zu und ihres Dienstes für Gott auf der Erde im Himmel eine größere Vollmacht und Nähe zu Gott.

Der Heilige Geist wies mich auf eine Person hin, die ständig für Menschen auf der Erde gebetet hatte. Sie hatte auch anderen immer wieder Gutes getan, während sie Bibelkurse gab. Sie leuchtete heller als die Menschen um sie herum. Sie unterrichtete andere in einem Kreis, und ihre Beherrschung von Gottes Wort sowie ihre klugen Scherze gaben mir den Eindruck, dass sie eine anerkannte Gelehrte war, obwohl der Heilige Geist mir sagte, dass sie in der Welt nur gerade so die Mittelschule abgeschlossen hatte.

Sie ist sehr begabt und wird hier wegen ihrer Treue auf Erden geschätzt, flüsterte der Heilige Geist. Sie erschien mir wie eine Würdenträgerin im Himmel, weil diejenigen um sie herum ihren Einfluss und ihre Stellung ehrten.

Jeder im Himmel war mit sinnvollen Tätigkeiten beschäftigt, und alles fühlte sich zielgerichtet an und war in Übereinstimmung mit Gottes Zielen. Alles schien wie ein Kinderspiel, nicht wie Arbeit. Ich erkannte bald, dass die Unschuld, die verloren geht, wenn Kinder zu Erwachsenen heranreifen, im Himmel zurückgegeben wird, sodass alles, was getan wird, wie ein Spiel ist – mit einem erneuerten, wissbegierigen Geist, der in ewiger Glückseligkeit von Gottes Wunder lernen kann. Eine tiefe Lektion für mich ist, dass alles im

Himmel einem Zweck dient. Jeder lebt mit dem Ziel, seine Bestimmung von Gott zu erfüllen, und alles macht unglaublichen Spaß und ist zutiefst befriedigend.

Ich erkannte intuitiv auch den Wesenskern der Menschen – als Freunde, nicht als Fremde. Es dämmerte mir, dass ich ihre innere Natur wahrnahm, nicht nur ihre äußere Erscheinung, die vergleichsweise unbedeutend zu sein schien. Jede Person erinnerte mich an Jesus, da ich sein Spiegelbild durch sie sah.

„Du siehst sie so, wie sie mir wirklich erscheinen", sagte Jesus, „und nicht so, wie du sie in der Welt gesehen hast."

„Sie wirken so echt", sagte ich. „Ich spüre ihre Reinheit und ihre Persönlichkeiten zugleich, Herr. Bisher habe ich die Menschen noch nie so wahrgenommen wie hier, aber in ihrem Kern ist im Wesentlichen die Liebe zu dir und füreinander als Familie. Es gibt keine Grenzen, keine Oberflächlichkeit und keine Fassaden. Es ist die reine Gemeinschaft mit dir und miteinander. Oh, mein Gott – das ist wahrlich der Himmel!

Jesus gluckste. „Und liebst du sie, mein Geliebter?"

„Ja! Ich liebe sie so, wie ich immer meine liebsten Menschen auf der Welt lieben wollte, aber ich konnte diese Fülle der Liebe nie ganz erreichen. Diese hier sind Fremde, und doch habe ich das Gefühl, sie schon ein Leben lang zu kennen, Herr."

„Du siehst mich in ihnen", antwortete Jesus. „Du liebst sie mit meiner Liebe."

„Aber nicht so sehr, wie du mich liebst", sagte ich.

„Niemand kann meine Söhne und Töchter so lieben, wie ich sie liebe, aber selbst ein kleiner Teil meiner Liebe wäre exponentiell größer als die größte Liebe, die jemand in der Welt für einen anderen empfinden könnte. Das ist die Fülle meiner Liebe zu anderen. Nur der Schöpfer kann vollkommen lieben."

„Und es gibt hier keine fleischlichen Begierden, Herr."

„Weil du nicht fleischlich bist, Geliebter. Du bist Geist", sagte Jesus.

„So wie du Geist bist, Herr."

„Ja, mein Lieber, du bist mein und ich bin dein", sagte Jesus.

„Aber wir sind noch nicht fertig mit deinem Leben", ergänzte er. „Ich habe dir noch mehr zu zeigen."

Ich fand mich sofort wieder in meinem „Theater des Lebens“ wieder. Diesmal unterrichtete ich einen Kurs über geistliche Gaben in der *Crosswinds Church* in Pleasanton, Kalifornien, an der *East Bay* von San Francisco. Ich versuchte, über alle in der Bibel beschriebenen Gaben zu lehren, einschließlich der von mir als „übernatürliche Gaben“ bezeichneten Gaben Heilung, Prophetie, Wunder, Zungenrede und Wort der Erkenntnis, und projizierte dazu Bibelstellen auf die Leinwand. Aber ich hatte in einer „sucherfreundlichen“ Kirche gelehrt, in der diese Gaben nur selten, wenn überhaupt, während der Hauptgottesdienste praktiziert wurden.

„Ich war so unflexibel“, sagte ich.

„Du hast mir nicht zugehört, nicht wahr?“, sagte Jesus.

„Nein, ich habe versucht, gelehrt zu klingen, und es war schwierig, aber ich habe dein Wort studiert.“

„Das war gut“, antwortete Jesus, „aber du wärst effektiver gewesen, wenn du nach meiner Herrlichkeit getrachtet hättest“, sagte Jesus. „Wenn du in meiner Herrlichkeit wirkst, Geliebter, wirst du dich nicht belastet fühlen. Du wirst dich inspiriert fühlen.“

Ich schaute diesem Lehrer (mir) weiterhin zu, der verzweifelt versuchte, keinen Fehler zu machen, wohl wissend, dass die übernatürlichen Gaben, die wir bei den gläubigen Schülern entdeckten, wahrscheinlich durch Nichtgebrauch verkümmern würden.

„Habe ich umsonst gelehrt, Herr?“, fragte ich.

„Nein, Geliebter, mein Wort geht niemals ins Leere, aber der Lehrer war mein Schüler, Geliebter.“

„Du hast mir beigebracht …“ Ich wusste nicht, was ich als Nächstes fragen sollte.

„Ich habe dich darauf vorbereitet, dass du dich auf mich und nur auf mich verlässt.“

Ich beugte meinen Kopf und umarmte Jesus, während ich meinen Kopf auf seine Schulter legte und er sich an mich lehnte. Die ganze Zeit über dachte ich, ich würde Gott dienen, aber derjenige, dem am meisten gedient wurde, war ich selbst. Diese ersten Worte, die er zu mir gesprochen hatte, setzten sich in meiner Seele fest: „Vertraue mir.“

War die Lektion des Lebens so einfach? Bestand die einfachste Antwort auf alle meine Prüfungen darin, Gott zu vertrauen?

Jesus kannte meine Gedanken.

„Du kannst meine Erkenntnis niemals erreichen, Geliebter“, sagte er. „Du kannst mir auch nicht gefallen, ohne dich mir ganz hinzugeben.“

„Und mein Gespräch mit dem Pastor über die Befähigung der Gemeinde, war das von dir, Herr?“

„Niemand, der für das Reich Gottes tauglich ist, kann Glauben ohne Werke praktizieren“, sagte Jesus.

„Du verlangst also mehr von deiner Gemeinde?“, fragte ich.

„Meine Gemeinde ist eine Erweiterung meines Leibes“, sagte Jesus. „Wenn ich also das Haupt meines Leibes bin, wie kann die Gemeinde dann ohne die Leitung meines Geistes leben?“

„Aber die Kirche insgesamt ist doch zu selbstgefällig geworden, oder?“, fragte ich.

„Wenn einer in meiner Gemeinde nicht mit meinem Leib verbunden ist“, sagte Jesus, „dann ist die Gemeinde nicht komplett. Warum denken die Menschen in der Welt bei Gemeinde an Massen (von Leuten) und nicht an einen (Leib)?“

Ich kannte die Antwort auf diese Frage. Jesus sah mich an, als wäre ich der einzige Mensch auf der Welt und der Einzige, der ihm wichtig war. Genau so habe ich verstanden, dass wir einander sehen sollen – so, als wäre die andere Person für Gott die wichtigste Person auf der Welt. Sie sollte als noch wichtiger angesehen werden als wir selbst, so wie Jesus sein Leben auf der Erde als wert erachtete, ein Opfer zu sein.

***

Dann, als Jesus mit seinem Arm auf etwas zeigte, kreisten mehrere Engel um mich, als würden sie eine Filmleinwand für den nächsten Ort, an dem ich mich befinden würde, erschaffen. Jetzt saß ich an der Seite von Annies Bett. Ich streichelte ihren Kopf und flehte Gott unter Tränen an, sie von den Krämpfen und den nächtlichen Angstzuständen zu befreien.

„Heile sie, Herr!“

Damals war das Medikament meines Unternehmens, das als mögliches Heilmittel für die Alzheimer-Krankheit gedacht war, von der *Food and Drug Administration* zurückgezogen worden, und ich kämpfte darum, nach dem Verlust von Millionen von Dollar wieder finanziell auf die Beine zu kommen. In diesen verzweifelten Zeiten konnte ich aufgrund all unserer Arztrechnungen nicht einmal die Darlehen für das Haus abbezahlen.

„Sieh mal, Geliebter“, sagte Jesus. Er zeigte auf eine Szene, in der ich in meinem Schlafzimmer Gott anflehte, er solle sich zu erkennen geben. Ich sagte: „Zeige dich mir, sonst …“

Meine Stimme verstummte, als ich buchstäblich darauf wartete, dass Gott erschien.

„Es tut mir so leid, dass ich an dir gezweifelt habe, Herr“, sagte ich. Ich schämte mich plötzlich, weil ich mit Gott gestritten hatte. Gleichzeitig fühlte ich mich so dankbar für die Gnade Jesu, dass er meinen schweren Mangel an Glauben ertragen hatte.

„Ich kannte dein Herz, und das hat mich betrübt“, sagte Jesus. Seine Antwort überraschte mich. Wie konnte Jesus Kummer empfinden?

„Nicht Kummer, mein Geliebter. Ich fühle die Schmerzen meiner Geliebten. Sie sind immer frisch für mich.“

Oh je – bin ich gestorben, weil ich rebellisch verlangte, Gott zu sehen? War der Tod meine Strafe dafür, dass ich Gott herausgefordert hatte?

„Erscheint es dir wie eine Strafe, mit mir an diesem Ort zu sein?“, sprach Jesus laut.

Mein Gedanke kam mir nun lächerlich vor, aber mir wurde jetzt klar, dass die Missachtung Gottes zum Tod führen kann. Doch der Tod hat für Gläubige keinen Stachel, wie der Apostel Paulus schreibt (s. 1. Korinther 15,55-56). Wie bei allem im Leben gibt es selbst hinter unserem Versagen eine Absicht, die Gott zum Guten wendet – ein Phänomen, das Paulus auch in meinem Lieblingsbibelvers beschreibt: *„Wir wissen aber, dass denen, die Gott lieben, alle Dinge zum Guten mitwirken, denen, die nach seinem Vorsatz berufen sind“* (Römer 8,28).

„Ich will dich nicht fragen, warum, Herr, denn ich weiß, dass ich niemals deine Autorität in Frage stellen oder dir misstrauen sollte, dass du es zum Guten wenden wirst, Herr. Bitte vergib mir!“

„Das ist es, was ich hören wollte“, sagte Jesus. Es war, als hätte diese ganze Erfahrung zu meiner aufrichtigen Bitte um Vergebung geführt, weil ich während meiner schwersten Prüfungen an ihm gezweifelt hatte.

Nicht ganz, sprach der Heilige Geist zu meinem Geist. Wir wollten, dass du fühlst, wie wir fühlen, und dass du das begehrst, was wir begehren. Ich habe in dir gewohnt, seit du mich als deinen Herrn angenommen hast, aber wie oft hast du dich dafür bedankt?

„Das stimmt“, antwortete ich. „Ich hielt dich für selbstverständlich. Alles, was du mir jetzt zeigst, erinnert mich an deine Liebe zu mir. Du warst immer bei mir, und ich war nur ab und zu bei dir. Es tut mir so leid.“

„Es muss dir nicht leidtun“, antwortete Jesus. „Freue dich, denn jetzt beginnst du in der Tiefe zu verstehen, wer ich für dich bin.“

Ich erkannte, dass der Himmel in mir wohnte, denn die Essenz des Himmels ist Gott. Und als ich mein Herz Jesus übergab, legte Gott seinen Geist in mich hinein. In dem Moment, in dem ich starb und Jesus begegnete, war ich so frei wie nie zuvor, weil ein Leben, das in der Fülle gelebt wird, ganz und gar auf Gott ausgerichtet ist; und das Leben im Geist kann erst stattfinden, wenn wir in Bezug auf unser Fleisch tot sind.

Dann erinnerte ich mich daran, was Paulus im Buch des Lebens geschrieben hat. Bei diesem Gedanken hielt mir mein Schutzengel das Buch des Lebens hin, dessen Seiten wie dünn geschnittenes Gold aussahen. Ich wagte nicht, das Buch zu berühren, aus einem Grund, den ich nicht verstand, aber ich glaubte, dass nur Gott das Buch des Lebens öffnen konnte.

„Dieses Buch wurde am Anfang deiner Schöpfung geschrieben“, sagte Jesus, „und hier ist, was mein geliebter Paulus geschrieben hat.“

Jesus schlug die Seite mit Römer 8 auf und betonte die Worte mit dem hochgestreckten Finger:

Wenn aber der Geist dessen, der Jesus aus den Toten auferweckt hat, in euch wohnt, so wird er, der Christus Jesus aus den Toten auferweckt hat, auch eure sterblichen Leiber lebendig machen wegen seines in euch wohnenden Geistes. So sind wir nun, Brüder, nicht dem Fleisch Schuldner, um nach dem Fleisch zu leben; denn wenn ihr nach dem Fleisch lebt, so werdet ihr sterben, wenn ihr aber durch den Geist die Handlungen des Leibes tötet, so werdet ihr leben (Römer 8,11-13).

***

Wieder einmal klappte ich zusammen, in Ehrfurcht vor den Worten Gottes, die von Jesus gesprochen wurden und die mich bis ins Innerste meines Lebens trafen. Aber was dann geschah, rührte mich zu Tränen. Jesus schlug eine Seite im hinteren Teil des Buches auf und zeigte auf einige Worte. Diese Worte waren wie folgt geschrieben:

דב ילש המישנה

Mein Geist wusste, dass das, was ich sah, in einer fremden Sprache geschrieben war, nämlich Hebräisch. Im Himmel gab es nur eine Sprache. Ich nenne sie eine Sprache der Liebe, aber ich verstand auch jede andere Sprache, die gesprochen wurde, als Sprache des Geistes und nicht des Fleisches. In meinem Geist kannte ich diese hebräischen Worte, denn der Heilige Geist sprach sie zu mir in der Sprache, die mir am vertrautesten war. Ich wusste, dass die Worte aus der alten, auserwählten Sprache Gottes stammten, aber ich wagte nicht, sie auszusprechen.

„Ich weiß, dass diese Worte eine Bedeutung haben, besonders für mich", sagte ich unter Tränen. „Aber ich weiß nicht, warum. Sie haben sich einfach in meiner Seele festgesetzt und zeigen mir, wer ich bin. Jesus, du hast dich ICH BIN genannt, und diese Worte sagen mir, wer ich bin."

Ich habe es dir schon gesagt, sagte der Heilige Geist.

Ich wusste, dass Jesus mir gegenüber die Bedeutung dieser Worte verkünden musste, denn wenn ich sie laut aussprechen würde, wäre das eine Beleidigung für Gott, also sprach Jesus diese Worte aus:

„Mein Atem in dir."

Sobald er sprach, fing ich an zu schluchzen, wie damals, als ich Jesus zum ersten Mal begegnete.

„Das bin ich", schluchzte ich. „Ich existiere wegen dir, und du hast meinem Geist Leben eingehaucht. Du bist mein Leben!" Ich schluchzte unkontrollierbar; mein Brustkorb hob und senkte sich immer wieder. Dann, genau wie bei unserer ersten Begegnung, hob Jesus mich hoch und schaute mir in die Augen.

„Das ist mein Name für dich, mein Geliebter, aber in der Welt darfst du nicht über diesen Namen sprechen. Nur ich kann diesen Namen für dich aussprechen. Es ist dein Name und der Name, den ich in meinem Buch aufgezeichnet habe. Das ist es, wer du für mich bist."

„Oh Gott", erklärte ich, „ich bin ... für dich ... wie du für mich bist ... denn du bist mein Ein und Alles."

Es war so, wie es in der Heiligen Schrift steht: *„An jenem Tag werdet ihr erkennen, dass ich in meinem Vater bin und ihr in mir und ich in euch"* (Johannes 14,20). Die heilige Feierlichkeit dieser Gottesbegegnung beeindruckte mich wie keine andere. Er hauchte mir Leben ein, so wie er allen seinen Kindern Leben einhaucht, die ihr Herz Jesus überlassen. Dann verkündete er seinen Namen, so wie er es vor seiner Kreuzigung getan hatte:

„ICH BIN."

In dem Moment sah ich eine Vision von Menschen in der Welt, die seinen Namen verfluchten, aber keiner dieser Flüche konnte im Himmel gehört werden. Irgendwie offenbarte mir Jesus das Echo dieser Flüche im Raum des zweiten Himmels. Ich konnte sehen, wie die Dämonen diese Flüche in sich aufnahmen, die auf sie wie ein Energydrink wirkten. Sie grinsten mit ihren Reißzähnen, schrien wie lachende Hyänen und tanzten vergnügt, wenn die verlorenen Menschen in der Welt salopp den Namen Gottes missbrauchten oder im Zorn aussprachen. Sie waren sich nicht bewusst, dass sie Jesus mit ihren Worten kreuzigten und denjenigen verdammten, der sie am meisten liebte.

Jesus streckte mir seine Arme entgegen, in diesem Raum auf halbem Weg zwischen dem zweiten und dritten Himmel, um mir die Narben an der Wurzel seiner Handflächen zu zeigen. Dann sagte er: „Deshalb trage ich meine Narben, Geliebter, denn diejenigen, die mich verfluchen, kreuzigen mich bis zum Ende, wenn die Hölle versiegelt sein wird – bis dahin werden diese Narben bleiben."

Oh mein Gott, dachte ich.

Meine Aufmerksamkeit wandte sich nun wieder dem Himmel zu. Ich hörte keine Flüche mehr, und das ekelerregende Gegacker der Dämonen verstummte. Aber dann hörte ich das Klagelied im Himmel –den Schrei des Herrn. Es klang wie ein sanftes, rollendes Donnergrollen, das kurz vor dem Durchbruch stand. Es mischte sich mit einem zarten „Oh ...", gefolgt von dem Rauschen eines Windes, bevor es mit einem Echo endete, das im ganzen Himmel widerhallte. Es war kein lautes Weinen. Es war mehr wie der leise Ton einer

Enttäuschung, nur größer, wie der Klang von Tausenden von Hoffnungen und Träumen, die in einem Raum des Nichts verschwinden.

Kapitel 13

Der Thronsaal

Sogleich war ich im Geist: Und siehe, ein Thron stand im Himmel, und auf dem Thron saß einer.

Offenbarung 4,2

Jesus winkte mit seinem Arm in Richtung eines riesigen schwarzen Lochs in der Tiefe, in dem nichts zu sehen war.

„Das sind die verlorenen Hoffnungen und Träume unerfüllter Bestimmungen", sagte Jesus.

Intuitiv wusste ich, dass – wenn sie einmal verloren sind – diese Gelegenheiten für alle Menschen, die die Eingebungen des Heiligen Geistes – Gottes Führung – während ihres Lebens in der Welt ablehnen, in diesem schwarzen Loch bleiben würden.

Ja, flüsterte der Heilige Geist, *was du weißt, ist wahr.*

Aber das Klagelied, Herr, ist das für die verlorenen Seelen, die dich so lange abgelehnt haben, wie ich es tat, oder ist es für die verlorenen Hoffnungen und Träume?

Beides, antwortete der Heilige Geist, *aber der klagende Ton kommt daher, dass ich müde geworden bin vom ewigen Weinen um die Verlorenen. Die Trauer hat sich in ein sanftes Wehklagen über diejenigen verwandelt, die kein Leben in mir haben.*

„Die in der Hölle?", fragte ich.

Es folgte keine Antwort, aber ich kannte die Antwort trotzdem. Für diejenigen, die in der Welt lebten, blieb noch Hoffnung. Für diejenigen, die ohne Christus im Tod versiegelt waren, gab es keine Hoffnung mehr.

„Ich will, dass niemand verloren geht“, sagte Jesus, „aber ICH BIN der einzige Weg hierher, niemand anderes.“

Damit wandte er seinen Kopf nach unten. In seinem Auge sah ich, wie eine Träne anschwoll, bevor sie auf den goldenen Weg fiel. Ich fühlte mich seltsam gedrängt, mich auf den Boden zu beugen und mit der Hand die Erde mit der Träne Jesu aufzuheben. Ich tat es und rieb sie zwischen meinen Handflächen, bevor ich sie an meine Wangen drückte. Sofort spürte ich den Schmerz meines Herrn bis in die Tiefen meiner Seele. Und ich begann zu trauern, so wie ich den Trauerschrei unseres Herrn über die Verlorenen gehört hatte. Es war ein unbeschreiblich schreckliches Gefühl.

„Weide meine Schafe“, sagte Jesus zu mir.

Hat Jesus das nicht in Johannes 21,17 zu Petrus gesagt? Jetzt sagte er mir das, obwohl ich im Himmel war und zu dieser Zeit keinen Einfluss auf die Welt hatte – zumindest dachte ich das, bis der Heilige Geist mich korrigierte. Plötzlich hatte ich das Gefühl, ich sollte beten. Ich dachte an Renee, Annie und Ryan und daran, wie sehr ich darauf vertraute, dass mein Herr in der Zeit, in der ich sie nicht aufwachsen sehen konnte, für sie sorgen würde. Diese Gedanken machten mich nicht traurig, da ich wusste, dass Gott ihnen alles geben würde, was sie brauchten. Ich war mir bewusst, dass meine Zeit auf der Welt so flüchtig war, wie es schien, und dass sie ihnen alles gegeben hatte, was Gott von mir verlangt hatte.

Im Leben hatte ich täglich für meine Familie gebetet und versucht, ein guter Vater und Ehemann zu sein. Wir haben uns gemeinsam endlos viele christliche Videos angesehen. Ich habe dafür gebetet, dass meine Kinder Jesus als ihren Herrn und Erlöser annehmen. Wir besuchten die Kirche und ich lehrte sie aus der Bibel. Ich betete mit meinen beiden Eltern das so genannte „Übergabegebet“, und deshalb wusste ich, dass sie für den Himmel bestimmt waren. Ich liebte Renee und versuchte, ihr die Sicherheit zu geben, die sie brauchte, und wir hatten zusammen so intensiv gebetet. Im Himmel könnte ich dasselbe tun. Ich wusste, dass ich sie aus meiner ewigen Perspektive in wenigen Augenblicken alle in der Fülle der Ewigkeit im Himmel sehen würde.

Gott würde Annie mit Sicherheit heilen, und meine Kinder würden ihre eigenen Familien haben. Ich habe zu oft versagt, aber im

Himmel zählten all diese Unzulänglichkeiten nicht. Gott füllte die Lücken aus – er würde es auch in Zukunft tun. Das hat er immer getan. Ich konnte auch im Himmel noch für sie und andere beten; das wusste ich. Gott konnte mich über ihr Leben und ihre Erfolge auf dem Laufenden halten. Darauf vertraute ich, und ich bat Jesus, ihnen ab und zu Botschaften als „Postkarten aus dem Himmel" zu schicken, wie ich sie später nannte.

Im Himmel gab es keine Angst, weil ich endlich voll und ganz auf Jesus vertraute. Hätte ich diese Dinge in der Welt nur gewusst – wie erfolgreich hätte ich sein können! Aber mein fleischlicher Verstand erinnerte mich ständig an mein Versagen und meine Unwürdigkeit.

„Wenn du aufhörst, dich zu verurteilen, wirst du auch aufhören, andere zu verurteilen", sagte Jesus.

Nach diesen Worten konnte ich Vogelgezwitscher hören, wie ich es an einem typischen Frühlingsmorgen in Erinnerung hatte. Ich spürte, wie der Wind mich mit Wärme umhüllte, und war dankbar für die Offenbarung, dass ich mich auf der Erde selbst verurteilt hatte. Ich dachte darüber nach, wie hilfreich mir diese Wahrheit in der Welt gewesen wäre. Tatsächlich hatte ich mich selbst so oft als Versager verurteilt, dass die Selbstverdammnis das Bedürfnis nährte, andere zu verurteilen – als eine verrückte Form der psychologischen Ablenkung.

Aber warum sagte Jesus mir das jetzt, wo ich ein Geist war, der nicht mehr über sich urteilte?

„Ich bin aber hier, Jesus, also verurteile ich niemanden, schon gar nicht mich."

„Nicht mehr lange", sagte Jesus, umarmte mich fest und küsste mich auf die Wange.

„Nicht mehr lange?"

„Ich werde dich zurückbringen, Geliebter."

„Oh Herr …" Ich umarmte ihn sehr fest und wollte ihn nicht mehr loslassen. Ich dachte, wenn ich Jesus festhielte, könne er mich nicht mehr loslassen.

„Ich werde dich nie verlassen", flüsterte er mir ins Ohr.

Ich wusste das, aber in der Welt wäre es so schwer, sich daran zu erinnern.

„Ich weiß, wie schwer es in der Welt ist, Geliebter“, sagte er. „Ich habe dort gelebt, aber jetzt weißt du es, und was ich dir offenbare, wirst du nie vergessen.“

Plötzlich setzte sich ein Schmetterling auf meine Schulter. Er war leuchtend blau, rot und gelb – Farben, die mit einem schillernden Licht reflektierten. Von der Unterseite seiner Flügel, die mit violetten Augenflecken übersät waren und sanft flatterten, sonderte er glitzernden Goldstaub ab. Ich fühlte mich sofort ruhig und zuversichtlich. Ich wusste auch, dass alle Dinge und Wesen im Himmel mit einer Absicht handelten, und deshalb verstand ich, dass Gott mit dem Erscheinen des Schmetterlings etwas beabsichtigte.

„Dieser Schmetterling steht für meine Weisheit, die dich in der Welt leiten wird“, sagte Jesus.

Als Jesus mir die Bedeutung des Schmetterlings erklärte, wusste ich sofort, dass ich stillhalten musste, damit der Schmetterling nicht wegflog.

Und so ist es mit der Weisheit, sagte der Heilige Geist: *Seid still und ...*

„... erkennt, dass ich Gott bin“, sagte Jesus, als er den Satz des Heiligen Geistes beendete. Ich erinnerte mich an den Bibelvers: *„Seid still und erkennt, dass ich Gott bin; ich werde erhaben sein unter den Völkern, ich werde erhaben sein auf der Erde!“* (Psalm 46,10 SLT).

Da ich nun wusste, dass Jesus mich in die Welt zurückbringen würde, wollte ich die von Gott festgelegten Pläne für meine Rückkehr kennen – eine Art Lebensplan. Wie immer kannte Jesus meine Gedanken und reagierte entsprechend:

„Augenblick für Augenblick werde ich deine Schritte lenken“, sagte Jesus. „Wenn ich dir dein Ziel vollständig offenbaren würde, wärst du nicht mehr von mir abhängig.“

So hatte ich die Lektion des Schmetterlings gelernt – still zu werden, auf die Stimme der Weisheit (den Heiligen Geist) zu hören, die mir sagt, was ich tun soll, und nach Gelegenheiten zu suchen, meinem Herrn in den Augenblicken des Lebens zu dienen, anstatt mir Sorgen zu machen, ob ich Großartiges erreiche. Kurz nach meiner Offenbarung schlug der Schmetterling sanft mit den Flügeln und flog in den blauen Himmel hinein, wobei er seine Schönheit in meiner Seele hinterließ.

Aber was war mit dem letzten Teil von Psalm 46,10? Gott ist in der Tat erhaben unter den Völkern, aber nur wenige Menschen erkennen ihn als solchen an.

„Die Völker, Herr, du warst in der Welt erhaben, aber so viele dachten, du seist nicht Gott“, sagte ich.

„ICH BIN“, antwortete er.

Später würde ich das, was Jesus gesagt hatte, mit diesem Vers in Verbindung bringen: *„Jesus sprach zu ihnen: Wahrlich, wahrlich, ich sage euch: Ehe Abraham war, BIN ICH“* (Johannes 8,58). Das war in der Tat der Name, den Gott sich selbst gab, als er zum ersten Mal mit Mose sprach (2. Mose 3,14). Viele Menschen halten den Vater für Gott und Jesus für den Sohn Gottes, der ein Ableger des Vaters ist. Und viele sind verwirrt über den Heiligen Geist; aber im Himmel war und ist der Heilige Geist genauso real und zugänglich wie Jesus. Was den Vater betrifft, so war ich dem Vater noch nicht begegnet, zumindest dachte ich das.

„Ich werde dich dorthin bringen.“ Wie immer antwortete Jesus auf meinen Gedanken. „Aber er war immer bei mir und ich bei ihm.“

Und ich mit beiden, sagte der Heilige Geist.

In der Welt stellt dies oft einen Punkt der Verwirrung dar, aber mit meinem geistlichen Verstand erkannte ich voll und ganz, was Paulus als den Sinn oder die Mentalität Christi bezeichnete. Ich verstand, dass die drei Personen Gottes gar keine einzelnen Personen sind. Vielmehr sind sie Facetten voneinander, wobei jeder eine Seite einer dreiseitigen Personalität ist. Wenn das immer noch verwirrend erscheint, dann denken Sie einfach daran, dass es nur einen Gott gibt (5. Mose 6,4).

Obwohl wir nach seinem Ebenbild geschaffen sind, haben wir nicht die gleiche Beschaffenheit wie Gott. Wie Gott bestehen wir aus drei Teilen: einer geistlichen Person (die von Gott gesteuert wird), einer körperlichen Person und einer seelischen Person, die den empfindenden oder fühlenden Teil von uns darstellt.

„In der Welt hast du die Dinge nur zum Teil gesehen“, sagte Jesus. „Jetzt siehst du sie in ihrer Gesamtheit. Jetzt werde ich dir den Vater zeigen.“

Damit flogen Jesus und ich hoch über dem Boden, wobei Jesus seine Hand auf meinen Rücken legte. Ich sah, was wohl Milliarden von Menschen sein mussten, und eine Weite, die größer war als die Summe aller Galaxien. Ein Zischen ertönte, als wir durch Sphären aus Licht flogen. Die Engel flogen durch die zweite Sphäre zu dem, was ich als die Welt unter uns vermutete. Eine dritte Sphäre strahlte mit der Intensität vieler Sonnen, aber es blendete mich nicht, denn ich spürte die Gegenwart Jesu, der meine Augen abschirmte. Er tat dies nicht mit seinen Händen, sondern mit seiner allmächtigen Herrlichkeit. Dann erkannte ich, dass das beinahe blendende Licht Gottes tatsächlich seine höchste Herrlichkeit war. Von all dem ganz überwältigt, bemerkte ich nicht, dass wir uns auf einem Pflaster aus gedämpft leuchtenden, blauen Steinen niedergelassen hatten. Bis zu diesem Punkt war alles verschwommen, bis auf die Stelle, an der ich nun mit Jesus stand.

Ich übernehme von hier an, sagte der Heilige Geist.

Ich konnte die Gegenwart Jesu immer noch wahrnehmen, aber nicht mehr seine Gestalt.

Schau hoch, sagte der Heilige Geist.

Ich wurde Zeuge eines kristallinen Wasserfalls, durch den ich schwach einen Altar und eine hoch aufragende, geschwungene Struktur aus rubinroten und undurchsichtigen bräunlichen Steinen erkennen konnte. Ein kristallblauer Tisch stand in der Mitte einer erhöhten Bühne aus grauem Stein mit Glimmertupfern, die mit intensiv blauen Schichten durchsetzt waren. Ein Regenbogen diente als Halo[1] hinter diesem Altar und reichte bis zu dem, was darunter war.

Lebendiges Wasser ergoss sich wie ein Wasserfall aus dem Licht, das Jesus einhüllte, aber dieses Wasser machte nichts nass, was es berührte. Es hatte eine andere Wirkung, die ich nicht verstehen konnte, aber ich spürte, dass es die Quelle des Lebens war. Jesus streckte seine Arme nach außen, um mit seinem Körper ein Kreuz zu bilden, während er hinter dem Steinaltar stand. In diesem Moment bemerkte ich, dass Wasser aus seinen Händen floss, was den Wasserfall, den ich sah, auslöste.

[1] (Durch Reflexion, Beugung und Brechung der Lichtstrahlen an kleinsten Teilchen hervorgerufener) Hof um eine Lichtquelle. Quelle: www.duden.de.

Dieses Wasser „gelierte“ zu einer Steigung, die sich nach hinten wölbte und sich zu einem glasartigen Sitz ausbreitete. Er schien eine berggroße Ansammlung klarer smaragdgrüner Edelsteine vor einem luftig blauen Hintergrund zu umgeben. Wände aus vielfarbigen Steinen mit dem Herzschlag des Lebens reichten Tausende von Metern in die Höhe – so weit ich sehen konnte.

Mir kam es so vor, als gäbe es ein Portal oder ein offenes Fenster an der Basis des massiven Gebildes. Obern auf dieser Struktur saß eine riesige Gestalt von der Größe eines vierstöckigen Gebäudes. Sein weißes Haar wehte durch den Wind, der vom Heiligen Geist ausgeatmet wurde. Ich hatte das Gefühl, Teil dieses Windes zu sein, da der Heilige Geist diesen Wind durch mich und alle anderen an diesem heiligen Ort blies. Der Glanz, der auf diese Gestalt fiel, verhinderte, dass ich ihre Gesichtszüge erkennen konnte, falls sie welche hatte. Ihre weißen, wallenden Haare hätten die Ranken des blendenden weißen Lichts sein können, das heller als die Sonne war, aber sie erschienen wie Strähnen von fließenden Wolken. Ihre Augen loderten mit Flammen, die wie ein Vulkan ausbrachen.

Die Gestalt verschmolz äußerlich mit Jesus, obwohl die Augen von Jesus ständig auf mich gerichtet waren. Die größere und halb undeutliche Gestalt rief in mir eine Ehrfurcht hervor, die an Furcht grenzte, als ER mit höchster Autorität Worte oder Töne in einer fremden Sprache aussprach. Auf seltsamste Weise betrachtete ich ihn als *DAS WORT,* als das maßgebliche Wort aller Dinge. Bis dahin hatte ich nie in meinem Leben daran gedacht, dass das Wort eine Person war.

In diesem Augenblick versank der ganze Himmel in eine Stille jenseits von still, in ein intensives Nichtstun. Eine donnernde Stille. Nach der Proklamation des Allmächtigen herrschte eine absolute Bewegungs- und Klangstille – die Ruhe vor dem Sturm. Und der ganze Himmel wartete.

Meine Gefühle wandelten sich von Trost zu reiner und absoluter Ehrfurcht. Irgendwie verstand ich, dass nichts mehr so sein würde wie vorher.

Kapitel 14

Gott der Vater

... so ist doch für uns ein Gott, der Vater, von dem alle Dinge sind und wir auf ihn hin, und ein Herr, Jesus Christus, durch den alle Dinge sind und wir durch ihn.

1. Korinther 8,6

Du siehst den Vater, sagte der Heilige Geist. *Weil du Geist bist, kannst du ihn aus einem Grund sehen, der noch klar werden wird. Er ist das Wort, Geliebter, und bevor Jesus auf der Erde wandelte, lebten wir drei als das Wort. Dein Geist versteht, was ich sage. Keines deiner eigenen Worte kann dies erklären, denn das Wort sind wir, die am Anfang aller Zeiten existierten; und das Wort sprach das Leben, und das Wort sprach die Wahrheit, und das Wort sprach den Weg, und die Ordnung dieser Dinge wurde zuerst auf der Erde etabliert – als der Weg und die Wahrheit und das Leben, so wie sie im Fleisch auf der Erde geboren wurden. Aber hier bleibt der Vater als Wort bestehen in einer Weise, dass niemand seine Herrlichkeit ergründen kann, damit das Wort des Lebens gesprochen wird, wie es im Anfang war.*

Obwohl diese Worte für die Menschen verwirrend klingen mögen, ergaben sie für mich im Himmel einen vollkommenen Sinn, als ich mich an die Worte aus dem Buch des Lebens erinnerte, wie sie zuerst von Johannes aufgezeichnet wurden: „*Und das Wort wurde Fleisch und wohnte unter uns, und wir haben seine Herrlichkeit angeschaut, eine Herrlichkeit als eines Einzigen vom Vater, voller Gnade und Wahrheit*" (Johannes 1,14).

Ich konnte die Umrisse des Antlitzes des Vaters nicht erkennen, weil das Licht auf ihm so hell war und alles um ihn herum erleuchtete. Auch ich glühte von der Fülle der Herrlichkeit Gottes. Dann sprach er das Wort als ein donnerndes, widerhallendes Brüllen:

„Siehe, du siehst mich, wie ICH BIN."

Gott verkündete Dinge in einer fremden Sprache, die ich nicht verstehen konnte. Diese drangen als Licht durch das Portal am Fuße der Herrlichkeit Gottes in die Welt unter uns ein. Dann stieg Jesus, der jetzt nur noch Licht war, aus dem massiven Smaragdturm herab, streckte seinen Arm nach mir aus und legte seine rechte Hand über meine Augen.

Als Jesus seine Hände von meinen Augen löste, breitete er seine Arme aus und neigte seinen Kopf nach unten, um die Welt unter sich zu überblicken. Dann schloss er seine Augen, wandte sich dem Altar zu und öffnete sie wieder, während er seinen Kopf in Richtung des Vaters hob:

„Ich verkünde meinen Geist über alles Fleisch", sagte er.

Mir kam sofort der Vers in den Sinn, der besagt, dass Gott seinen Geist über alle Menschen ausgießen wird (s. Joel 3,1). Im Himmel verstand ich durch die Eingebung des Heiligen Geistes, dass die erste Ausgießung auf die Gläubigen erfolgte, nachdem Jesus in den Himmel aufgefahren war und vierzig Tage mit seinen Anhängern verbracht hatte, während er in seinem auferstandenen Körper war. Was ich jetzt sah, war die zweite Ausgießung des Geistes Gottes auf die Welt in den letzten Tagen – eine Ausgießung, die von niemandem auf der Erde geleugnet werden konnte, außer von den verstocktesten Menschen. Ein durchdringendes Licht von Jesus schnitt nun durch den Kristallboden unterhalb des Throns und sandte einen Laserstrahl nach unten, der sich über die ganze Erde ausbreitete.

„Meine Herrlichkeit", sagte Jesus.

Etwas war geschehen, als Jesus seine Hände sanft über meine Augen gedrückt hatte. Ich sah nun die Auswirkungen der Ausgießung des Geistes über alle Menschen auf der Erde. Eine Reihe gelartiger Tautropfen oder Tröpfchen breiteten sich aus und regneten vom Himmel herab. Sie schienen sich zu langen, miteinander verbundenen Ketten zu formen, die sich um den gesamten Erdball herum ausbreiteten.

„Geliebter, was siehst du?“, fragte Jesus.

„Die Leute sehen benommen, aber nicht verwirrt aus. Es ist, als wären sie aus einem angenehmen Traum erwacht“, sagte ich.

„Was siehst du noch?“, fragte Jesus.

„Oh je“, sagte ich unter Tränen. „Ich sehe Menschen, die sich aus ihren Krankenhausbetten und sogar aus Leichenhallen erheben! Ich sehe Menschen, die aus ihren Rollstühlen aufstehen, nachdem deine Nachfolger, wie ich annehme, sie dazu aufgerufen haben. Ich sehe, wie diejenigen, die dich verflucht haben, dich preisen, Herr – massenhaft auf der ganzen Welt – unzählige Menschen, die dich preisen. Ich sehe Wunden verschwinden. Ich höre, wie Lobgesänge von der Erde zum Himmel aufsteigen, und ich kann hören, wie deine Engel sie hier im Himmel als Echo wiederholen. Ich sehe, wie errichtete Götzenbilder überall auf der Welt zu Asche zerfallen. Ich sehe Gebäude, Tempel und Schreine zerfallen. Ich sehe Menschen, die überall flach auf dem Boden liegen. Ich sehe Krücken, die auf den Boden geworfen werden, und Gelächter auf öffentlichen Plätzen, sogar auf Friedhöfen. Ich sehe Freude … Freude … und Wunder jeder Art. Oh Herr, dein Geist bedeckt die ganze Erde!“

Jesus legte wieder seine Hände über meine Augen.

„Was siehst du jetzt?“, fragte er mich.

„Ich sehe nur dich“, sagte ich.

„Und so ist es, Geliebter. Diejenigen, die nur mich sehen, werden gerettet und geheilt werden“, sagte er. Dann ließ er seine Hände von meinem Gesicht los.

„Das ist also deine Herrlichkeit, die auf die Erde gekommen ist“, sagte ich.

In meinem Herzen wusste ich, dass dies die endgültige Herrschaft des Heiligen Geistes auf Erden sein würde. Und ich wusste, dass der reinigende Regen Gottes sich in einen anderen Sturm verwandeln würde – einen, der sich deutlich von dem unterschied, was ich jetzt sah. Die Herrlichkeit, die ich jetzt sah, übergoss die Erde mit durchsichtigen Funken aus feinem Staub, wodurch ein Feuer entfacht wurde, das nicht brannte. Es reinigte, was der Heilige Geist berührte, während Gott den Menschen dort unten geistliches Leben einhauchte.

Jesus legte seine Hände ein letztes Mal über meine Augen und flüsterte: „Schau noch einmal!“

Jesus zeigte auf die Welt unter uns. Sofort sah ich, wie neues Leben aus dem Schoß der Mütter geboren wurde, wie kranke Menschen gesund in ihren Betten erwachten, wie Menschen sich an Gottes Herrlichkeit erfreuten und inspirierte Wahrheiten aussprachen und wie Menschen aller Farben und Größen mit dem Licht der Erlösung erfüllt wurden. Ich sah Offenbarungen, die durch verschiedene künstlerische Werke und Lehren hervorgebracht wurden. Festungen wurden über Nationen, Dörfern und Städten zerbrochen, was sich in einem Gefühl der Frische ausdrückte, wie es sich anfühlt, wenn man von einem schimmelverseuchten Ort an einen Ort kommt, an dem die Luft gereinigt ist. Denjenigen, die besorgt waren, wurde Frieden vermittelt und noch vieles mehr. Meine geistlichen Sinne waren um ein Vielfaches stärker als die fünf irdischen Sinne und gaben mir die Fähigkeit, die Wirklichkeit aus der Perspektive Jesu zu erkennen. Gott sprach das Leben über den Tod und die Ganzheit über die Zerrissenheit. Der ganze Himmel und die Erde jubelten inmitten der Befreiung und der Macht Gottes.

Die Menschen, die ich unten sah, freuten sich sogar inmitten von Sorgen, so seltsam das auch klingen mag. Ich hörte immer wieder diese Worte in meinem Kopf: *Aus der Asche wird neues Leben geboren.* Dieser Gedanke muss vom Heiligen Geist gekommen sein, denn als Nächstes sah ich unten ein dreieckiges, mit Trümmern übersätes Land, an dessen nördlicher Spitze die Form einer Fackel zu sehen war, und wohl Zehntausende riefen in fremdländisch klingenden Worten, als sie von diesem Land zum Thron aufstiegen und sich dort unter den Engeln niederließen. Sie riefen Worte wie:

„Gelobt sei der Messias!“

„Halleluja dem Gott Abrahams!“

„Jahwe sei die Herrlichkeit!“

Da wusste ich, dass Gottes Herrlichkeit die äußeren Ränder des Erdballs erreicht hatte. Sein Feuer hatte sich vom Himmel auf die Erde ausgebreitet. Es eine Erweckung zu nennen, wäre eine grobe Untertreibung. Was ich sah, konnte nur als neues Leben erklärt werden, das vom Thron in eine unfruchtbare Welt hineingeboren wurde. Der Himmel war vorübergehend auf die Erde gekommen, nicht der Form nach, aber der Wirkung nach.

***

Dann stieg Jesus auf und verband sein Licht mit dem Licht des Vaters, und sie sprachen im Einklang miteinander:

„Siehe, es ist gut. So werden die Letzten die Ersten sein und die Ersten die Letzten." Damit bliesen die gewaltigen Engel um den Thron herum in ihre Trompeten, was im ganzen Himmel und auf der ganzen Erde widerhallte. Zu diesem Zeitpunkt wusste ich, was vor sich ging, ohne dass der Heilige Geist es mir erklären musste. Es schien alles richtig und gut und bekannt zu sein. Und ich bebe förmlich, während ich versuche, diese Worte zu schreiben. Ich schluchze und erzittere, während ich mich an die ungeheure Macht dieses Ortes erinnere. Gottes Herrlichkeit erfüllte Himmel und Erde – wenn auch nur für einen Augenblick in Anbetracht der Ewigkeit –, damit alle, die ernsthaft nach der Wahrheit suchten, eine letzte Gelegenheit erhielten, Jesus als ihren Herrn anzuerkennen.

Eine große Menschenmenge stand in der Fülle seiner Herrlichkeit um den Sitz der Macht Gottes herum. Sie waren in weiße Gewänder gekleidet und trugen goldene Kronen auf ihren Häuptern. Der Heilige Geist, der mit Frieden und Einsicht bei mir verweilte, blies seinen Atem über alle an diesem heiligen Ort, sodass das Licht überfloss. Ich wollte nur noch Gott preisen und tat das laut und mit allen Superlativen, die mir einfielen. Dann fing ich an, ihn nicht nur mit Worten zu preisen, sondern wollte ihn aus meinem tiefsten Inneren heraus verherrlichen. Auch ich wuchs über mich hinaus und tauchte in das Licht ein, um mich den Massen von Engeln und Völkern anzuschließen, die sich um Gottes absolut reine Gegenwart scharten, um ihn nicht nur mit Worten oder dem Körper anzubeten, sondern wie die anderen betete ich ihn an, mit der ganzen Person, *die ich für Gott bin.*

Meine Substanz, mein Wesen, der Kern meines Lebens war von Gott geboren. Jetzt, an diesem unbeschreiblichen Ort, streckte ich mich mit allem, was „ich bin", nach Jesus aus. Und er, der Vater und der Heilige Geist brachten mich so zu sich, dass ich mich ganz und gar würdig fühlte – nicht aufgrund dessen, wer ich bin, sondern weil der Gott des ICH BIN mein Ein und Alles wurde. Ich hatte voll und ganz erkannt, wozu Jesus uns berufen hatte: *„... und du sollst den Herrn, deinen Gott, lieben aus deinem ganzen Herzen und aus deiner ganzen Seele und aus deinem ganzen Verstand und aus deiner ganzen Kraft!"* (Markus 12,30).

In diesem Moment des völligen Eintauchens in Gottes heilige Gegenwart strömte meine Anbetung für Gott so überirdisch aus mir heraus wie das Wasser, das aus Jesus floss, um alles zu reinigen und „das Neue“ in allem zu gebären und das Zerbrochene wiederherzustellen.

Ein Friede breitete sich in mir aus, und ich schwebte in großer Einheit mit Gott. Zum ersten Mal verstand ich voll und ganz, was Jesus meinte, als er sagte, er sei der Weinstock und wir seien die Reben (s. Johannes 15,5). Sein Leben strömte durch mich hindurch und schenkte mir nicht nur ein Bewusstsein dafür, wer er für mich ist, sondern zeigte mir auch, dass sein Wesen die unerlässliche Grundlage meines Lebens ist. Oh, wie sehr wollte ich in die Fülle der Herrlichkeit Gottes, diesen Ort der Kraft und des Lebens, eingetaucht bleiben.

„Wer in mir ist, hat das Leben“, sprach der Vater.

Man konnte Gott nicht mehr als Vater, Sohn oder Heiliger Geist unterscheiden. Sie schienen mir an diesem Ort eins zu sein – vollkommen vereint und nicht mehr durch ihre Eigenschaften als Schöpfer, Herr oder Tröster unterscheidbar. Und ich brauchte nicht mehr zu verstehen, wie sie zu mir sprachen oder warum, denn ihre Einheit durchströmte mich so nahtlos wie das Wasser, das vom Thron herabströmte und mich mit überfließendem Leben erfüllte.

Der Vater ist Gott, und Jesus ist Gott, und der Heilige Geist ist Gott. Niemand kann an diesen Ort kommen, an dem ich mich befand, wenn nicht der Fluss des Lebens durch ihn fließt. Das geschieht erst, wenn man sich Jesus als dem Weg, der Wahrheit und dem Leben völlig ergibt, wie Jesus es in seinem Buch des Lebens beschreibt und wie es im Buch Johannes aufgezeichnet ist, wo Jesus erklärt: *„Ich bin der Weg und die Wahrheit und das Leben. Niemand kommt zum Vater als nur durch mich“* (Johannes 14,6).

Ich hörte diese Worte im Allerheiligsten, dem heiligen Ort, der als Gottes Thron bezeichnet worden ist, von Jesus selbst. Sie kamen direkt von ihm, dessen Gegenwart von den Seiten seines Wortes widerhallte, wie es von den Alten aufgezeichnet und von Gott gesegnet worden ist. Ich kenne das Buch des Lebens jetzt als das aufgezeichnete Buch, das wir als Bibel kennen. Das liegt daran, dass das Buch des Lebens auf der Mitte des Altars Gottes liegt. Es enthält die von seinen autorisierten Schreibern aufgezeichneten Worte Gottes, die von ihm inspiriert wurden.

„Geliebter, wir haben auch über dein Leben Buch geführt", sagte Jesus. „Wo ist es?", fragte ich. Ich wollte es sehen.

Dann nahm Jesus meine rechte Hand, drückte sie an seine Brust und sagte: „Es ist in meinem Herzen geschrieben."

Der Heilige Geist fügte nun hinzu: *Und das große Gebäude, an dem du vorbeigegangen bist, das ist die Bibliothek der Aufzeichnungen, und dein Leben ist in ihren Mauern aufgezeichnet.* Als der Heilige Geist dies sagte, erinnerte ich mich an die riesige, bogenförmige Wolkenformation aus weißem Stein. Sie hatte einen Eingang in Form eines Wassertropfens, auf den ich nun hinunterblickte, während Jesus und ich emporschwebten – auf dem Weg zum Thronsaal.

Ich fühlte mich gedemütigt, dass die Aufzeichnungen meines Lebens für immer im Himmel existieren würden. Was die Bibel anbelangt, so bedauerte ich, dass ich sie einst angezweifelt hatte. Als ehemaliger Agnostiker hatte ich die Bibel geringgeschätzt, versucht, sie zu widerlegen, und ihr vorgeworfen, sie bestehe aus fehlerhaften Schriften, die von fehlerhaften Menschen verfasst wurden. Aber hier lag das Buch des Lebens auf dem Altar dieses heiligen Ortes. Und was dann geschah, verankerte die Wahrheit von Gottes Wort in einer Weise in mir, die ich nie mehr leugnen konnte. Jesus hob das Buch des Lebens hoch und überreichte es mir.

Warum mir? Nein … dachte ich. Ich bin nicht würdig, das Buch des Lebens zu halten.

„Hier", sprach Jesus, „ich gebe es dir."

„Oh Gott, nur du, nur du …", war alles, was ich sagen konnte.

„Geliebter, mein Wort ist in dir und in allen, die mich Herr nennen."

Ich konnte mich nicht an jeden Satz von Gottes Wort erinnern, obwohl einige Menschen die Bibel auswendig gelernt haben. Zum Beispiel sind viele, die weltweit verfolgt werden, an Orten, wo sie keine Bibel haben. Deshalb lernen die Menschen das gesamte Wort Gottes auswendig, um andere über Generationen hinweg zu lehren. Aber hier, an diesem heiligen Ort, kannte ich die Antworten, obwohl das, was Jesus von mir wollte, das Gewichtigste zu sein schien, was ich je in meinem Leben getan hatte. Ich sollte das Buch des Lebens im Himmel halten?

Gerade als Jesus begann, das Buch des Lebens auf meine ausgestreckten Hände zu legen, erkannte ich, dass sich die Hände des Heiligen Geistes in meinen eigenen Händen materialisiert hatten, als wären wir ein Leib. Zum ersten Mal konnte ich mit meinen geistlichen Augen den Heiligen Geist in mir sehen. Er manifestierte sich als eine leuchtende weiße Gestalt, die sich mit meinen Händen und Armen vereinte.

Die nächste Erinnerung, die ich habe, ist, dass das Buch des Lebens in unseren Händen lag – in meinen und den Händen des Heiligen Geistes. Gemeinsam blickten wir auf das Wort Gottes, das mit dem Blut Christi versiegelt ist. Das Buch hatte einen Einband aus einem goldenen, lederähnlichen Material, in welches das Blut Jesu eingeprägt war. Ich wusste, dass es direkt vom Kreuz Jesu stammte, an dem er während seiner Kreuzigung hing. Ich konnte das Buch nicht aufschlagen, aber der Heilige Geist offenbarte mir jedes Wort des Buches des Lebens in meinem Geist. Diese Worte flossen wie ein Festmahl aus köstlichen Speisen und süßen Säften, die meine Seele nährten und mir einen solchen Reichtum an Einsichten vermittelten, dass die Worte die eigentlichen Geheimnisse des Lebens offenbarten.

Sie fragen sich vielleicht: Was waren das für Geheimnisse? Ich kann mich nicht an alle erinnern, weil Jesus mir sagte, dass sie in meinem Geist in einer Art „Schließfach" aufbewahrt werden würden, wenn ich in meinen Körper in die Welt zurückkehrte, und erst wieder freigegeben würden, wenn ich zurückkäme. Er würde mir nur ein einziges Geheimnis enthüllen – ein Geheimnis, das bald durch „den Sturm" (wie er es nannte) offenbart werden würde.

Nachdem ich die Geheimnisse des Wortes Gottes durch die Offenbarungen des Heiligen Geistes aufgenommen hatte, gaben wir Jesus das Buch des Lebens zurück, und er legte es wieder auf den Altar.

„Kennst du mein Wort?", fragte Jesus.

„Ich kenne dich", antwortete ich.

„Ah", sagte er, „jetzt kennst du also die Antwort, mein Geliebter. Mein Wort ist in die Herzen meiner Kinder geschrieben, und niemand kann sie mir entreißen."

„Ich habe die Bibel studiert", sagte ich.

„Gut", sagte er, „sei dir bewusst, dass mein Heiliger Geist dein Verstehen übersteigt, Geliebter. Denn jeder, der meine Wahrheit erkennen will, muss auf meinen Geist hören. Und wenn ihr meinem Geist zuhört, dann wird mein Wort ein Teil von euch sein."

Tatsächlich, das Buch des Lebens zusammen mit dem Heiligen Geist in der Hand zu halten, offenbarte alle darin enthaltenen Geheimnisse. Sie fühlten sich wie ein Teil von mir in meinem geistlichen Körper an, auf eine Weise, die fast unmöglich zu beschreiben ist. Das Wort Gottes war Gott, denn das Wort sprach Leben, und Jesus ist Leben, und der Heilige Geist gab mir Leben. Ohne den Geist Gottes würde das Wort durch meinen eigenen Verstand interpretiert. Den Heiligen Geist in uns zu haben, ist der Unterschied zwischen göttlicher Eingebung und bloßer menschlicher Inspiration, zwischen dem Erfülltsein mit dem Sinn Christi und bloßer menschlicher Achtsamkeit.

Wenn sich das zu esoterisch anhört, habe ich eine gute Nachricht für Sie: Im Himmel wird es Ihnen klar sein, und teilweise auch in dieser Welt, falls Sie Gottes Wort nicht nur als Seiten in einem Buch kennen, sondern als die Manifestation von Gottes Wahrheit in Ihrem Geist. (Erinnern Sie sich an die Stimme des Schmetterlings – die Weisheit –, die Ihnen sagt, was Sie denken und tun sollen.)

Jesus legte das Buch des Lebens behutsam und ehrfürchtig auf den Altar zurück. Dann verkündete der Vater:

„Alle, die diese Worte hören und sich daran halten, werden leben; diejenigen aber, die mein Wort verleugnen und an ihrer eigenen Selbstgerechtigkeit festhalten, werden den Tod erfahren."

Der Himmel erzitterte bei der Verkündung dieser Worte. Ich kannte die Zärtlichkeit des Herzens, aus dem der Vater sie sprach, weil ich mich an den Klagegesang über die Verlorenen erinnerte, den ich im Himmel gehört hatte. Ich wusste, dass Gott um die Verlorenen trauerte, aber Zorn? Wie Gott den Tod sieht, ist mit dem weltlichen Verstand nur schwer zu begreifen, aber mein himmlischer Verstand konnte verstehen, dass Gottes Gericht kein Wunsch nach Zerstörung war. Ich wusste, dass Gottes Gericht nicht die Folge des Verlustes seiner Beherrschung war oder weil er diejenigen, die ihn ablehnten, schlecht behandeln wollte. Stattdessen war sein besonnenes Gericht eine Reaktion auf die Ablehnung seiner Heiligkeit, und brachte das hervor, was göttlich gerecht ist.

Dort, an diesem erhabenen Ort der Heiligkeit Gottes, wurde ich Zeuge einer Dynamik, die sich in meine Seele einbrannte. Diejenigen, die den Thron umgaben, darunter verschiedene Arten von Menschen und Engeln, trugen makellose weiße Gewänder. Die Menschen standen auf einem scharlachroten Boden aus rubinroten Steinen, aber der Saum ihrer Gewänder berührte diesen Boden nicht. Aus dem Boden um die volle Herrlichkeit Gottes herum wurden brennende Steine hochgeworfen. Die Engel schritten über saphirähnliche Steine, durch Flammen, die nicht brannten. Irgendwie verstand ich, dass die Flammen die Menschen verbrennen würden, wären da nicht die Gewänder, die sie bedeckten. Als ich darüber nachdachte, offenbarte mir der Heilige Geist, was sich hinter diesen strahlend weißen Gewändern verbarg.

„Siehst du das Blut des Lammes?", flüsterte er.

Ja, sagte ich im Geist.

„Das Feuer … was ist das Feuer?", fragte ich laut.

„Ich", sagte der Heilige Geist mit Stimme.

Ich wusste, dass das Feuer die Gegenwart Gottes war – dasselbe Feuer, das im Dornbusch brannte, in dem Gott sich Mose zeigte. Auch die Feuersäule, die das jüdische Volk durch die Wüste geführt hatte, wie im 2. Buch Mose beschrieben, und die „Feuerzungen" in der Apostelgeschichte stellten die Gegenwart Gottes dar, genauso wie diese innewohnende, brennende Leidenschaft, welche die an den Gott Jesu Christi Gläubigen dazu bewegt, in Kraft und Offenbarung anzubeten und zu wirken.

„Warum gehen die Menschen dann nicht durch das Feuer?", fragte ich.

„Weil mein Feuer in ihnen ist", antwortete der Heilige Geist mit seiner flüsternden Stimme. „Mein Feuer verbrennt, was unrein ist, um die Ungerechtigkeit mit dem Blut des Lammes zu reinigen, aber die, die mein Feuer nicht haben, werden davon verzehrt."

Warum Feuer, werden Sie sich fragen? Im Himmel kannte ich die Antworten schon, als der Heilige Geist sie in mein Herz sprach, sowohl durch göttliche Inspiration als auch durch Einsicht aufgrund des Wortes Gottes, das in mich eingebrannt worden war. Gottes heiliges Feuer ist die reinste Form von Gottes Gegenwart und wurde durch dieselben Elemente geschaffen, aus denen Gottes gesamte Schöpfung entstanden ist.

Der Heilige Geist inspirierte mich mit einer Vision der Schöpfung vom Beginn des von Gott geschaffenen Lebens an, als das

Feuer Gottes aus dem schwarzen Loch, das ich zuvor gesehen hatte, Materie formte, und wo am Anfang nichts existiert hatte – außer Gott, der immer schon existierte. Zu Beginn der Schöpfung hauchte der Heilige Geist sein Feuer, seine Gegenwart, in das schwarze Loch und ließ Leben aus dem Nichts explodieren. Er schuf jene Dinge, die ich als Paradies im Himmel sah. Sie wurden vom Thron der Schöpfung, vor dem ich mich befand, ins Leben gesprochen, sodass in den Augen Gottes alles gut und rein war. Auf dem Höhepunkt von Gottes Werk, am sechsten Tag, von dem im 1. Buch Mose die Rede ist, schuf Gott sein „Meisterwerk", das nach seinem Ebenbild geschaffen wurde – den Menschen. Sie kennen den Rest der Geschichte, wie sie in Gottes Wort aufgezeichnet ist (s. 1. Mose 1). Der Heilige Geist ließ mich den Grund verstehen, warum Gott die Menschheit schuf. Er flüsterte ihn mir zu:

Wir haben euch geschaffen, weil wir uns eine Familie gewünscht haben.

„Und die Familie wurde geboren durch … Liebe, die Person", sagte ich und hielt inne, da ich die Tiefe der Liebe Gottes kannte. „Diejenigen, die das Blut Christi empfangen haben und durch das Feuer geboren wurden, haben das Leben, und diejenigen, die die Liebe ablehnen – werden durch das Feuer verbrannt …"

Meine Güte! Nun verstand ich Gottes Gericht. Das Feuer – es verbrennt alles, was nicht durch das Opferblut Jesu Christi bedeckt ist. Gottes Zorn ist keine Manifestation des Hasses, sondern der Liebe. Das geistliche Krebsgeschwür der Sünde zerstört das Leben, aber das Feuer des Lammes schenkt Leben. Gottes Feuer verbrennt die Sünde wie eine Art „Strahlentherapie", um zu zerstören, was unrein ist, damit das Leben durch das Blut des Lammes gedeihen kann. Und wenn man das Blut des Lammes in sich trägt, dann bringt das Feuer die Wiederherstellung und nicht den Tod. Aber ohne das Blut des Lammes verbrennt dasselbe Feuer alles, was sich ihm in den Weg stellt.

„Ich bin dein Erlöser", sprach Gott.

Die drei Stimmen Gottes sprachen diese Worte unisono, während die Engel und die Völker der Menschen, die um den Thron herumstanden, anbetende Lobgesänge wie zehntausend symphonische Chöre anstimmten.

Der ganze Himmel jubelte in seiner unendlichen Weite, und jedes Lebewesen, ob groß oder klein, schmetterte Loblieder.

Dann sah ich undeutlich eine Szene, in der ein Festmahl mit üppig angerichteten Speisen und Getränken zu sehen war.

Dies erschien mir als eine Vision der Zukunft, nicht des „Hier und Jetzt", in dem ich mich gerade befand. Nachdem ich dies gesehen hatte, kehrte meine Aufmerksamkeit an den Ort der Heiligkeit zurück, also zu Gott im Thronsaal.

„Ich habe den Tisch gedeckt", sagte Jesus. „Bald wird das Fest beginnen."

Ich wusste, dass diese Vision ein Vorgeschmack auf das Fest war, das noch bevorsteht.

Meine Aufmerksamkeit richtete sich auf das Knistern der Feuer und das Plätschern des Wassers. Ein leiser Wind blies lodernde Feuer über ein riesiges Meer aus kristallklarem Wasser, das sich aus der Spitze der Stelle ergoss, an der der Vater und der Sohn standen. Es war ein Turm mit stadionartigen Tribünen aus Opal neben dem kristallklaren Altar. Das Wasser stürzte in Kaskaden nach unten, wie ein Wasserfall in ein kräuselndes Meer. Ich wusste, dass das Feuer über dem Wasser vom Heiligen Geist kam und dass das lebendige Wasser von Jesus kam.

Der Vater sprach aus dem Inneren der dunstigen Wolken, die sich mit Licht vermischten. Seine Proklamationen strömten durch etwas, das wie Tausende von großen Portalen aussah, zu dem, was darunter existierte. Seine maßgebenden Worte in einer mir unbekannten Sprache manifestierten sich wie Sternschnuppen durch eine Lichtbrechung der beleuchteten Wolken und schienen sich wie Punktlichter über der Dunkelheit unter uns auszubreiten. Ich beobachtete etwas, das wie ein nicht enden wollender Strom von Tausenden von beleuchteten Tunneln im Himmel aussah, die mit dampfendem Wasser gefüllt waren und bis in die Welt unter uns reichten. Das Licht vom Altar, an dem der Vater und Jesus in Einheit standen, strahlte durch die Tunnel, die den Himmel mit der Erde verbanden.

Dann gab Jesus Engeln Befehle, indem er ihre Namen rief. Sofort rauschten die Engel durch die Portale zu dem düsteren Ort darunter, und ich nehme an, auch in die Welt. Die Engel müssen ihren Auftrag vom Heiligen Geist erhalten haben, der in der Sprache des inneren Wissens sprach.

Jesus und der Heilige Geist aktivierten Legionen von Engeln, die wie Fallschirmspringer erschienen und mit Lichtgeschwindigkeit kopfüber absprangen. Seraphim-Engel brannten mit dem Feuer des Heiligen Geistes, während sie mit sechs Flügeln flogen, die größer waren als ihre Körper. Sie stießen laute Lobpreisungen über dem Thron aus, wobei jeder von ihnen wie etwa hundert menschliche Stimmen klang.

Die Cherubim unterschieden sich auf seltsame Weise von allen anderen Engeln. Sie hatten mehrere Köpfe, die wie furchterregende Tiere aussahen, wie ich sie noch nie gesehen hatte. Und ihre Gesichter waren dem eines Menschen nicht unähnlich, abgesehen von den scharfen Zähnen. Sie bewachten die Portale. Gott schickte einige Engel, die mit etwa 3 Meter langen Speeren bewaffnet waren, welche das Licht reflektierten, durch die Portale. Die größten Engel waren diejenigen, die der Heilige Geist als Erzengel bezeichnete. Sie sahen königlich aus, wie die, die ich im Kampf gegen die Dämonen gesehen hatte, als ich durch den zweiten Himmel aufstieg. Sie waren Riesen von mindestens 2,5 bis 3 Metern Höhe, mit kantigen Gesichtszügen und Augen aus Feuer. Sie flogen auf die Befehle Christi hin, die durch Gottes Geist gesprochen wurden, nach unten.

Ich verstand durch den Heiligen Geist, dass dies die Engel waren, die für Gottes größte Schöpfung – die Menschen – bestimmt waren. Der Heilige Geist erklärte mir, dass wir nach Gottes Ebenbild geschaffen sind. Wenn Gott uns anschaut, sieht er sich selbst in uns; und durch alle Stimmen hindurch hört Gott die Stimmen seiner Kinder. Er sieht uns mit den Augen eines beschützenden Vaters (kombiniert mit der Zärtlichkeit einer Mutter), und er will immer das Beste für seine Kinder.

Ein Duft des süßesten Parfüms stieg mir in die Nase. Es war anders als jedes andere Parfüm, das ich auf der Welt gerochen hatte. Es erinnerte mich an den angenehmen Duft von Blumensträußen, die mit einem Gefühl vermischt waren, zu Hause zu sein, in der vertrauten Umgebung, in der ich mich wohlfühlte. Ich nenne es die angenehmen Anklänge an die Heimat. Dieser Duft entspannte mich so sehr, dass ich schlafen wollte, aber ich wollte auf keinen

Fall verpassen, was vor mir erschien. Etwas war im Begriff, sich zu verändern.

Zu Hause, flüsterte mir der Heilige Geist zu, *du bist hier an diesem Ort zu Hause, und was du erlebst, ist der Duft derer, die von unten gerettet werden, und derer, die nach Hause kommen, nachdem sie ihre Aufgabe in der Welt beendet haben.*

Später bezog ich mich auf die Schrift, die dasselbe besagt – wie es Paulus aufgeschrieben hat: *„Denn wir sind ein Wohlgeruch Christi für Gott unter denen, die gerettet werden, und unter denen, die verloren gehen ...“* (2. Korinther 2,15).

Als Nächstes nahm ich die hörbaren Worte des Vaters wahr. Er sprach direkt zu mir, während ich tief einatmete:

„Oh, mein Geliebter, du bist für mich der Duft des Triumphes für alles, was wir für dich getan haben, und für das, was du für uns getan hast, von Leben zu Leben. Ich lege Zeugnis ab vom Opfer meines Sohnes für dich, und ich gebe dir den süßen Duft des ewigen Lebens. Sprich von dem, was du siehst, als Zeugnis für diejenigen, die mich nicht kennen, damit sie von meinem Opfer Zeugnis ablegen und gerettet werden. Nichts bereitet mir mehr Freude als die Errettung meiner verlorenen Kinder und die Vollendung der Werke meiner Heiligen.“

Ich fiel erneut vor Ehrfurcht um, als ich den Vater aus seinem Herzen sprechen hörte. Seine Liebe strömte durch alle meine Sinne – mehrere Sinne jenseits der begrenzten Sinne, die wir in der Welt in unseren physisch eingeschränkten Körpern haben. Die Tiefe der Liebe Gottes zu seiner großartigsten Schöpfung wurde durch mein vollkommenes Auffassungsvermögen im Himmel noch verstärkt – ungehindert von meinem mangelhaften irdischen Gehirn, und frei dafür, alle Sinne meines geistlichen Körpers zu erleben.

Hier konnte ich die wunderbaren Düfte einatmen, mich lebendiger fühlen als je zuvor auf der Welt, wahrnehmen, was andere fühlen, ein Wissen über die Grenzen von Fleisch und Blut hinaus haben und mich zu Füßen des allmächtigen Gottes freuen, der mich als sein bevorzugtes Kind betrachtet – so wie er jedes seiner Kinder gleichermaßen bevorzugt und vollkommen liebt.

Gerade als ich mich in der Fülle der Herrlichkeit Gottes sonnte, hörte ich ein donnerndes Brüllen – und alles veränderte sich.

Kapitel 15

Der Sturm

Und ein großer Hagel, wie zentnerschwer, fällt aus dem Himmel auf die Menschen nieder; und die Menschen lästerten Gott wegen der Plage des Hagels, denn seine Plage ist sehr groß.

Offenbarung 16,21

Der ganze Himmel wurde still. Die Stille löste sich aber bald in eine beunruhigende Ruhe auf. Ich wandte den Kopf und sah das lodernde Gesicht des Vaters, das wie die Sonne brannte und Feuer verbreitete. Seine Arme waren ausgebreitet und leuchteten wie eine Sternengalaxie, die voller Licht funkelte. Das Licht umhüllte meinen Herrn so sehr, dass er nur noch wie ein einziger Feuerstrahl aussah. Es war herrlich und prächtig, einerseits wie eine Feuersbrunst der Macht Gottes für die Dinge auf der Erde und andererseits wie eine gespannte Ruhe für alles im Himmel und für diejenigen, die in das schimmernde Licht Elohims, des Allmächtigen, getaucht waren.

Der Himmel bebte.

Gottes Leuchtkraft strömte durch den Thronsaal in Farben aller Art wie durch ein Prisma. Lichtblitze donnerten um Gottes Gegenwart herum. Bei jedem Blitz konnte ich Gestalten mit goldenen Halos auf ihren Köpfen sehen – Gestalten, die sich in Ehrfurcht vor ihm verneigten. Auf der spiegelglatten Oberfläche um Gott herum brachen kobaltblaue Feuer aus, durch die hindurch Wesen in seidigen Kleidern die Farben von Edelsteinen reflektierten. Über dem Allmächtigen schwebten nun Gestalten, die mir auf seltsame Weise vertraut waren und die ich doch nicht erfassen konnte. Sie erschienen nicht als Menschen, sondern als Kreaturen mit feurigen Augen, die alles um sich herum sehen konnten. Sie riefen dem Herrn eine Tiefe von Heiligkeit zu, die man zwar hören, aber wegen ihrer Gewaltigkeit nicht verstehen konnte.

In einem Refrain der Verehrung hallte ihr Lob durch das Dröhnen des Allmächtigen: „Heilig ist das Lamm. Würdig ist der Gott der ganzen Schöpfung. Ruhm und Ehre dem Herrn der Herren." Weiter und weiter gingen die Chorusse, die mich und alle anderen im gesamten Himmel begeisterten. Dann erblickte ich eine andere, eine brüllende Gestalt. Sie erschien als Löwe, aber es war weniger die Gestalt eines Löwen als vielmehr die elementare Stärke des Löwen, die mir als Löwe erschien – ein Löwe, wie es ihn auf Erden nicht gibt. Jesus ließ mich verstehen, was ich da sah.

„Du siehst nicht nur das, was ist, mein Geliebter. Du siehst das, was kommen wird, und das, wovon gerade gesprochen wurde", sagte er.

Was ich sah, entzieht sich jeglicher gedanklichen Erfassung, aber da ich ganz und gar Geist war, begriff mein geistlicher Verstand diese Erscheinungen als den Gerechten. Er war der Löwe von Juda, der Beschützer, und er war der Adler, der im Buch Jesaja beschrieben wird: *„Aber die auf den HERRN hoffen, gewinnen neue Kraft; sie heben die Schwingen empor wie die Adler, sie laufen und ermatten nicht, sie gehen und ermüden nicht"* (Jesaja 40,31).

Er war das Lamm Gottes, das an jenem Kreuz hing, und er war der Sohn Gottes, der die Menschen nach seinem Ebenbild schuf. Ich sah, dass alle diese Facetten Gottes – der Löwe, der Adler, das Lamm und der Sohn – sich als Kreaturen offenbaren, die Gott ehren, als Anerkennung für den Einen, der sie geschaffen hat. Ich sah, wie sie sich alle vor dem gerechten Richter verneigten, der seine Gerechtigkeit nicht im Zorn, sondern in Liebe ausübt.

Ich hörte auch, wie die schmerzliche Trauer um die Verlorenen in eine Totenklage überging. Es klang wie der Seufzer einer Mutter, den sie aus Mitgefühl für ihr verlorenes Kind hervorbrachte. Engel stöhnten in einem opernhaften Ton, der mit den wehenden Worten endete: „Nie wieder … nie wieder."

„Diejenigen, die für immer verloren sind, werden meine Stimme nie wieder hören", sagte Jesus durch den Wind.

Plötzlich tauchte Jesus wieder an meiner Seite auf, in menschlicher Gestalt und ganz nahbar für mich, im Gegensatz zu der strahlenden Lichtgestalt, als die er auf dem Altar erschienen war. Er legte jetzt seinen linken Arm um meine linke Seite, als ob er mich vor einem Sturz bewahren wollte. Den beruhigenden Einfluss des himmlischen Friedens spürte ich jetzt nicht mehr. Ich befand mich an einem anderen Ort – einem Ort voller Macht und Gnade, Gerechtigkeit und Gericht, Hoffnung und erfüllter Hoffnung.

Ich weiß, dass diese Beschreibungen vielleicht abgehoben und nicht ganz anschaulich erscheinen, aber keine Beschreibung könnte die Veränderung, die ich an diesem Ort spürte, angemessen erklären. Ich befand mich in einem Vakuum der Zeit, sowohl in der Gegenwart als auch in der Zukunft. Ich kann das nur deshalb so ausdrücken, weil mein Geist die Ernsthaftigkeit des Ganzen wahrnahm. Gott hatte gesprochen, und ich wusste, dass das, was auf der Erde existierte – so „wie tausend Jahre sich zu einem Tag verhalten" – schon bald nicht mehr sein würde.

„Mein Geist sagt dir das", sagte Jesus.

Hat Gott mir einen Blick in die Zukunft gewährt?

„Ja", antwortete Jesus, „Ich zeige dir das, was im Himmel bereits feststeht, und das, was du später erkennen wirst, als Warnung für meine Geliebten. Für sie wird es so sein, als läge es in der Zukunft."

Da verstand ich, was der Autor des Hebräerbriefs meinte, als er erklärte, dass die irdische Stiftshütte *„ein Abbild und ein Schatten der himmlischen"* war (s. Hebräer 8,5;9,2). Die himmlische Stiftshütte wurde von Gott zuerst geschaffen, aber die irdische Stiftshütte, die von Mose beschrieben und unter der Leitung Salomos gebaut wurde, war eine Kopie der Stiftshütte im Himmel. Ich war Zeuge dieser Stiftshütte im Himmel. Sie ist mit Schnitzereien von fruchttragenden Bäumen und Engeln und mit Gold verziert. Dieselben Darstellungen schmückten einst auch den irdischen Tempel, in dem diese Figuren zu sehen waren, die an die Pracht des Gartens Eden erinnern sollten, den Gott zuerst auf der Erde geschaffen hatte.

Alles, was ich während des himmlischen Sturms sehen sollte, war nicht nur für die Erde bestimmt, sondern der Sturm würde allen, die jemals auf der Erde gelebt hatten, ein Ende bereiten. Jahre später suchte ich nach den Antworten, um zu bestätigen, was ich gesehen hatte. Ich fand diese Dinge in der Heiligen Schrift (1. Mose 2,15; 4. Mose 3,7-8, 8,26, 18,5-6). All diese Aufzeichnungen hallten in meinem Kopf wider, als ich diese Dinge im Himmel sah, denn im Himmel ist das Wort Gottes immer das Wichtigste.

Das Paradies von Eden spiegelte wahrlich die Wunder wider, die ich im Himmel gesehen habe. Das Heiligtum im Himmel gibt die Vollkommenheit wieder, die einst auf der Erde existierte, als beide bei der ersten Erschaffung dieser Welt nebeneinander bestanden. Leider hat die Sünde das Paradies zerstört, die Trennung zwischen Himmel und Erde vergrößert und die Bundesbeziehung mit Jesus zerbrochen. Als ich nun die Vollkommenheit des Himmels betrachtete, bestätigte mir der Heilige Geist, dass ich im Begriff war, die Entfaltung der neuen Erde und des neuen Himmels zu sehen, die Himmel und Erde wieder vereinen würden.

Jesus und ich schwebten auf einen viele tausend Meter hohen Berggipfel hinauf. Obwohl er höher war als jeder Ort, an dem ich jemals auf der Erde gewesen war, fühlte es sich auf diesem Gipfel warm an. Ich konnte sehen, wie eine Stiftshütte in einem Erdrutsch, der nicht aus Schlamm, sondern aus kristallklarem Wasser zu bestehen schien, nach unten zu rutschen begann. Dann bemerkte ich, dass diese Stiftshütte eine Nachbildung derjenigen war, die in der Mitte des Himmels stand. Die himmlische Stiftshütte stand immer noch im Himmel unter uns, und so fragte ich Jesus nach dieser seltsamen Erscheinung.

„Denke daran, Geliebter, du siehst, was kommen wird, und mein Geist sagt dir nur, was du wissen musst."

Du siehst die Hütte Gottes (das Neue Jerusalem bzw. die Heilige Stadt), flüsterte der Heilige Geist, *und darunter liegt die neue Erde, die kommen wird.*

„Ich habe auf der Erde gewohnt", sagte Jesus, „und ich werde es wieder tun."

Ich erinnerte mich an die „Jakobsleiter", wie sie im 1. Buch Mose beschrieben wird, aber ich sah keine Engel auf einer Leiter auf- und absteigen, sondern nur das kristallklare Wasser des Himmels, das sich in Dampf verwandelte, als es unter dem Boden des Himmels nach unten driftete (s. 1. Mose 28,12).

„Wie es am Anfang der Zeit war, so wird es auch am Ende sein“, sagte Jesus.

„Ich verstehe das nicht, Herr.“

„Am Anfang existierten Himmel und Erde nebeneinander, bis die Sünde uns trennte, aber ich werde Himmel und Erde so wiederherstellen, dass niemand sie zerstören kann“, sagte Jesus.

„Jakobsleiter“, sagte ich und wusste nun von Jesus, wie Jakobs Vision sich erfüllen würde.

„Alles, was auf der Erde errichtet wird, wird für immer und ewig gesegnet sein“, sagte Jesus, „aber zuerst muss der Sturm kommen.“

Die Ruhe des Himmels löste sich in ein Donnergrollen auf. Die Engel und Menschen um den Altar Gottes verstummten. Die Engel um den Platz der Herrlichkeit Gottes herum blickten hinab, als würden sie etwas erwarten. Die Menschen jenseits des Thronsaals drängten sich zusammen und beteten durch Lieder an.

„Deine Herrlichkeit soll herrschen“, sangen sie.

„Der Himmel und die Erde sollen sich freuen“, hörte man viele sagen.

„Dein Wille geschehe auf Erden“, ertönten Stimmen vom Himmel.

„Lass nicht zu, dass das Böse über dein Volk siegt“, riefen einige Stimmen.

„Es soll beginnen!“, rief Jesus mit donnernder Stimme. Und alle, die im Himmel waren, wiederholten diese Worte.

Eine plötzliche Veränderung brachte eine Schwere in die Atmosphäre. Mehr und mehr bedrohlich schwebten die Wolken des Vaters über dem Allerheiligsten, wo Gott in seiner heiligen Stätte (dem Thronsaal) regierte, bevor sie sich im ganzen Himmel ausbreiteten. Die dunklen Wolken bauschten sich auf wie eine wehende Decke, die Gottes strahlendes Licht etwas abschwächte. In diesen Momenten nahm der Himmel die Farbe eines bewölkten Herbsttages an.

Ich zeige dir jetzt Dinge jenseits dessen, was du sehen kannst, Geliebter, flüsterte der Heilige Geist. *Du siehst durch meine Augen das, was auf der Erde in der Zukunft geschehen wird, denn ich habe dich geheiligt.*

Nachdem der Heilige Geist diese Worte zu mir gesprochen hatte, wurde mir die Bedeutung dessen, was ich vor Augen hatte, klar. Ich konnte nun die Entfaltung der rätselhaften Auswirkungen des Sturms verstehen.

Dann tropfte Regen aus den Wolken, aber es waren keine Tropfen, die das, was sie berührten, befeuchteten. Stattdessen spürte ich die Tropfen so, wie ich das lebendige Wasser Jesu spürte, als ich zum ersten Mal aus dem Strom trank, der aus ihm floss. Die Tropfen belebten mich und stärkten meine Seele – sie brachten mich dazu, für die Menschen in der Welt zu beten, für die Rettung der Verlorenen, für Wunderheilungen bei den Kranken und dafür, dass die ganze Herrlichkeit Gottes über die Welt ausgegossen werden möge.

„Was siehst du?", fragte Jesus.

„Ich sehe deine Engel auf die Welt herabsteigen", sagte ich.

„Ja, Geliebter", sagte Jesus, „die Engel, die du siehst, sind für eine noch nicht festgesetzte Zeit auf der Erde."

Ich verstand die Worte Jesu, die mir der Heilige Geist verdeutlichte, so, dass das, was ich sah, für eine zukünftige Zeit in der Welt galt, nicht für die Gegenwart. Vielleicht würde im zweiten Himmel ja eine Schlacht stattfinden, die jahrelang andauern würde. Vielleicht hatte Gott mich irgendwie in die Zukunft transportiert, um mir eine Vision zu geben. Es schien alles real zu sein, und es geschah im Himmel in Echtzeit. Ich weiß nicht wie, aber was ich im Himmel sah, würde sich in der Zukunft auf der Erde manifestieren. Zu sagen, dass es erstaunlich sein wird, wäre die größte Untertreibung aller Zeiten.

Dann setzte Gott in der Gestalt Jesu die Engel frei. Diese reagierten auf die ihnen zugewiesenen Salbungen für die Menschen auf der Erde und auf die Führung des Heiligen Geistes hin. Sie stürzten in der Geschwindigkeit von Raketen mit Kondensstreifen nach unten. Da die Engel ohne Sünde waren, konnten sie die Reinheit des Wortes Gottes verkünden, das von dem Altar aus gesprochen wurde, den ich zuvor beschrieben habe – dem Altar, von dem aus alle Schöpfungen und alle Urteile ausgehen würden. Dieser kristallene Altar erschien nun deutlich als ein helles, samtiges blaues Licht, dessen Farben und Schattierungen von großer Intensität waren.

„Du siehst eine Heerschar meiner Engel", sagte Jesus.

Ich wusste sofort, dass diese Heerscharen als eine Armee von Gottes Soldaten fungierten – „die Armeen des Himmels", die zum geistlichen Kampf gerufen sind, wie es in Psalm 89 und in

1. Samuel 1 und 17 heißt. Als Jesus zu mir sprach, wurden mir die Verse der entsprechenden biblischen Bücher sofort klar.

Die Engel des „Herrn der Heerscharen“, von denen in Jesaja 31 die Rede ist, stiegen nun in die Himmelskörper des Universums hinab. Ich wusste, dass sie aus den Ursprüngen des Weltalls, aus dem Allerheiligsten, gerufen worden waren. Ich hatte gesehen, wie sie den Thron Gottes umgaben. Ihre Aufgabe war es, das neue Leben Gottes in die Welt zu bringen.

„Siehst du diesen Engel?“, fragte Jesus und zeigte auf einen Engel, der sich vor dem Altar Gottes verneigte.

„Ja, Herr“, antwortete ich, „er sieht anders aus, mehr wie du.“

„Geliebter, er wird in meinem Wort ‚der Engel des Herrn‘ genannt, und er war in seiner Bestimmung von den anderen getrennt, weil er als mein Bote vor mir herging. Er vertrat meine Wahrheit an meiner Seite, aber als ich Fleisch wurde, kehrte er zu meinem Altar zurück.“

Ich erinnerte mich an das Geheimnis des „Engels des Herrn“, wie er im Alten Testament erwähnt wird. Er verfügte über die Privilegien Gottes, aber er war nicht Gott. Ich stelle mir diesen Engel als einen Verwalter des Herrn vor, der etwas Besonderes und Abgesondertes ist, wie es an zahlreichen Stellen in Kapitel 3 von 1. und 2. Mose, sowie an mehreren Stellen in den Büchern Richter und 2. Samuel erklärt wird. Er rang mit Jakob auf Geheiß von Jesus. Nach der Inkarnation Jesu auf der Erde kehrte dieser Engel in den Himmel zurück und dient Gott seither alle Tage am Thron, als *Malak JHWH*[1], der Engel des Herrn, der nun auf Gott den Herrn wartet, in Erwartung der neuen Erde.

„Du sollst keinen Engel anbeten“, sagte Jesus mit Nachdruck, in einem gutturalen Ton, der bei den ersten Silben anstieg und bei den letzten Silben abfiel, und mit einem Zungenrollen, das ich mir als eine uralte Stimme vorstelle. Dass er einen so alten Dialekt benutzte, um zu verkünden, dass *man keine Engel anbeten soll*, mag manchem seltsam erscheinen. Aber für mich machte es vollkommen Sinn, denn obwohl die Engel mächtig aussehen, waren sie doch *die Geschaffenen*, nicht *der Schöpfer. Niemand* sollte das Geschaffene verehren.

---

[1] Das hebräische Wort *malak* bedeutet „Bote“.

Wie könnte man diesen Punkt besser betonen als mit einem alten, formalen Dialekt, der einer Wahrheit entspricht, die seit der Erschaffung der Engel durch Gott besteht? Waren die ursprünglichen Sünder nicht die gefallenen Engel, die sich Gott widersetzten? Natürlich würde Jesus dafür sorgen, dass niemand im Himmel jemals wieder rebellieren würde. Nur indem er die Menschen durch eine vollkommene Wiedergeburt neu erschuf, konnte er diese Vollkommenheit im Himmel erreichen.

In 1. Mose 18,3 sehen wir, dass Engel in menschlicher Gestalt erscheinen können, so wie der Engel auf der Fahrerseite meines verunglückten Fahrzeugs erschienen war. Engel sind jedoch geschaffene Geister, wie es in Hebräer 1,14 beschrieben ist. Normalerweise sind sie für das bloße Auge unsichtbar, es sei denn, man ist im Himmel, wie ich es nach meinem Tod erlebt habe, oder man erhält eine geistliche Vision für einen himmlischen Zweck. Jetzt hörte ich, wie die Engel das Wort Gottes im Himmel fließend verkündeten, als Wesen, die die Bibel besser kannten als jeder Bibelgelehrte, den ich auf der Erde kannte. Das ergab für mich einen vollkommenen Sinn.

Im Himmel hatte ich eine Art Bibliothek gesehen, in die Bücher von Menschen und Engeln hinein- und hinausgetragen wurden. Obwohl die Engel schon vor der Menschheit existierten, wirkten sie jugendlich; da sie aber die ganze Vergangenheit kennen, sind sie kenntnisreicher als die Menschen. Dennoch stehen wir Menschen höher als die Engel, weil wir mit Christus verbunden sind – wir sind nach seinem Bild geschaffen.

Ich nahm jenes innere Wissen wieder wahr, als das Böse unten in der Hölle lauerte. Ich wusste, dass Satan mit Gott sprechen konnte, wie im Fall von Hiob, bei dem Gott erlaubte, dass er eine Zeit lang von Satan angegriffen wurde. Aber all das würde bald ein Ende haben. Die Rechtfertigung durch Christus würde dafür sorgen.

Kapitel 16

Rechtfertigung

Ich werfe nicht weg die Gnade Gottes; denn wenn durch das Gesetz die Gerechtigkeit kommt, so ist Christus vergeblich gestorben.

Galater 2,21 (LUT)

Meine Aufmerksamkeit richtete sich nun wieder auf die enorme Unruhe um mich herum. Ich spürte eine kühle Fallböe wie nach einem Blitz, bevor der Donner kommt. Was ich im Sturm sah, ließ meinen Körper weiter anspannen, da feurige Engel, die wie Geschosse aussahen, durch die Portale zu dem flogen, was darunter existierte. Zum ersten Mal sprach mein Schutzengel mich an, als ich bei Jesus stand. Was dann geschah, schockierte mich.

Der Engel verneigte sich vor mir. Dann sagte er: „Du wirst mich eines Tages richten, Diener des allmächtigen Herrn, und ich hoffe, dass mein Dienst an jenem Tag für dich akzeptabel sein wird." Mit diesen Worten erhob er sich, wobei er mich an Größe überragte.

Zuerst war ich verblüfft, aber dann ließ der Heilige Geist es mich verstehen.

Jesus war der letzte Adam und der zweite Mensch, flüsterte der Heilige Geist, *und wurde zum Haupt des erlösten Geschlechts, das über alle anderen erhaben ist.*

Durch diese Inspiration wusste ich, dass wir als das „erlöste Geschlecht", die wir dem Opfer Christi am Kreuz folgen, diejenigen sein würden, die das zweite Kommen Jesu erleben würden.

„Siehe", sagte Jesus, „ich sende Michael."

Ich sah den Engel Michael, der ein Schwert trug, das etwa vier Meter lang war. Trotzdem war es im Vergleich zu Michaels riesiger Gestalt winzig.

„Er wird das Tier töten“, sagte Jesus.

Ich hatte gedacht, „den Drachen (bzw. das Tier) töten“ sei ein mittelalterlicher Fantasiebegriff, den man nur in Büchern und Märchen findet, bis ich diese Worte von Jesus hörte. Jesus legte seine Hand wieder über meine Augen, und ich wurde Zeuge einer Szene, die so schrecklich war, dass sie mich bis heute erschüttert. Ich sah eine Vision von Jesus, der in einem Feuersee stand. Ein menschengroßer Drache bzw. eine Schlange stand vor ihm, inmitten von blutigen Schreien des Schreckens und Wehklagens.

„Es ist vollbracht“, sagte Jesus zu der Schlange.

Dann kniete Jesus nieder und goss eine Handvoll seines Bluts, das mit dem Blut der Heiligen vermischt war, vor der Schlange aus, woraufhin die Schlange wütete und Feuer aus ihr hervorbrach.

„Narr“, sagte die Schlange zu Jesus, „sie haben deinen Körper ans Kreuz gehängt und du tust das?“

„Du kannst diejenigen nicht haben, die mich als ihren Gott bekennen“, sagte Jesus.

„Ich hasse diejenigen, die dir wertvoller sind als wir“, sagte die Schlange, „und dann willst du, dass wir uns vor ihnen beugen? NEIN!“ Die Wut der Schlange schien sie wie mit Feuer zu verzehren.

Sie sah eher wie ein Drache aus, halb Mensch und halb Schlange, aber ihre Gestalt schien zwischen zwei Gestalten zu schwanken. Auf einmal erschien sie als abscheuliches Ungeheuer mit aufgeblähten Nasenlöchern, einer spitzen Stirn, schmalen, schwarzen Augen und vier ausgebreiteten Flügeln auf einem schuppigen Körper, mit sechs Krallen an Händen und Füßen. Dann verwandelte sie sich nahtlos in das hübscheste Wesen, das man sich vorstellen kann, mit stechenden braunen Augen und Haaren, mit Ohren und einer Nase, die perfekt geformt waren, und mit einer verführerischen Ausstrahlung, die fast zur Anbetung zwang. Ich dachte, dass vielleicht seine Wut bestimmte, welche Gestalt jeweils erschien.

Er sah Jesus mit mehr Verachtung an als jedes andere Wesen, das ich je gesehen hatte. Jesus schaute ihm in die Augen, als Satan als der Drache erschien. Seltsamerweise sah ich Satan eher als einen Menschen, obwohl ich genau wusste, dass er Satan war.

***

Jesus nahm seine Hand von meinen Augen weg und die Vision verschwand. Oh je – ich hatte eine Vision von etwas erlebt, das ich nicht ganz verstand. Hatte Jesus die Sünden seiner Kinder Satan zu Füßen gelegt? War Jesus in der Hölle gewesen? Hatte ich in die Vergangenheit gesehen? Ich bat den Heiligen Geist, es mir zu erklären.

Beschäftige dich nicht zu sehr damit, wie Jesus die Verlorenen erlöst hat, flüsterte der Heilige Geist. *Wisse dies: Was du gesehen hast, war der Ort der Toten, aber er, der heilig ist, kann nicht bei den Ungeheiligten sein, deshalb war das, was du gesehen hast, an zwei verschiedenen Orten – dem Ort der lebenden Toten (jene, die tot waren, ohne den Geist Gottes in sich zu haben) und dem Ort der Himmelfahrt.*

Dann erinnerte ich mich daran, was Jesus zu dem reuigen Verbrecher am Kreuz neben ihm gesagt hatte: *„Heute wirst du mit mir im Paradies sein"* (Lukas 23,43).

Jesus stieg vom Kreuz in den Himmel auf und verkündete von seinem Thron aus seine Autorität über den Tod. Jesus erklärte Satan auch, dass sein Opfer *„einmal für Sünden"* war, wie es in Gottes Wort steht, wo es heißt, er sei *„der Gerechte für die Ungerechten"* (1. Petrus 3,18).

Ich kannte den Erlösungsplan und war in der Gemeinde Kurse gelehrt worden, die den Menschen helfen sollten, zu verstehen, wie man „gerettet" wird, aber im Himmel hatte die Erlösung eine andere Dimension. Jeder im Himmel (auch ich) lebte in ständiger Dankbarkeit für Gottes Geschenk des ewigen Lebens. Und wir verstanden voll und ganz, dass Gottes Annahme ein verwandelnder Akt der Gnade durch Christus war, da die geistliche Infusion des Blutes Jesu Christi uns neu gemacht hat.

Der Heilige Geist erinnerte mich daran, wie Mose das Blut in den Schalen nahm und es auf das Volk sprengte, während er sagte: *„Seht, das ist das Blut des Bundes, den der HERR mit euch geschlossen hat aufgrund aller dieser Worte"* (2. Mose 24,8 LUT). Dann erinnerte mich der Heilige Geist an sein Wort, als Jesus sagte, er sei nicht gekommen, um das Gesetz abzuschaffen, sondern um es zu erfüllen (s. Matthäus 5,17).

„Ich habe gesagt, dass jemand, dessen Gerechtigkeit die der Schriftgelehrten und Pharisäer *nicht weit übertrifft,* nicht in das Himmelreich kommen wird“, sagte Jesus (s. Matthäus 5,20).

Dann wurde mir klar, dass der Heilige Geist die „Weisheit des Schmetterlings“ vermittelt, damit wir, die wir glauben, die Geheimnisse des Wortes Gottes erkennen.

Alle, die in Christus sind, stehen unter dem „Gesetz Christi“, wie es im „Buch des Lebens“ steht, flüsterte der Heilige Geist. *Diejenigen, die sich im Zeitalter der Gnade (nach der Auferstehung Jesu) befinden, werden nicht mehr durch die Werke des (mosaischen) Gesetzes gerechtfertigt, denn niemand wird durch das Gesetz gerechtfertigt, sondern durch den Glauben, und der Glaube kommt aus ...*

„Meinem Wort“, sprach die donnernde Stimme des Vaters.

„Ja“, sagte ich, „wir sind durch das Blut des Lammes Gottes (Jesus) gerechtfertigt, und das waren die vor der Auferstehung auch!“

„Das hat dir mein Geist gesagt“, sagte Jesus. „Ich bin gekommen, um das Gesetz zu erfüllen, und der Glaube an mich als den Messias, den Jesaja prophezeite, hat die Ungerechten immer rein gemacht. Wer bin ich für dich?“

Während Jesus dies sagte, spürte ich, wie das Blut Christi durch meinen Geistkörper floss. Es fühlte sich warm an, wie ein angenehmes Getränk. Es durchdrang meinen Körper und breitete sich in ihm aus, so wie das Jod-Kontrastmittel in der radiologischen Abteilung des Krankenhauses vor meinem Tod durch meine Adern geflossen war. Aber das jetzt war für mich sehr beruhigend, und ich wusste sofort die Antwort auf die Frage, die Jesus gestellt hatte.

„Du bist mein ALLES, Jesus, und alles, was du bist, ist das, was ich bin.“

„Sieh mal“, sagte Jesus, „was du jetzt verstehst, ist ein Akt meiner Liebe zur Vollendung meines Werkes. Alle, die dies durchmachen (Tod und Auferstehung), werden wissen, dass ihre Rechtfertigung nicht aus ihnen selbst kommt, sondern aus meiner Gnade. Alle, die mich kennen, sind durch mein Blut versiegelt und untrennbar mit mir verbunden.“

Jesus lenkte meine Aufmerksamkeit auf die Zukunft, die ich nun vor Augen hatte, so wie der Heilige Geist sie mir gezeigt hatte. Hier, inmitten des beginnenden Sturms, rief das Sprühen der Regentropfen ein anderes Gefühl hervor: Kraft. Die spürbare Kraft des Heiligen Geistes brachte einen wärmenden Wind hervor, der wogende Auf- und Abwinde erzeugte. Die Abwinde drängten durch die Portale. Seelen stiegen durch andere Portale aus den Aufwinden auf und wurden von einer Begrüßungsgruppe von Menschen empfangen. Hunderttausende von erlösten Seelen erschienen als formlose Dunstschwaden, aber ich wusste, dass diese Schwaden ihre Körper auf der Erde bewohnen würden und dass sie die Kraft des Heiligen Geistes im Sturm repräsentierten.

„Du siehst die Errettung der Seelen, die noch von Neuem geboren werden, in dem Himmel, der kommen wird“, sagte Jesus.

Der neue Himmel oder die Entrückung? Sah ich in die Zukunft des neuen Himmels, der mit einer neuen Erde verbunden sein wird, wie Offenbarung 22 aufzeigt? Oder waren diese Seelen, die in den Himmel entrückt wurden, diejenigen, die nie gestorben waren? Sofort sah ich in einer Vision, wie der Himmel auf die Erde kommt, aber diese Vision spielte sich in meinem Kopf ab, nicht vor meinen Augen, so wie es war, als ich den Himmel mit Jesus gesehen hatte.

Du siehst meine Ausgießung über die Welt, flüsterte der Heilige Geist. *Wir offenbaren, was jetzt im Himmel geschieht, aber auf der Erde lange nach deiner Rückkehr zu sehen sein wird.*

„Und die, die du während des Sturms mitnimmst?“, fragte ich. Es kam mir seltsam vor, dass ich die Entrückung für wahr hielt, da mir das niemand gesagt hatte, aber wieder war es so, dass hier im Himmel die Erkenntnis von Jesus wie ein gewöhnlicher Gedanke kam.

„Ich zeige dir die von der Gottlosigkeit Unbefleckten, die über die Erde herrschen werden, und ich habe dir jene Vision gegeben, wie es sein wird, wenn ich die Erde neu gebären werde, Geliebter, aber du wirst es bald sehen“, sagte Jesus.

Es ist also wahr, dachte ich, *die Heiligen werden wie Henoch in den Himmel geleitet, und innerhalb einer Sekunde im Himmel wird die Trübsal enden. Und danach ... was? Habe ich etwas übersehen?*

„Geliebter“, sagte Jesus, „du siehst die, die ich im Himmel ersonnen habe.“

Ich hatte Artikel geschrieben und Lehren über die Erlösung vorgetragen, und ich weiß, dass es Fragen aufwirft, wenn ich sage, dass ich die Erlösung von Seelen gesehen habe, bevor sie geboren wurden. Haben diese Seelen schon vor ihrer Geburt gelebt? Habe ich in die Zukunft gesehen? Gibt es im Himmel eine Vorherbestimmung, die festlegt, wer gerettet wird und wer nicht?

Während ich diese Dinge im Himmel sah und die Antworten klar verstand, konnte mein Verstand sie nach meiner Rückkehr nicht vollständig erfassen. Ich werde deshalb versuchen zu erklären, was Gott mir im Himmel offenbart hat und was ich nach viel Gebet und Offenbarung empfangen habe.

Erstens: Wie in Jeremia 1,5 und durch meine eigene Erfahrung bestätigt wird, wusste Gott alles über uns, bevor wir geboren wurden, obwohl wir nicht in der Welt gelebt haben, bis Gott uns dort zur Geburt gebracht hat.

Zweitens erlebte ich im Himmel tatsächlich die Gegenwart – eine Gegenwart, die in der zukünftigen Welt noch nicht existierte. Wie ich von Jesus gelernt habe, existiert unsere Zukunft bereits in Gottes Vergangenheit, weil sie zuerst im Himmel geboren wird. Es ist so, wie der Apostel Petrus schrieb: *„... dass beim Herrn ein Tag ist wie tausend Jahre und tausend Jahre wie ein Tag“* (2. Petrus 3,8). Gott offenbarte mir dort im Himmel und vor meinen Augen eine Spanne von „tausend Jahren“, vom Ende der Zeiten bis zur Erschaffung der neuen Erde – und den genauen Tag, an dem sich der Sturm im Himmel über die Erde ergießen würde. Dieser Sturm würde mit einer Ausgießung von Gottes Heiligem Geist in der Welt beginnen. Danach würde Gottes Heiliger Geist aus der Welt weggenommen – und danach eine Zeit großer Qualen folgen.

Drittens wird in der Bibel zwar an mehreren Stellen auf die Prädestination verwiesen, aber der Schwerpunkt des Wortes Gottes legt Christus und die Erlösung durch Buße bzw. Umkehr und den Glauben an Christus ins Zentrum von Gottes Erschaffung der Menschheit. Stellen Sie sich das so vor, wie ich es im Himmel durch die Eingebung des Heiligen Geistes getan habe: Im Inneren der Auserwählten Gottes befindet sich der Südpol einer Art geistlichen Magneten. Der Heilige Geist stellt den Nordpol dieses Magneten dar. Gott hat jeden zur Rettung berufen, aber nur diejenigen, die sich der

Anziehungskraft des Heiligen Geistes nähern, werden sich mit Gott verbinden und gerettet werden.

„Diejenigen, die sich mir nähern, werden geheiligt werden", sagte Jesus in jenem Moment, als ich im Himmel war. „Und ich werde mich denen nähern, die sich mir nähern."

Diese Worte stimmten mit Gottes Wort überein, wie ich es im Himmel erkannt hatte und wie ich es nach meiner Rückkehr auf der Erde studierte. Als er diese Worte zu Beginn des Sturms zu mir sprach, wusste ich genau, was sie bedeuteten. Sehr viele Menschen streben nach Heiligkeit als Disziplin und scheitern. Aber diejenigen, die sich Gott nähern, werden durch ihn heilig gemacht, als Zustand des Herzens, und dies führt dazu, dass wir Gott in allen Dingen gefallen wollen.

„Heiligkeit ist also kein mentaler Zustand, sondern dass wir in deine Nähe kommen", sagte ich.

***

In diesem Moment blies der Wind Wasser vom Altar des Herrn. Flammende Engel flogen um den Altar herum. Ihr Körper war zum Teil in weißes Leinen gehüllt, das teilweise durchscheinende Oberkörper enthüllte, die orange, blau und grünlich waren. Ihre entblößten Arme und Beine waren kupferfarben. Ihre glühenden Gesichter und leuchtenden Augen blickten auf Gott. Was mir an ihnen am meisten auffiel, war, dass jeder von ihnen mit einer Stimme sang, die um ein Vielfaches kräftiger war als eine einzelne menschliche Stimme. Ihr Gesang explodierte förmlich wie Hunderte von Chören, als sie unisono sangen: „Heilig, heilig, heilig, ist der Herr, der allmächtige Gott. Kostbar ist sein Name. Gesegnet ist der Herr … Heilig, heilig, heilig …" – immer und immer wieder.

Was aus dem Altar geflossen war, sah aus wie ein in Brand geratenes Gasleck, nur dass die Flüssigkeit rein und kristallin war. Sie ergoss sich über mich, und obwohl ich in ihre brennenden Wasser eingetaucht war, machte sie mich nicht nass und verbrannten mich nicht. Irgendwie fühlte ich mich durch die Flammen ermutigt. Ich badete weiter in dem Wasser, während jemand rezitierte:

„Denn bei dir ist der Quell des Lebens; in deinem Licht sehen wir das Licht" (Psalm 36,10).

Ich glaube, es war mein Schutzengel, der neben mir stand und das Wort des Herrn sprach. Der Heilige Geist sprach als Nächstes und sagte:

Du bist in Heiligkeit gebadet, Geliebter, nicht aufgrund dessen, was du tust, sondern aufgrund dessen, wer du in mir bist.

Dann stand Jesus Nase an Nase neben mir und sagte: „Du bist mein und ich habe dich heilig gemacht, Geliebter. Denke nicht an Heiligkeit als jemand oder etwas anderes als meinen Geist. Wegen mir bist du heilig gemacht. Ohne mich kannst du keine Heiligkeit erlangen. Je näher du mir bist, desto mehr wirst du geheiligt werden."

Dann stieg der Vater von seinem Thron herab und erschien als ein unbeschreibliches Wesen vor mir – größer als alle meine Erkenntnisse zusammen, und herrlich anzusehen. Er erschien mir, als blickte ich in tausend Sonnen. Jesus und der Vater und der Heilige Geist mussten sich in dieser herrlichen Erscheinung vereinigt haben, das wusste ich. Der Vater proklamierte mit donnernder Stimme:

„Der Glaubensabfall hat begonnen."

Daraufhin saugte ein umgekehrter Tornado das Wasser, das auf die Erde geflossen war, durch die Öffnungen zurück auf den Altar, der überlief und das ihn umgebende Becken aus blauem Kristall füllte, das sich kilometerweit um den Thron herum erstreckte. Ich dachte immer wieder, dass es wie eine Eisbahn aussah, aber es gab Gestalten, die sich so sicher auf der Oberfläche bewegten, als würden sie auf einem festen Weg laufen.

„Was sehe ich da, Herr?", fragte ich.

Der Heilige Geist antwortete: *Meine Gegenwart wird vor den letzten Tagen von der Erde entfernt werden, und dann wird es keine Heiligkeit auf der Erde mehr geben, weil meine Heiligkeit in meinen Kindern und bei denen ist, die meine Wahrheit suchen.*

„Deine Heiligkeit kommt also aus der Hingabe an dich?", fragte ich. „Und das, was ich gesehen habe, warst du, der du deine Gegenwart vor den letzten sieben Jahren der Weltgeschichte von der Welt genommen hast?"

„Diejenigen, die mich ablehnen, haben kein Leben, und es bleibt kein Leben übrig", sagte Jesus.

„Herr, du bist so geduldig mit uns", sagte ich. „Die Welt kann ohne deine Liebe nicht überleben."

„Du hörst gut zu“, sagte Jesus.

„Ich schätze, nicht genug, denn ich habe an dir gezweifelt, bevor ich ins Krankenhaus gebracht wurde“, sagte ich.

Dann erinnerte ich mich daran, dass ich nicht mehr an meinen physischen Körper oder mein Gehirn gebunden war. Ich war von all meinen irdischen Sorgen befreit. Und ja, meine Fähigkeit, zuzuhören, hatte sich unermesslich verbessert.

Jesus gluckste. „Sieh mal da drüben“, sagte er und zeigte auf die andere Seite.

In der Ferne sah ich Jesus mit einer Gruppe von drei Personen beten, während er an meiner Seite blieb. Ich erkannte, dass Jesus und der Heilige Geist die ganze Zeit über als Einheit wirkten und nie aufhörten, im Himmel sowohl körperlich als auch im Geist anwesend zu sein. So unmöglich das auch erscheinen mag, im Himmel wurde alles sonnenklar. Sie fungierten als ein- und dieselben, weil sie Geist sind und der Vater Geist ist.

Deshalb nahmen meine geistlichen Augen sie, solange ich im Himmel verweilte, als eine einzige Person wahr.

Um die Fülle dieser Erkenntnis im Himmel zu erfahren, glaube ich, dass man von seinem Körper befreit sein muss. Meine geistlichen Augen konnten die Geistwesen genauso sehen, wie meine physischen Augen Körper sehen konnten. Aber in meinem Geistkörper erschienen mir der Vater, Jesus und der Heilige Geist als Eins, wobei jeder von ihnen einzigartige Facetten von sich selbst zeigte. Es war anders als jeder Vergleich, den ich auf der Erde anstellen kann.

„Es soll beginnen!“, sagte eine donnernde Stimme, von der ich nun erkannte, dass es die Proklamation des Vaters war. Oder war es die Stimme von Jesus?

„Ich spreche in Einheit mit dem Vater“, sagte Jesus.

Ich verstand, dass es keine Trennung zwischen ihnen gibt. Obwohl der Vater groß und majestätisch und Jesus menschlich wirkte, sprachen sie mit *einer* proklamierenden Stimme. Aber etwas fühlte sich nach dieser Proklamation aus dem Thronsaal Gottes anders an. Ich fühlte es, sah es und nahm es mit einer Empfindung auf, die ich auf der Erde nie gehabt hatte. Es war überwiegend ein Gefühl des inneren Wissens, ohne das Bedürfnis, es vollständig zu verstehen.

In dieser Welt nennt man dies „träges Wissen“. Es sind Informationen, die ein Mensch kennt, aber nicht völlig versteht. Ich konnte einige himmlische Wahrheiten erkennen, ohne vollkommen zu verstehen, was sie bedeuteten. Ich weiß zum Beispiel, dass Gott eindeutig als *ein* Wesen existiert, verstehe aber nicht, wie er an mehreren Orten sein konnte und dennoch die ganze Zeit, die ich im Himmel verbrachte, bei mir blieb. Gottes Allmacht offenbarte sich mir so, wie ich es brauchte, um ihn zu kennen, und wich dabei nie von meiner Seite.

„Weisheit“, sagte Jesus. „In der Welt kanntest du die Weisheit als etwas Flüchtiges, Geliebter. Hier wohnt die Weisheit in dir und ist mehr, als nur richtig und falsch unterscheiden zu können. Du nimmst meine Gedanken wahr.“

Dann spürte ich im Geist, wie der Wind vom Himmel auf die Erde herabkam und seine Wärme verbreitete. Es war die Ruhe vor dem größten Sturm in der gesamten Menschheitsgeschichte.

TEIL III

Die letzten Tage auf Erden

Kapitel 17

Die Trübsal

Als das Lamm das sechste Siegel öffnete, gab es ein gewaltiges Erdbeben. Die Sonne wurde schwarz wie ein Trauerkleid und der Mond rot wie Blut ...

Offenbarung 6,12 (HFA)

Jesus breitete seine Arme aus, um eine weitere Phase der Winde des Heiligen Geistes herbeizuführen. Ich spürte einen kühlen Luftzug, als der Geist Gottes auf die Welt herabdrang. Er strömte mit der sanften Ruhe eines Herbsttages vor einem Sturm herab. Dann produzierte der Wind einen tiefen Donnerschlag, der im ganzen Himmel widerhallte und sich mit einem wirbelnden, zischenden Geräusch vermischte.

Anstatt die Klarheit des Throns vor mir zu sehen, sah ich nun eine Heerschar von Engeln, die sich spiralförmig in einem Kreis drehten und die Kegelform eines Tornados bildeten. Irgendwie wusste ich, dass es sich bei dem Tornado um den Geist Jesu handelte, der spiralförmig vom Himmel herabkam, sodass die Engel buchstäblich vom Himmel in die neue Welt unten hinabsteigen konnten.

Das strahlende Licht, das ich vom Thron ausgehen sah, verblasste, und der Ort, in dem ich mich befand, wurde grau wie der Himmel an einem bewölkten Tag, aber es waren keine Wolken zu sehen, nur Schatten über dem Bereich, in dem die Engel flogen. Dann stiegen die Engel in Wellen hinab. Es erinnerte mich an eine Reihe von Fliegerbrigaden. Die erste Welle stürzte hinab, auf sie folgte eine weitere und noch eine, und so weiter.

„Es soll beginnen!“, proklamierte Gott.

Diesmal war seine Stimme nicht so donnernd, wie ich sie zuvor gehört hatte. Vielmehr war es ein leiser, trauriger Ton, der aber kein Stöhnen oder Jammern war. Da ich die Gedanken Jesu verstand, wusste ich, dass Gott ein Wort verkündete, das er lieber nicht verkünden wollte, so wie eine Beziehung zu einem geliebten Menschen enden muss, weil der andere verhärtet ist und seine Liebe verweigert. Es sah für mich aus wie die Verabschiedung von einer unerwiderten Liebe, aber in Gottes Proklamation klang eine Intensität des Verlustes mit, die ich unmöglich beschreiben kann – für immer, nie wieder zurückzugewinnen, für immer verloren. Auch ich trauerte, nachdem Gott verkündet hatte, was, wie ich später erfuhr, das endgültige Scheidungsurteil war.

Vor jeder Welle der „Engelsbrigaden" ertönten Engelstrompeten um den Thron. Sie klangen wie der „Zapfenstreich" bei einem Militärbegräbnis, nur prachtvoller. Die letzte Engelsbrigade stürzte sich nach dem siebten Blasen der Trompeten auf die Erde.

Aus dem Abgrund stieg eine schwarze Rauchwolke auf, aus der ein Schwarm bestialischer Engel hervortrat. Die Kreaturen ähnelten Hornissen, die aus ihrem Nest schwirrten, nur waren es dunkle Engel mit grässlichen, verkohlten Formen. Sie versammelten sich in Massen, zischten und schrien Dinge heraus, die ich nicht zu wiederholen wage, weil sie zu unanständig und unterirdisch waren. Später erfuhr ich, dass es sich bei einem der Engel um „Abaddon" handelte, der mit seinen langen, sehnigen Armen über die Menge der Gestalten hinwegflog und die anderen dazu brachte, es ihm gleichzutun. Aus ihren Krallen lösten sich graue Staubwolken, die auf die Erde fielen. Was dann auf der Erde folgte, konnte man nur als die rasselnden Geräusche des Todes beschreiben.

Nachdem die letzten Kriegerengel vom Himmel (wo ich Zeuge dieses epischen Ereignisses war) hinabgestürzt waren, ertönte eine einzelne Trompete. Der Heilige Geist sagte mir, dass sie von dem Engel Michael kam, der Israel zugeteilt worden war. Ich wusste sofort, dass Michael gerufen worden war, um mit Israel in die Schlacht zu ziehen. Ich konnte hören, wie Gott der Herr diese Worte verkündete:

„Ich habe den Schrei meiner Geliebten gehört, die mich zuerst geliebt haben, und derer, die durch das Feuer geläutert wurden. Sie sind die Stimmen meines verheißenen Volkes."

Erst nach meiner Rückkehr vom Himmel verstand ich die prophetische Erfüllung dieser Proklamation, als ich den Vers las: *„Und ich bringe den dritten Teil ins Feuer, läutere sie, wie man das Silber läutert, und prüfe sie, wie man das Gold prüft. Der wird meinen Namen anrufen, und ich werde ihm antworten, ich sage: Er ist mein Volk. Und er wird sagen: Der HERR ist mein Gott"* (Sacharja 13,9).

Dann kam zum ersten Mal im Himmel ein Engel direkt auf mich zu, nachdem Jesus ihn zu sich gewunken hatte. Er hatte keine Flügel auf dem Rücken und sein Gewand war scharlachrot, im Gegensatz zu den anderen Engeln, die in Weiß gekleidet waren. Er trug eine Schale aus Marmor oder einem ähnlichen Material.

Dann wurde mir klar, dass er gar kein Engel war. Es war Jesus, aber ein Engel hatte Jesus die leere Schale gereicht, weshalb ich die beiden verwechselt hatte. Vielleicht hatte der Engel die Schale mit dem, was wohl Blut war, über Jesu Gewand gegossen, indem er über Jesu Kopf hinweglangte. Dann reichte Jesus die Schale dem Engel zurück, der nun rechts von Jesus stand und seinen Kopf nach unten senkte, während er sich vor Jesus verneigte.

„Dreh deinen Kopf", sagte Jesus zu mir.

Ich wandte meinen Kopf von Jesus ab und schaute nach unten, um die schrecklichsten Dinge auf der Erde zu sehen. Zum ersten Mal verlor ich meinen Frieden im Himmel, als ich die Szenen unter mir sah. Ich sah, wie sich das Fleisch der Menschen ablöste und die Skelettmuskeln von Horden von Menschen zum Vorschein kamen, die von schwelenden Gebäudeteilen umgeben waren. Ich sah, wie die Mägen der Menschen vor Hunger aufgedunsen waren. Diejenigen, die zu Jesus schrien, wurden von scharfäugigen Marodeuren in zerfledderter Militärkleidung enthauptet.

Fische, Wale und andere Meeresbewohner trieben in den abgestorbenen Ozeanen. Die Dämonen, wie die, die ich gesehen hatte, als ich in den Himmel aufstieg, labten sich jetzt an den Seelen derer, die herumliefen, wie wenn ein Tierrudel seine Beute verschlingt.

„Oh Gott, nimm meine Augen von dem hier weg!", rief ich. „Das kannst nicht du sein. Oh Herr!", weinte ich. „Wie konnte das passieren?"

„Geliebter, fürchte dich nicht", sagte Jesus, „ich bin nicht gekommen, um zu zerstören, sondern um zu retten. Alles, was böse ist, soll ausgelöscht werden, um die Erlösten vor seinem Einfluss zu bewahren. Die Gerechtigkeit kann nicht mit der Ungerechtigkeit zusammenbleiben, sonst würde alles unrein werden. Nur die Vollkommenheit wird bleiben, wenn ich die Welt erlöst habe. Was du siehst, ist das, was sie ohne mich sind. Es steht geschrieben: *„Denn es ist nichts verdeckt, was nicht aufgedeckt, und nichts verborgen, was nicht erkannt werden wird"* (Matthäus 10,26 b).

Nachdem Jesus diese Wahrheit ausgesprochen hatte, hatte ich eine friedliche Gewissheit, dass er alles getan hatte, um die Verlorenen zu retten. Es gab keine Gnade mehr auf Erden. Gott hatte den Verlorenen jede Chance geboten, sich Jesus zuzuwenden. Am Ende werden Satan und seine Schergen die Welt verwüsten. Der einzige Rest an Gutem werden die von Christus vergossenen Tränen sein.

Ich sah auch den Überrest der Gläubigen, die *„als dem Herrn"* (Kolosser 3,23) lebten, aber im Geist ausharrten, wie es in den Zeiten des Alten Testaments war – durch ein inneres Wissen, das durch die Propheten und das Wort bestätigt wurde.

So viel habe ich dir gesagt, flüsterte der Heilige Geist. *Diejenigen, die du siehst und auf denen mein Licht leuchtet, sind mit einer besonderen Salbung ausgestattet, um die Prüfungen der großen Trübsal zu ertragen, eine Gabe.*

„Eine Gabe?", fragte ich.

Dann sprach der Heilige Geist hörbar zu mir und Jesus ebenfalls.

„Sie haben die Gabe der Märtyrer, deren Blut für uns vergossen wurde, und groß wird ihr Lohn sein. Sie lieben das Wort und kennen das Wort, wie nur die Verfolgten unser Wort kennen. Ihnen wird Schönheit für Asche gegeben werden, wie unser geliebter Jesaja, der am Thron steht, gesagt hat."

Meine Aufmerksamkeit wurde auf eine Gestalt am Thron gelenkt, deren langer Bart mir am meisten auffiel. Jesus stand hinter Jesaja und erklärte:

„Heute, wo ihr diese Worte hört, hat sich die Voraussage des Propheten erfüllt.[1] So werden die Propheten der Endzeit die Erfüllung meines Kommens gesehen haben und verherrlicht und in den Himmel aufgenommen werden, und die Ungerechten werden sterben, damit mein Wort erfüllt wird."

[1] Jesus in Lukas 4,21 (HFA).

Sofort dachte ich, wie richtig es war, dass Jesus sein zweites Kommen hinter dem Propheten offenbarte, der sein erstes Kommen angekündigt hatte. Trotz des Schreckens über das, was ich sah, blieb ein Friede bestehen. Ich spürte nicht so sehr das Gericht Gottes, sondern vielmehr die Ernte dessen, was die Bewohner der Welt gesät hatten. Jesus machte es so einfach, seine Gnade zu empfangen, doch die Welt glaubte meist an ihre eigene Rechtfertigung.

Verstehe, dass das, was du siehst, nicht das Wort ist, flüsterte der Heilige Geist. *Was du siehst, zeugt vom Wort. Gib niemals dein Zeugnis als gleichwertig mit dem Wort aus. Sprich von dem, was du siehst, als Bestätigung der Wahrheit, die durch das Wort bezeugt wird.*

Implizit wusste ich, dass die Bibel das Wort war, dass das Wort für sich allein stand und dass nichts, was ich erlebte, seiner Wahrheit etwas hinzufügen oder von ihr wegnehmen würde. Im Himmel hatte sich das Wort in meine Seele eingeprägt, ich hatte es verinnerlicht, auch wenn ich nach meiner Rückkehr ins irdische Leben manchmal Mühe hatte, mir seine Wahrheit einzuprägen.

Sofort spürte ich, wie der Heilige Geist seine Gegenwart über mich wehen ließ. Der Wind bildete nun eine kuschelige Decke um mich herum und ich schlief irgendwie, während ich wach war.

Geliebter, flüsterte der Heilige Geist, *du siehst, wie wir sehen, und du siehst das, was bereits verkündet wurde, und du fühlst, wie wir fühlen.*

„Das Leiden ist nicht von mir“, sagte Jesus. „Diejenigen, die du siehst, haben alles bekommen, was sie brauchten, um mich kennenzulernen, aber sie haben mich abgelehnt, und so habe ich sie sich selbst und denen, die sie anbeten, überlassen.“

Folgende Worte hallten in meinem Geist wider:

> *Der große Drache ist niemand anders als der Teufel oder Satan, die listige Schlange, die schon immer die ganze Welt verführt hat. Er wurde mit allen seinen Engeln aus dem Himmel auf die Erde hinuntergestürzt* (Offenbarung 12,9).

„Deine Gerichte“, sagte ich. „Sind das deine Gerichte – die Schalen, von denen Johannes in der Offenbarung schrieb?“

„Gerichte?“, fragte Jesus.

Warum stellte Jesus mir diese Frage? Warum stellte er diese Frage und gab mir keine Antwort? Ich überlegte, den Heiligen Geist um die Antwort zu bitten, da mein Verstand durch den Schrecken dessen, was ich sah, aufgewühlt war. Dann blies der Heilige Geist ein beruhigendes Elixier in mein rechtes Ohr, um meinen Geist zu beruhigen. Ich kannte die Antwort: Das Gericht Gottes wird durch den Verlust der Liebe vollzogen. Ohne Liebe bricht die Hölle los. Gott hatte seine Gegenwart aus der Welt weggenommen, ebenso wie seinen Schutz. Es blieb nichts anderes übrig, als Recht zu sprechen, denn für die Menschen gab es keinen Vermittler mehr.

„Diejenigen, die in der Hölle sind, beschuldigen dich nicht, oder? Sie wissen, was sie verdient haben und was gerecht ist. Sie verstehen die Gerechtigkeit in der Hölle, so wie wir hier deine Gnade verstehen", sagte ich zu Jesus. Wenn Sie es seltsam finden, dass ich das sagte, sollten Sie wissen, dass die ganze Zeit über die Weisheit mir diese Erkenntnisse gab.

Jesus nickte.

Jahre später interviewte ich viele Menschen, die gestorben und in die Hölle gegangen waren, bevor sie zurückkehrten. Jeder von ihnen sagte auf die eine oder andere Weise etwas in der Art von: „Ich verdiente es, dort zu sein, und ich habe mein Schicksal akzeptiert." Es erstaunt mich, dass jeder in der Hölle, der Christus verleugnet hat, weiß, was Gerechtigkeit ist.

Dies steht im Gegensatz zu denen, die Jesus als ihren Herrn kennen, weil sie die wahre Gnade kennen.

„Du hast deine Gegenwart weggenommen, nachdem du sie eine Zeit lang mit deiner Herrlichkeit überschüttet hast", sagte ich.

Dann erblickte ich eine herrliche Erscheinung wie das Nordlicht, nur dass ihre glühenden Strahlen viel lebhafter waren und verschiedene Farben aufwiesen. Diese Strahlen vermischten sich miteinander wie Hunderte von verschiedenfarbigen Strömen, die sich kreuzten, bevor sie sich blut-orange färbten. Feuer tobte durch diese fließenden Lichter, die so ungeheuer brillant waren, dass ich sie kaum mit meinen geistlichen Augen betrachten konnte.

„Es soll beginnen!", brüllte eine Stimme vom Thron.

Über diesen Lichtern schwebte Jesus, der in Weiß getaucht war. Seine Hand war angehoben und nach oben gedreht, um die Narben in seiner Handwurzel zu zeigen. Dann drehte er seine Hand mit der Handfläche nach unten, und ein starker Wind blies Feuer und Licht, das auf die Welt unter ihm zu strömen begann.

„Wie es am Anfang war, so wird es auch am Ende sein", erklärte Jesus.

Der Heilige Geist erklärte mir, dass Jesus kurz vor den Gerichten die Herrlichkeit Gottes auf der Erde freigesetzt hatte, damit Gott noch einmal alle retten konnte, die gerettet werden wollten. In einer Vision zeigte er mir unten Menschen, die tanzten, den Kranken die Hände auflegten und Lobpreisungen ausriefen, sowie Menschen, die sich in Ehrfurcht vor Gott niederwarfen.

Im Geist fragte ich mich, warum die Reihenfolge der Ereignisse, deren Zeuge ich wurde, nicht mit der Reihenfolge übereinzustimmen schien, die ich für die Welt erwartet hatte. Ich fragte mich: *Warum sollte Gott die Reihenfolge der Endzeitereignisse umkehren? Oder war mein Verständnis verzerrt, da es im Himmel keine Zeit gibt und Gottes Proklamationen nur durch Inspiration und nicht durch bloßes Verstehen übersetzt werden können?* Ich hatte gerade miterlebt, wie die Gerichte auf die Erde losgelassen wurden, weil die Gnade fehlte. Jetzt sah ich, wie Gottes Herrlichkeit auf der Erde freigesetzt wurde. Wurde die Herrlichkeit Gottes nicht *vor* dem Jüngsten Gericht freigelassen?

Wie siehst du die Dinge im Spiegel?, fragte der Heilige Geist.

„Verkehrt herum", antwortete ich.

„Ach, Geliebter", sagte Jesus, „du siehst die Dinge, wie sie jetzt im Himmel sind, aber auf der Erde wirst du sie umgekehrt erleben."

Dann erinnerte ich mich: *„Denn jetzt sehen wir nur schwach in einem Spiegel, dann aber von Angesicht zu Angesicht; jetzt erkenne ich teilweise, dann aber werde ich ganz erkennen, wie auch ich ganz erkannt worden bin"* (1. Korinther 13,12). Damit war die Frage für mich immer noch nicht beantwortet, aber mein Geist kannte die Antwort.

Als ich nach meiner Wiederbelebung in diese Welt zurückkehrte, blieb die Antwort aus, so seltsam das auch erscheinen mag. Es scheint mir, dass Gott mich mit bestimmten Dingen verwirrt hat, die auf der Erde erscheinen würden, Dinge, die ich zuerst im Himmel gesehen hatte. Doch nach viel Gebet, während ich diesen Bericht schrieb, sprach der Heilige Geist erneut zu mir, um Ihnen die Antwort erklären zu können. Er sagte:

Was du im Himmel gesehen hast, war die Reihenfolge des Gerichts. Das Gericht muss vor der Barmherzigkeit ergehen, sonst wäre die Barmherzigkeit sinnlos. Die Welt stand immer unter dem Gericht, aber die Barmherzigkeit und Gnade des Messias hat die Gerechten vom Gericht befreit, sodass niemand, der durch die Gerechtigkeit Christi gedeckt ist, die Strafe der Sünde erleiden muss. Im Himmel hast du unsere Herrlichkeit gesehen, die die Gerechten und die Ungerechten betraf, aber sie kam nach dem gerechten Urteil dessen, der heilig ist. Das ist Gnade: das zu vergeben, was bereits als Schuld befunden wurde.

Aha – mein Geist verstand nun, was der Heilige Geist mir sagte, so wie es auch im Himmel gewesen war. Im Himmel war ich Zeuge des Gerichts, das auf der Erde vollzogen werden würde. Es folgte die Herrlichkeit Gottes, aber auf der Erde würde dies umgekehrt sein. Gottes Barmherzigkeit würde wieder auf der Erde herrschen. Sein Geist würde sich auf der Erde als eine letzte Chance für die Menschheit manifestieren. Ich wusste, dass die größte Erweckung in der Geschichte der Menschheit entweder der Trübsal vorausgehen oder mitten in ihr stattfinden würde; aber Gottes Gericht und auch seine Barmherzigkeit waren bereits beschlossen worden.

Was wir auf der Erde sehen werden, ist ein Spiegelbild dessen, was im Himmel bereits beschlossen worden ist. In seiner Barmherzigkeit wird Gott seine Herrlichkeit ein letztes Mal auf der Erde freisetzen, bevor sie von der Welt weggenommen wird. Sobald das geschehen ist, wird Gottes Schutz über die Menschheit auf der Erde nicht mehr vorhanden sein. Niemals in der Geschichte der Menschheit war Gottes Gegenwart auf der Welt abwesend gewesen– bis zur Trübsal.

„Sag ihnen, sie sollen sich auf mich ausrichten, nicht auf die Welt“, sagte Jesus. „Der Geist versteht, was der Verstand nicht begreifen kann.“

Nachdem ich dies verstanden hatte, dachte ich an den Himmel zurück. Wir Menschen neigen dazu, uns auf die Endzeit als eine Art Unterhaltung zu konzentrieren, aber jeder Mensch lebt in seiner eigenen Endzeit. Der Himmel lenkte meine Aufmerksamkeit auf das Eintauchen in Gottes Gegenwart als das Einzige, was zählte. Ich war wieder dort, im Himmel, und der Heilige Geist sprach zu mir, während mein Körper und mein Gehirn leblos auf einem Krankenhausbett lagen.

Eine Zeit lang haben wir unsere Herrlichkeit auf die Erde gebracht, flüsterte der Heilige Geist.

Ich wusste, dass der Heilige Geist, wenn er in der Vergangenheitsform sprach, sich auf das bezog, was bereits im Himmel, aber noch nicht auf der Erde aufgerichtet worden war, und deshalb erwartete ich, dass die Herrlichkeit noch kommen würde.

So seltsam das auch erscheinen mag, versuchen Sie sich einmal etwas vorzustellen, das Sie in der Welt bauen, zum Beispiel ein Mobilheim. Sobald es fertig ist, transportieren Sie es an seinen Bestimmungsort.

Der Himmel ist das, was ich „die Produktionsstätte" nenne. Und diese Welt hier ist „der Ort, wo die himmlische Schöpfung hingebracht wird". Alles im Himmel ist ewig; aber in der Welt verdirbt die Sünde Gottes Schöpfungen, so wie Rost und Schimmel neue Bauten zerfressen. Das erklärt, wie Gottes Paradies auf Erden besudelt wurde und wie die ersten Menschen, die geschaffen wurden, um für immer mit Gott im Paradies zu leben, unter den schwächenden Auswirkungen der Sünde litten – und unter denen die gesamte Menschheit in der Folgezeit über Jahrhunderte hinweg gelitten hat.

***

Im Himmel erschien mir nun Jesus, gekleidet in ein Gewand, das weißer war als Schnee. Die Atmosphäre um den Himmel herum klarte auf, und überall im Himmel funkelte es nun in leuchtenden Farben. Ich blickte auf den Altar Gottes, der vor einem Hintergrund aus herrlich leuchtenden Steinen stand. Plötzlich erschien die Gottheit vor meinen Augen. Der Vater, Jesus und der Heilige Geist standen schwach umrissen da, nicht als überragende Gestalten, sondern als das Abbild von Menschen, nur viel prächtiger.

Ihre Gesichtszüge verschmolzen miteinander und sie waren in Licht gehüllt. Sie lächelten mich mit einer so tiefen und leidenschaftlichen Liebe an, dass ich dasselbe empfand wie damals, als ich bei meiner ersten Begegnung mit Jesus vor Ehrfurcht und Dankbarkeit auf die Knie sank. Ich betete Gott mit jeder Faser meines Wesens an. Ich wagte nicht zu sprechen, denn das wäre im Vergleich zu der Ehrfurcht, die ich jetzt empfand, belanglos gewesen. Sobald ich mich wieder gefangen hatte, begann ich zu sprechen, wie jemand, der von Weisheit, Erkenntnis und absoluter Dankbarkeit berauscht ist.

„Deine Liebe ist vollkommen“, sagte ich. „Ich kenne die Liebe nur, weil du mich zuerst geliebt hast.“

Später erfuhr ich, dass ich 1. Johannes 4,18-19 wiedergegeben hatte. Im Himmel wurde ich an Gottes Wort erinnert, sodass ich die Antwort auf alle meine Fragen wusste, da die Kenntnis von Gottes Wort es mir ermöglicht, Gott vollständig zu erkennen. Ich beantwortete meine eigene Frage über Gottes Gericht:

„Dein Gericht im Leben eines Menschen rührt von der Abwesenheit deiner Liebe in ihm her“, sagte ich.

Bei diesen Worten prägte Gott eine Vision in meinen Geist ein, in der ein loderndes Feuer auf eine Person niederprasselte. Über dieser Person war ein Schild, der die brennenden Flammen ablenkte. Ich wusste, dass die ganze Zeit über und bevor Gott seine Gegenwart zur Zeit der Trübsal entfernen würde, seine Liebe die Welt vor dem Gericht schützte. Aber die Ablehnung von Gottes Liebe durch die Menschen in der Welt wird dazu führen, dass der „Schild der Liebe“ entfernt wird. Deshalb wurden sie von den Flammen des Gerichts verschlungen. Sie wandten sich hasserfüllt gegeneinander, weil sie nicht den geringsten Anschein von wahrer Liebe hatten.

Gerechtigkeit wird denen zuteil, die die Wahrheit verleugnen, weil sie sich der Lüge hingegeben haben, und es gibt keine Sündenvergebung ohne Wahrheit. Ich wusste insgeheim, dass Lügen immer durch die Wahrheit entlarvt werden und dass die Konsequenzen des Lügens immer folgen, nachdem diese Lügen entlarvt worden sind. Das ist das Gericht. Das ist die Konsequenz der Sünde, dass man nicht durch das vergossene Blut Jesu, des Messias, gedeckt ist. Ohne die Vergebung Jesu muss das Gericht vollstreckt werden, um wiederherzustellen, was rechtmäßig ist. Nachdem ich zu dieser Erkenntnis gekommen war, empfand ich tiefe Dankbarkeit gegenüber Jesus, Gott, *Elyon* (hebräisch für „Gott, der Höchste“). Er hätte sich nicht für mich oder für Sie opfern müssen – außer aus Liebe.

Dann erinnerte ich mich an die Flammen um den Thron, die diejenigen, die durch sie hindurchgingen, nicht verbrannten. Das lag daran, dass sie in der Kraft von Gottes Liebe lebten, sodass Gottes

Gericht für sie nicht tödlich war. Ich wusste, dass diese Flammen Leben und nicht Zerstörung brachten. Die brennenden Flammen der Liebe Gottes sind intensiv – wie die Flammen, welche die Sonne ausstößt –, aber diese Flammen brachten denjenigen, die vom Blut Jesu bedeckt waren, Erleichterung. Diejenigen, die in Gerechtigkeit gebadet waren, freuten sich, als wären sie an eine Stromquelle angeschlossen. Sie wurden durch den Gott Jesu Christi geistlich und verstandesmäßig gestärkt, belebt und erleuchtet.

Diejenigen, die nicht in sein gerechtes Blut gehüllt waren, verbrannten in der Welt, was an ihren Geschwüren und ihrer verfärbten Haut zu erkennen war. Die Flammen verzehrten sie inmitten der schwelenden Ödnis der Welt. Und die Dinge, die *nicht* von Gott waren, wie Hass, Rache, Unversöhnlichkeit und Neid, fraßen sich durch sie hindurch wie Krebsgeschwüre.

***

„Gut gemacht“, sprach die Stimme der Drei nun unisono zu mir. „Du siehst nicht mit deinen eigenen Augen, sondern mit den meinen. Sprich nicht über das, was du siehst, bis ich dich zum Sprechen berufe. Vorerst sollst du in dem, was du gelernt hast, wachsen, aber ich werde dir das geben, was du brauchst, um die Aufgabe zu erfüllen, die ich für dich bestimmt habe.“

„Wenn mein Wort zu denen, die nach meinem Bild geschaffen sind, die Wahrheit spricht“, fuhren sie fort, „dann sprechen sie mit Liebe, Wahrheit und Weisheit. Ohne mein Wort gibt es keine Wahrheit. Mein Wort ist, wer ICH BIN, denn es war so, dass mein Wort Fleisch geworden ist, und mein Wort ist Liebe, und niemand kennt die Liebe, wenn er mich nicht kennt,. Ohne Liebe gibt es Hass, und ohne Wahrheit gibt es Lügen, und ohne Leben gibt es den Tod, und ohne den Weg gibt es Verwirrung.“

„Ja!“, rief ich. „So wie du durch Johannes gesagt hast: *Du bist der Weg und die Wahrheit und das Leben, und niemand kommt zu dir, es sei denn durch Jesus*“ (s. Johannes 14,6).

Daraufhin begann der ganze Himmel zu jubeln. Ich glaube, das lag daran, dass jedes Mal, wenn eine Person in der Welt (oder, was mich angeht, jemand, der in die Welt zurückkehrt) eine gedankliche Erleuchtung hat, dies eine neue Offenbarung hervorbringt. Es gibt einen Jubel, der im Thronsaal beginnt und sich auf den ganzen Himmel überträgt.

Wenn ich nun versuchen sollte, den Jubel im Himmel zu beschreiben, in den die scheinbar Milliarden Menschen, die diesen Ort bewohnen, einstimmten, wären die Worte lächerlich blass im Vergleich zu dem, was mein Geist sah, hörte und fühlte. Im Himmel hören wir nämlich nicht nur Gottes Wort, sondern wir leben es auch. Sein Wort erfüllt uns mit Freude und uneingeschränktem Dank. Im Himmel erkennen wir die Fülle der Offenbarung Gottes. Und die Umkehr bzw. Offenbarung eines einzigen Menschen in der Welt bringt den ganzen Himmel zum Jubeln.

Aber der Sturm – ich erinnerte mich an die Ernsthaftigkeit des Sturms und an die Geburt neuer Seelen durch die Ausgießung des Heiligen Geistes und an die Gerichte, die durch die Abwesenheit der Liebe verursacht werden. In der Ferne konnte ich etwas sehen, das wie Blitze aussah, die vom Thron ausgingen, mit Stichflammen, die in einem schwarzen Raum loderten. Ich konnte mit meinen Augen sehen, wie der Wind an einem weit entfernten Ort gegen den Raum des Nichts stieß. Jenseits der Leere waren nur die Blitze zu sehen. Es war ein riesiger Kontrast – Licht gegen die Finsternis.

Eine ambossförmige Wolke schwebte über der Finsternis, begann sich aber aufzulösen, als der funkelnde Regen von oben wie Sterne glitzerte und in der Schwärze verschwand. Die Szene war mit nichts auf der Welt vergleichbar. Ich spürte in meinem Geist, dass in der Schwärze kein Leben mehr war, und doch schien sie einmal eine Form gehabt zu haben. Die sich zuvor auftürmende Wolkenmasse, die auf die Finsternis niederregnete, verwandelte sich schließlich in einen hauchdünnen Dunst und verblasste.

***

„Es soll beginnen!“, brüllte eine Stimme der dreieinigen Gestalt Gottes aus dem Thronsaal.

Ich bemerkte, dass der Altar aus meinem Blickfeld verschwunden war. An seiner Stelle erschien ein gewundener Weg, der einen langen Abhang hinunterführte. Am unteren Ende dieses Weges befand sich eine Reihe von Treppen, die sich Stufe für Stufe bildeten. Der Weg drang nicht die Weite des Himmels vor, sondern schien in die Welt hinabzuführen.

Mein Blick richtete sich auf Jesus, der aus dem dreieinigen Gott hervortrat und begann, nach unten zu gehen. Während er schritt, folgte ihm eine Schar von Cherubim-Engeln. Einer führte ein weißes Pferd neben Jesus, der auf das muskulöse Tier stieg, das mit einem goldenen Sattel mit drei goldenen, gedrehten Schnüren und scharlachroten Quasten auf jeder Seite geschmückt war. Er hatte eine mit Gold und Rot verzierte Armbrust und trug eine Königskrone, die mit mehreren Juwelen besetzt war. Sein wallendes weißes Haar und sein Bart passten zu dem strahlenden Weiß seines Gewandes.

Dann ertönten Trompeten und Jesus stieg auf seinem Pferd vom Himmel herab in den irdischen Himmel darunter. Ich konnte Jesus und die Engel aus den Wolken auftauchen sehen, die sich vor einem blauen Himmel abzeichneten. Jesus erschien königlich auf seinem Pferd, umgeben von Zehntausenden von Engeln, welche Streitwagen fuhren. Die Menschen unten sahen hoch. Einige verneigten sich vor Jesus. Andere schrien bittere, vernichtende Schreie, und einige riefen Worte wie: „Noch nicht!" „Geh weg!" „Schau uns nicht an!"

Gott offenbarte mir die Welt da unten durch eine Art Fernrohr. Was ich sah, begann mit einem Blick auf die runde Erde, der sich durch konzentrische Kreise schnell hinab bewegte, bis ich Menschenmassen in einem großen Stadion versammelt sah. Die Menschen im Stadion, die nicht in das gerechte Blut Jesu gehüllt waren, verbrannten durch das Licht des Himmels. Sie schrien alle Arten von Schimpfwörtern. Ich habe in meinem ganzen Leben noch keinen solchen Hass auf Gott erlebt. Ihre Abneigung gegen Jesus zeigte sich in ihren spöttischen Hohnreden.

Ich sah Dämonen um sie herum. Einige hatten Gesichter mit hervortretenden Augen und dazu schlängelnde Körper mit Klauenfüßen, aber keinen Schwanz. Einer drehte sein Reptiliengesicht zur Seite und ein attraktives Gesicht kam zum Vorschein. Der Dämon hatte schwarzes oder dunkelbraunes Haar, hellbraune Augen, eine perfekt geformte Nase, volle Lippen und hohe Wangen. Als er einen Schritt machte, schlängelte sich sein Körper nicht mehr, sondern sah aus wie ein durchtrainiertes männliches Model in lässiger Designerkleidung. Nun blickte seine leuchtende Gestalt zu Jesus auf und rief diese Worte:

„Du hast mir den Himmel verweigert und jetzt verweigerst du mir die Erde! Verflucht sei deine Schöpfung aus Fleisch, und gib mir wenigstens sie!"

Diejenigen, die sich unten vor Jesus und seinen Heeren verneigten, wurden in Gottes Licht getaucht. Die meisten von ihnen weinten vor Freude, während sie flach auf dem Boden lagen, wobei sie sogar versuchten, im Lobpreis ihre Arme zu erheben. Die Spucke der Schlange landete auf denen, die Jesus verfluchten, aber die Ohren derer, die sich vor Jesus verneigten, schienen nichts anderes zu hören als die Lobgesänge der Engel, die die herrliche Gestalt Jesu umgaben. Unser Herr sah jetzt majestätisch aus mit seinem langen, wallenden weißen Haar. Er glich der Gestalt, die ich als Vater auf dem Thron gesehen hatte, nur war er mindestens zehnmal so groß wie zuvor und unbeschreiblich wunderbar.

Der ganze Himmel und die Erde bebten, als Jesus diese Worte aussprach: „Es ist vollbracht."

Bei diesen Worten wurden die Schlange und diejenigen, die Gott verflucht hatten, in das schwarze Loch gesaugt. An der Basis des schwarzen Lochs erschienen Flammen, die brannten, aber nicht töteten. Sie quälten diejenigen, die von den Flammen verschlungen wurden. Diese Flammen standen in diametralem Gegensatz zu den beruhigenden Flammen, die ich um den Thron Gottes gesehen hatte.

Ich wusste, wie alle im Himmel, dass die Flammen der Hölle ewig brennen und diejenigen verzehren, die dort sind, aber nicht mit dem Tod, denn der Tod wäre willkommen. Diese Flammen verzehren alle, die Gott verfluchen, als ständige Erinnerung an ihre bösen Taten. Der Heilige Geist erklärte, dass alle, die im Feuer sind, sich aus sich selbst gerechtfertigt fühlen und keine Reue empfinden. Sie verabscheuen Gott mit ihren Beleidigungen und wiederholen die Worte der Dämonen um sie herum, die sich an ihnen als Beute laben.

Fürchte dich nicht, flüsterte mir der Heilige Geist zu, *denn diejenigen, die den Namen Jahwes anrufen, werden mit lebenspendendem Feuer geläutert werden. Aber diejenigen, die seine Auferstehung leugnen, sind bereits durch das Feuer der Wahrheit gestorben, weil sie die Wahrheit abgelehnt haben.*

Diese Feuer verbrannten die Erde. Jesus rief diejenigen, die sich vor ihm verneigten, dazu auf, sich über die Feuer zu erheben, und so erhoben sie sich in einen Raum zwischen Himmel und Erde. Danach erstreckte sich der wachsende Weg, den ich zuvor gesehen hatte, vom Himmel nach unten. Dabei begann eine neue Erde Gestalt anzunehmen. Dies geschah in der gleichen Reihenfolge, in der Gott das Leben auf der ersten Erde hervorgerufen hatte, wie im 1. Buch Mose beschrieben. Ihre Geburt kam aus einer Schwärze hervor, als würde ein vierdimensionales Gemälde des Paradieses aus einer schwarzen Leinwand auftauchen.

Auf diese Weise begann das Ende der Wiederkunft Christi. Er sah mich an. Ich weinte. In diesem Moment blieb mir nur ein einziger Gedanke: *Warum habe ich mir jemals Sorgen um die Zukunft gemacht*? Gott hat den Thron nie verlassen, so wie er auch uns nie verlässt.

Kapitel 18

Die neue Erde

Und ich sah einen neuen Himmel und eine neue Erde; denn der erste Himmel und die erste Erde waren vergangen, und das Meer ist nicht mehr.
Und ich sah die heilige Stadt, das neue Jerusalem, aus dem Himmel von Gott herabkommen, bereitet wie eine für ihren Mann geschmückte Braut.
Und ich hörte eine laute Stimme vom Thron her sagen: Siehe, das Zelt Gottes bei den Menschen! Und er wird bei ihnen wohnen, und sie werden seine Völker sein, und Gott selbst wird bei ihnen sein, ihr Gott.

Offenbarung 21,1-3

Licht breitete sich vom Thron her aus. Ein atemberaubender, wolkenloser Himmel entstand. Meere erstreckten sich unter dem Himmel und teilten sich, um Landmassen zu bilden, die mit allen Arten von wunderbar bunter Flora sprossten. Die Bäume waren mit Früchten geschmückt, das Gras war grüner als grün, und die Sträucher ließen üppig Blüten hervorkommen. Das Licht kam nicht aus der Galaxie des Universums – es schien direkt von Gott oben.

Es sah aus, als würden sich die Planeten in Einklang bewegen, und riesige Staubpartikel wehten vom Himmel. Die neue Erde war größer als mehrere Planeten zusammengenommen. Fische aller Art schwammen und Vögel flogen, und alle konnten von ihrem eigenen Lebensraum zu anderen überwechseln. Der Himmel vereinte sich mit einer neuen Erde.

Sieh mal, flüsterte der Heilige Geist, als er meine Aufmerksamkeit auf den Himmel lenkte.

Durch die Dunkelheit hindurch und weit in der Ferne tauchte ein herrlicher Wasserfall auf, der im Himmel lebendiges Wasser hervorsprudelte, über den Himmel sprang und in die Welt darunter strömte. Aus dem lebendigen Wasser trat nun etwas Neues hervor.

Sofort kam mir der Gedanke in den Sinn: Gott erschafft ein Meisterwerk auf seiner leeren Leinwand.

Im Handumdrehen bewegte ich mich im Wind nach unten und ließ mich auf dem Boden nieder.

Ich habe dich zu dem gebracht, was neu gemacht worden ist, flüsterte der Heilige Geist.

Ich fand mich in einer Wiese aus weichem Gras wieder, die sich kilometerweit erstreckte, weiter als meine Augen sehen konnten. In dieser Wiese standen unzählige Menschen, die auf goldenen Pfaden wandelten, aber nicht zu mir sprechen konnten; auch ich konnte nicht zu ihnen sprechen. Stattdessen sprach der Heilige Geist für sie.

Sie sind diejenigen, die nicht gestorben sind, flüsterte der Heilige Geist.

Ah, ich dachte (oder wusste), dass dazu Henoch und Elia gehörten, die nicht gestorben waren, und die, die durch das, was wir als Entrückung bezeichnen, in den Himmel aufgenommen wurden.

Ich wusste, dass sie aufgenommen worden sein mussten, bevor die Engel auf die Welt herabstiegen bzw. bevor der Schild der Gerechtigkeit hochgehalten worden war. Denn sie waren bereits vor der endgültigen Verkündigung des Gerichts im Himmel erschienen. Aber diese Menschen schienen zu warten, wie Leute, die ihre Zeit außerhalb eines Konzerts genießen, bevor sie in den Saal gelassen werden – nur dass ich spürte, dass die Tore des Himmels gerade dabei waren, sich für eine viel größere Show zu öffnen.

„Dreh dich um", sagte Jesus, der neben mir stand.

Als ich mich umdrehte, sah ich die Tore des Himmels hinter dem Ort, an dem ich stand. Es waren zwölf, und sie waren mit Edelsteinen geschmückt, die goldene und silberne Fassaden zierten, und alle öffneten sich nach außen. Jesus führte mich und andere, die hinter mir standen, durch die Tore in ein üppiges Paradies, das mit allem natürlichen Luxus gefüllt war, den man sich vorstellen kann.

Es gab warme Teiche und Tiere jeder Art, die in Harmonie miteinander herumtollten. Ich sah sanfte Hügel, Berge und große Gewässer voller Fische, die man mit bloßem Auge sehen konnte. Engel alberten mit Menschen herum, und viele sangen Freudenlieder. Ich könnte immer weiter fortfahren und beschreiben, was man normalerweise dem Paradies zuschreiben würde – aber das hier war noch viel besser.

Jesus ging von mir weg und begann, einen kleinen Hügel zu erklimmen. Er stand auf dem Hügel und alle schauten hinauf, in Erwartung dessen, was er sagen würde.

„Meine geliebte Braut, willkommen zu unserem Hochzeitsfest."

Tausende oder Millionen von Tischen standen vor uns. Ausgelassenheit erfüllte die Luft, während die Engel fröhliche Lieder sangen. Vor unseren Augen türmten sich Berge von köstlichen Speisen aller Art, um jeden Hunger und Durst zu stillen. Vor lauter Speisen und Getränken konnte ich nicht einmal die Tischplatte sehen, bis auf die Stellen, an denen man seine Speisen auf kristallenen Tellern abstellen oder aus silbernen Bechern trinken konnte. Dann dämmerte mir, dass ich zum ersten Mal im Himmel Hunger hatte – aber war ich wirklich im Himmel? Tausende, wenn nicht Millionen bewegten sich in der Menge, während andere auf königlich aussehenden Thronsesseln mit roten und goldenen Kissen saßen.

„Gesegnet sind die, die jetzt am Hochzeitsmahl des Lammes teilnehmen", rief ein Engel, der links von Jesus stand, der nun am Kopfende einer der Tische saß. Er war hell und bunt gekleidet. Auf dem mit gelber Spitze bedeckten Tisch standen übernatürlich elegante, asymmetrische Blumen-Arrangements. „Das ein Jahr dauernde Fest soll beginnen."

Willkommen auf der neuen Erde, Geliebter, flüsterte der Heilige Geist, *denn nun hat sich der Himmel mit der Erde verreint und alles neu gemacht.*

„Träume ich das, Herr?"

Nein, flüsterte der Heilige Geist, *du bist in dem, was im Himmel schon feststeht, aber auf der Erde noch kommen wird. Teile nicht mit, was du gesehen hast, bis zur festgesetzten Stunde, wenn ich das Blut und das Feuer aus dem Heiligtum regnen lasse.*

Wie werde ich das erkennen?, flüsterte ich in Gedanken.

Wenn der Himmel stürmt, Geliebter, antwortete der Heilige Geist. „Wenn der Himmel stürmt?“, fragte ich laut.

Schau auf den Ort über der Erde, antwortete der Heilige Geist. *Erkenne die Zeichen. Das Wort spricht von dem, was kommen soll, und die Himmel verkünden Gottes Herrlichkeit.*

„Siehst du mein Heiligtum, Geliebter?“, fragte Jesus, während ich mit ihm auf der neuen Erde unterwegs war.

Tatsächlich erschien der Tempel, den ich im Himmel nur schwach wahrgenommen hatte, jetzt in Sichtweite und nicht mehr als 30 Meter von dem Ort entfernt, an dem ich inmitten des Paradieses auf dieser neuen Erde stand. Er hatte mehrere Ebenen aus Stein, Holz und Edelsteinen und einen offenen Eingang aus goldenen Pforten, der zu einem langen Hof mit Böden aus rotem, weißem und blauem Marmor führte, die wiederum von Palmen gesäumt waren. In die holzgetäfelten Wände waren Figuren geschnitzt. Als ich durch die breiten Gänge schritt, konnte ich Kirsch- und Eichenholz riechen. In der inneren Kammer erblickte ich hoch aufragende Kristallwände. Der Altar, den ich im Himmel gesehen hatte, war verschwunden. Die Gegenwart Gottes wurde mir durch die schiere Herrlichkeit bewusst, die den Tempel und die neue Erde erfüllte.

Aber wo ist der Vater?, dachte ich.

Die Heiligung ist an diesen Ort gekommen, flüsterte der Heilige Geist. *Siehst du ihn nicht, wie du Jesus siehst und wie du mich kennst?*

Stimmt, dachte ich. Ich nahm die Gegenwart des Vaters ebenso real wahr wie die Stimme des Heiligen Geistes und die Erscheinung Jesu.

Die Verordnungen des Himmels waren in der Mitte des Tempelplatzes versiegelt worden, in einem Buch, das auf einem Marmortisch lag. Vier Engel standen an jeder der vier Seiten des Tisches, um das Buch des Lebens zu bewachen. Ich sah keine Menschen im Tempel. Vielleicht lag es daran, dass sie draußen speisten. Aber die Engel liefen in den oberen und unteren Stockwerken umher, als würden sie Wache halten. Wovor schützten sie? Es gab doch keine Dämonen, und alles war auf dieser neuen Erde geheiligt worden, sodass nichts die Heiligkeit des Tempels beeinträchtigen konnte.

„Ah, Geliebter“, sagte Jesus, der nun neben mir stand. „Der irdische Tempel war der Ort, an dem meine Offenbarung empfangen werden sollte, aber hier ist nichts vor meinen Heiligen verborgen. Bist du nicht immer noch der Tempel meines Geistes? Warum stellst du also die Gegenwart des Vaters in dir und in diesem Tempel in Frage? Du solltest doch wissen, dass mein Wille auf dieser Erde vollständig umgesetzt worden ist. Du wünscht dir, den Vater zu sehen, dann suche nicht weiter. Ich, der jetzt bei dir ist, bin ER“ (s. Johannes 4,26).

Ach so, dachte ich. Der Vater stand neben mir, nicht in der grandiosen Erscheinung, die ich im Himmel gesehen hatte. Vielmehr erschien er leibhaftig in einem Körper, der so greifbar war wie der meine. Ich kann sein Gesicht und seine Gestalt nicht vollständig beschreiben, da sein Antlitz sich fast einer Erklärung entzog. Es wäre so, als wollte man die Verkörperung der Vollkommenheit beschreiben, umgeben von der strahlenden Herrlichkeit Gottes, die seine Erscheinung, welche größer ist als das Leben selbst, verbarg. Seine Haut sah immer noch genauso braun aus wie damals, als Jesus mir im Himmel erschien, aber sein wuscheliges Haar war rein weiß, und seine zuvor aquamarinfarbenen Augen leuchteten mit der Intensität der Sonne und der Sanftheit eines wohlig warmen Nachmittags. Als ich einen Blick auf seine Füße warf, sah ich, dass die Feuer des Himmels sie mit einer kastanienbraunen Farbe überzogen hatten, die immer noch glühte. Gott hatte seine Herrlichkeit vom Himmel auf die Erde gebracht, in Gestalt und Wirkung, denn sein Licht erleuchtete die ganze neue Erde.

Irgendwann hinterfragte ich, ob er wirklich der Vater war, und dachte, vielleicht ist er ja Jesus. Diese Gestalt wirkte königlich, und doch warm – mit Worten nicht zu beschreiben. In seiner Gegenwart konnte ich nur an eines denken: *Das ist also der Vater, nach dem ich mich immer gesehnt habe, persönlich und mächtig, zärtlich und stark*. Er liebte mich so unendlich, dass ich es nicht fassen konnte.

Dann stand eindeutig Jesus, derjenige, der mir vertraut war, an meiner Seite und umarmte mich fest. Er schien in einer Art Symbiose durch den Vater gegangen zu sein, was ich bis heute nicht angemessen beschreiben kann. Nichts jemals Geschaffenes kommt ihrem harmonischen Wesen auch nur annähernd nahe.

Ich fragte: „Aber warum ist der Tempel hier und die Herrlichkeit hier so stark, Herr? Und was machen die Engel?"

„Geliebter", antwortete Jesus, „ich hatte das geschriebene Wort versiegelt. Jetzt versiegele ich die Worte, die zu meinen Geliebten gesprochen worden sind. Alles, was du jetzt hörst, kommt direkt von mir. Und dieser Tempel wird nicht von meinen Engeln bewacht. Er wird von ihnen verehrt, weil er meine Briefe an die enthält, die ich in meinem Reich am meisten schätze."

Dann ging es mir auf. Die Engel respektierten jeden von uns, der Christus als seinen Herrn und Erlöser angenommen hatte. Die Engel konnten Gott nur *ablehnen*, aber die Menschen, die nach Gottes Ebenbild geschaffen sind, wurden dazu geschaffen, Gott *anzunehmen*. Ich erinnerte mich nun an Gottes Wort: *„Denn wenn ihre Verwerfung die Versöhnung der Welt ist, was wird die Annahme anderes sein als Leben aus den Toten?"* (Römer 11,15).

„Wir, nicht die Engel, waren deine Botschafter in der Welt", sagte ich und erinnerte mich an die Heilige Schrift: *„Es gibt keine größere Ehre"* (vgl. 2. Korinther 5,20; Johannes 15,13).

„Und so", sagte Jesus, „ehre ich dich und alle meine Heiligen in diesem Tempel, denn an diesem Ort habe ich meine Gerechtigkeit errichtet, und in deinem Herzen hast du meine Gerechtigkeit angenommen. Du bist durch mich gerecht geworden."

Ich hörte eine himmlische Version von Psalm 24,3-5, die von den Engeln im Tempel gesungen wurde:

Wer darf hinaufsteigen auf den Berg des HERRN
und wer darf stehen an seiner heiligen Stätte?
Wer unschuldige Hände und ein reines Herz hat,
er, der seine Seele nicht auf Falsches gerichtet
und nicht zum Betrug geschworen hat.
Er wird Segen empfangen vom HERRN
und Gerechtigkeit von dem Gott seines Heils.

„Gelobt sei der Herr, der höchste Gott", rief ein Engel.

Und dann fielen alle Stimmen im Tempel in die Worte des Engels ein. Wieder wurde mir klar, dass der Tempel nicht nur Gottes Gegenwart repräsentierte, sondern dass Gottes Gegenwart auch den Tempel heilig machte, und dass die Herrlichkeit Gottes jedes seiner geliebten Kinder heilig machte. Hier, befreit von unseren irdischen Körpern, erkennen wir die Fülle der Heiligkeit Gottes, um die Heiligkeit auf der neuen Erde zu erfahren, wie sie im Himmel ist.

„Das war das Gebet, das du deinen Jüngern mit auf den Weg gegeben hast, Herr: ‚Dein Wille geschehe auf Erden wie im Himmel', und dieser Ort ist die Erfüllung dieses Gebets", sagte ich (s. Matthäus 6,9-13).

Jesus lächelte – oh, dieses wunderbare Lächeln, so freundlich und wissend und bestätigend. Ich habe dieses Lächeln nach meiner Rückkehr so sehr vermisst, und ich vermisse dieses Lächeln so sehr, während ich diesen Bericht schreibe. Aber kennen Sie die gute Nachricht? Gerade als ich an Jesu Lächeln dachte und daran, wie sehr ich es vermisst habe, schenkte er mir eine Vision seines Lächelns, sogar während ich hier im Büro sitze und dies schreibe. Das nenne ich Liebe.

Danke dafür, mein Herr", sagte ich und lächelte zurück.

***

Als ich im Tempel war, sagte ich zu Jesus: „Du hast gesagt, dass ich zurückkehre, aber mein physisches Gehirn auf der Erde könnte unmöglich mitteilen, was ich an diesem Ort oder an dem Ort davor gesehen habe …"

Jesus nahm sofort meine Hand und führte mich aus dem Tempel hinaus. Dann, im Garten außerhalb des Tempels, legte Jesus seine rechte Hand über meine Augen, während der Heilige Geist in meinen Brustkorb blies. Als Jesus seine Hand von meinen Augen wegnahm, fand ich mich über einem der Portale schwebend wieder, die ich zuvor gesehen hatte. Als Nächstes sah ich Jesu Antlitz vor mir. Seine Augenlider hingen herab. seine Augen waren niedergeschlagen und seine schrägen Augenbrauen stoppten meine Gefühle der Freude.

Er trat zurück und streckte seine Arme nach mir aus, und ich bewegte mich nach vorne, um seine Hände zu ergreifen, aber dann hatte ich das Gefühl, ich solle seine Hände nicht berühren. Stattdessen schaute ich auf seine Hände hinunter und sah wieder die Narben an seinen Handwurzeln.

„Fürchte dich nicht, mein Kind, denn zu gegebener Zeit werde ich dir meinen Zeitplan offenbaren. Dies war unsere Zeit, und ich werde deine Schritte lenken. Denk an den Schmetterling.“

Jesus schwang seine rechte Hand in die Luft und formte mit seinem Arm einen Kreis. Eine Vielzahl von Schmetterlingen flatterte über meinem Kopf, jeder in einer anderen Farbenvielfalt. Einer ließ sich auf meiner rechten Schulter nieder. Ich stand ganz still und atmete den süßen Duft von Gardenien ein. Als ich meine Augen schloss, sah ich statt der Dunkelheit das Licht Jesu in verschiedenen Weiß- und Blautönen.

„Was siehst du?“, fragte Jesus.

„Ich sehe dich, nehme ich an. Ich sehe nicht deine Gestalt; ich sehe nur dein Licht.“

„Du siehst mein Licht inmitten der Dunkelheit, Geliebter. Du sollst wissen, dass keine Finsternis gegen dich bestehen kann, denn ich bin immer bei dir.“

Ich öffnete meine Augen und sah den Schmetterling, der auf meiner Schulter saß. Er wedelte sanft mit seinen Flügeln vor meinen Augen. Er blieb so lange dort, bis ich meine Hand nach ihm ausstreckte und er sich auf meinen Fingern niederließ, und dann verwandelte er sich in funkelnden Staub, der durch meine Haut zu dringen schien und eine Wärme von meiner Hand zu meiner Brust, meinem Kopf und schließlich zu meinen Füßen schickte.

Die Weisheit würde mir tatsächlich die Gewissheit geben, was richtig ist und was zu tun sein würde.

„Geliebter, die Wahrheit wird dein Führer sein. Meine Gerechtigkeit soll dein Beschützer sein. Mein Wort soll dir Trost spenden. Der Glaube an mich wird dein Denken bewahren. Und der Sieg soll durch meinen Geist errungen werden. Fürchte dich nicht.“

Ich fing an zu weinen und meine Brust hob sich, als ich die Tränen aus meinen Augen wischte.

„Oh Gott … versprich mir, dass ich zurückkommen werde, bitte.“

Er nickte. „Ganz sicher werde ich an jenem Tag sagen: ‚Gut gemacht, mein guter und treuer Diener.‘ Ich werde dich nie verlassen.“

„Lass … mich … nicht … los“, schluchzte ich.

„Niemals“, antwortete er.

Dann trat er vor und umarmte mich so fest und gleichzeitig so sanft, wie es nur Jesus tun konnte. Schließlich ließ er mich frei und wich zurück. Ich hörte die Engel um mich herum singen, während ein Chor ein Lied sang, das ich nicht kannte und das doch so bezaubernd war:

Bleib bei mir, Herr! Der Abend bricht herein.
Es kommt die Nacht, die Finsternis fällt ein.
Wo fänd ich Trost, wärst du mein Gott nicht hier?
Hilf dem, der hilflos ist: Herr, bleib bei mir![1]

Zuerst dachte ich, es sei seltsam, dass Engel diesen Text singen, aber er war schön, tröstlich und herrlich in seiner Gesamtheit. Was ich hörte, klang traurig und sehnsüchtig; es war sehr schön und mit einer Bestimmung gesungen, als ein andächtiges Ersuchen an meinen Geist.

Erinnere dich, Geliebter, flüsterte der Heilige Geist, *ich gehe mit dir, wohin du auch gehst, und ich bin derjenige, der dich immer tröstet. Vertraue mir.*

Ich konnte die Stimme Jesu durch den Heiligen Geist hören – er machte ein Psssst-Geräusch, ähnlich einem statischen Geräusch, das sowohl hörbar als auch ein Gefühl war, aber ohne Worte. In diesem Moment spürte ich, dass ich einen Tunnel hinunterglitt, der sich anfühlte, als wäre ich auf einer Rutschbahn. Je weiter ich mich vom Himmel entfernte, desto mehr Angst bekam ich, da ich wusste, wohin es ging. Nie zuvor hatte ich eine solche Trennung gespürt. Meine wahre Heimat lag hinter mir.

[1] Text: Theodor Werner 1952 nach dem englischen „Abide with me“ von Henry Francis Lyte 1847; Melodie: William Henry Monk 1861.

Kapitel 19

Die Rückkehr

Ihr sollt vor allem wissen, dass in den letzten Tagen Spötter kommen werden, die ihren Spott treiben, ihren eigenen Begierden nachgehen und sagen: Wo bleibt die Verheißung seines Kommens? Denn nachdem die Väter entschlafen sind, bleibt es alles, wie es von Anfang der Schöpfung gewesen ist.

2. Petrus 3,3-4 LUT

Ich konnte das Pssssst des rauschenden Wassers nicht länger hören. Jesus sprach nur noch durch den Heiliger Geist, in dem Sinne, dass ich ein inneres Wissen in meinem Herzen hatte. Als ich langsam wieder in meinen Körper rutschte, nahm ich Schmerzen, üble Gerüche und ein Gefühl wahr, als wäre ich zu einem wiederkehrenden Albtraum aufgewacht. Eine neue Bedrücktheit und ein neuer Schmerz in meiner Brust standen im krassen Gegensatz zu dem Gefühl, das mein Körper in der Gegenwart Jesu gehabt hatte.

„Mr. Kay, können Sie mich hören?“, sagte eine Frauenstimme.

Als ich die Augen öffnete, hörte ich, wie ein Ehepaar in perfekter Harmonie ein Gebetslied sang:

Bleib bei mir, Herr! Der Abend bricht herein.
Es kommt die Nacht, die Finsternis fällt ein.
Wo fänd ich Trost, wärst du mein Gott nicht hier?
Hilf dem, der hilflos ist: Herr, bleib bei mir!

Wie bald verebbt der Tag, das Leben weicht,
die Lust verglimmt, der Erdenruhm verbleicht;

umringt von Fall und Wandel leben wir.
Unwandelbar bist du: Herr, bleib bei mir!

Ich brauch zu jeder Stund dein Nahesein,
denn des Versuchers Macht brichst du allein.
Wer hilft mir sonst, wenn ich den Halt verlier?
In Licht und Dunkelheit, Herr, bleib bei mir!

Von deiner Hand geführt, fürcht ich kein Leid,
kein Unglück, keiner Trübsal Bitterkeit.
Was ist der Tod, bist du mir Schild und Zier?
Den Stachel nimmst du ihm: Herr, bleib bei mir!

Halt mir dein Kreuz vor, wenn mein Auge bricht;
im Todesdunkel bleibe du mein Licht.
Es tagt, die Schatten fliehn, ich geh zu dir.
Im Leben und im Tod, Herr, bleib bei mir!

Sie kennen dieses Lied vielleicht unter dem Titel „Bleib bei mir, Herr." Erst Jahre später erinnerte mich der Heilige Geist an alle Verse dieses Liedes. Was mir sofort auffiel, als ich wie eine schlaffe Marionette mit an mir festgeschnallten Schläuchen und Drähten in dem Krankenhausbett lag, war, dass die beiden genau das Lied sangen, das in den Kammern des Himmels kurz vor meiner Wiederbelebung widerhallte.

Laut dem Monitor lag mein Körper dreißig Minuten und neunundvierzig Sekunden lang tot da. Niemand weiß, wie lange ich bewusstlos war, aber die roten Blutkörperchen waren bereits gesunken und hatten sich in verschiedenen Teilen meines Körpers gesammelt, was die Steifheit einer beginnenden Totenstarre verursachte.

Mein benebeltes Gehirn konnte die Ironie nicht begreifen, dass die Engel im Himmel genau dasselbe Lied sangen wie das Paar, das an meinem Bett stand. Später verstand ich, dass das Gebetslied dieses Paares in den Thronsaal Gottes gebracht wurde, als die beiden für meine Rückkehr beteten. Und dasselbe Lied wurde im Himmel als Antwort auf das Gebet angestimmt.

Wochenlang konnte ich nicht ohne Hilfe gehen. Meine Lunge, mein Herz und mein Gefäßsystem waren geschädigt, und eine kleine Blutung in meinem Gehirn hielt tagelang an. Langsam begann ich mit der Physiotherapie, während ich darüber nachdachte, dass *Tote normalerweise nicht zurückkehren.*

Aber nach meiner Rückkehr und während der Zeit, in der meine Sprache undeutlich war und ich mich nicht gut bewegen konnte, verwirrte mich der Kontrast zwischen dem himmlischen Ort und dem beunruhigenden Ort, in dem ich mich nun auf der Erde befand. Ich fragte mich: „Warum? Warum nur?“

Ich konnte immer noch die schwachen, aber süßen Düfte des Himmels riechen, die in scharfem Kontrast zu den Krankenhausdesinfektionsmitteln in meinem Zimmer standen. Wenn der Himmel von Gottes Herrlichkeit erzählt, dann erzählte dieser Ort sicherlich von der Niedrigkeit des Menschen. Aber zumindest wusste ich, dass ich nicht mehr an der Souveränität Gottes, seiner Güte und seiner unnachgiebigen Liebe zweifeln konnte. Ich konnte nicht zur Toilette gehen, aber ich konnte in der Erinnerung schwelgen, wie Jesus und ich über Bergkuppen und Täler geglitten waren, so leicht wie das Wasser, das durch sie floss.

Ich erinnerte mich an den Schmetterling. Minute für Minute würde ich meiner Bestimmung folgen. Für den Moment bedeutete das, dass ich anderen ein Lächeln schenkte, während ich versuchte, wieder zu gehen und die Schmerzen der Genesung zu überwinden. Als meine Frau mich nach meiner überwältigenden Erfahrung zum ersten Mal traf, sagte ich mit unterdrückter Begeisterung zu ihr: „Ich habe Jesus getroffen.“

Weiter konnte ich nichts sagen, ohne dass mir die Tränen über die Wangen liefen. Außerdem konnte ich das, was geschehen war, nicht angemessen erklären. Was folgte, war eine Veränderung meiner Einstellung und meines Einfühlungsvermögens gegenüber anderen. Ich konnte, wie nie zuvor, fühlen, was andere Menschen fühlten.

Da ich während eines Großteils meiner beruflichen Laufbahn Menschen in der Unternehmenswelt schulte, hatte ich zweimal an einer „Beurteilung der vielseitigen Fähigkeiten“ teilgenommen, um meinen Grad an Empathie für andere zu bestimmen. Dies geschah, bevor ich mit Jesus den Himmel besuchte. Meine Ergebnisse lagen im unteren Bereich des Durchschnitts, was bedeutete, dass es mir während meines VH-Lebens (vor dem Himmel) an Einfühlungsvermögen mangelte. Monate nach meiner Genesung habe ich denselben validierten Test mehrmals durchgeführt. Jetzt lag ich im oberen Bereich des Spektrums, was bedeutet, dass mein Einfühlungsvermögen nach dem Himmel exponentiell zugenommen hatte – zusammen mit meinem Glauben.

Gott hatte mir den Stempel seiner Liebe für andere eingepflanzt. Ich sah die Menschen nun auf eine ähnliche Weise, wie ich sie durch meinen Geist im Himmel gesehen hatte. Jetzt konnte ich ihr Wesen sehen, nicht nur ihre äußere Erscheinung. Das machte mich jedoch nicht zu einem „erleuchteten" Menschen. Mein unvollkommenes Gehirn filterte das Leben immer noch mehr durch meine programmierten grauen Zellen als durch meinen von Christus beherrschten Geist.

Aber immer – immer – blieb die Erinnerung bestehen, dass ich einmal durch den Sinn Christi zu geistlichem Denken befreit worden war. Der Apostel Paulus schrieb Dinge, die mich oft daran erinnerten, wer ich bin und wer jedes einzelne Kind Gottes wirklich ist. Wir sind verwaiste Geister in einer physischen Welt.

Die Genesung bedeutete einen wochenlangen Aufenthalt im Krankenhaus. Eines Tages rief mich meine neue Chefin bei Johnson & Johnson an, die nichts von meinem schwächlichen Zustand ahnte. Sie sagte: „Könnten Sie nächste Woche zu einem Chirurgenkongress nach New York City fliegen? Wir würden Sie gerne allen vorstellen. Sie freuen sich schon darauf, Sie kennenzulernen." Sie sprach mit einem enthusiastischen britischen Akzent, ganz im Gegensatz zu meiner geschwächten Stimme.

In Anbetracht meines Zustands lehnte ich höflich ab. Aber mehr als einen Monat später begann ich zu reisen. Renee begleitete mich auf einigen dieser Reisen für den Fall, dass ich einen Rückfall erleiden würde. Meine erste Reise allein ging nach Seattle, Washington. Ich humpelte noch und musste alle paar Schritte stehenbleiben, um mein Gepäck hinzustellen und nach Luft zu schnappen. Als mich der Vertreter für dieses Gebiet in den Operationssaal des Krankenhauses führte, um einen Herz-Kreislauf-Fall zu beobachten, überlegte ich, ob ich nach einem Stuhl zu fragen sollte. Ich machte mir Sorgen, dass ich unmöglich vier Stunden lang stehen könnte. Stattdessen machte ich Pausen auf dem Flur und schaute aus dem Fenster in den wolkenverhangenen blauen Himmel und dachte dabei: *Herr, das ist so schwierig und ich brauche deine Kraft so dringend.*

Wenn ich zurückblicke, frage ich mich, wie ich die anstrengenden, stundenlangen Reisen quer durch das Land und ins Ausland überstanden habe. Die Antwort hätte auf der Hand liegen müssen. Gott war stark in meiner Schwäche. Auf einem Flug nach Dallas, Texas, wo ich an einer minimal-invasiven Schulung für Herz- und Gefäßchirurgen teilnehmen sollte, musste ich mich viele Male übergeben. Stellen Sie sich vor, wie ich aus meinem Flugzeugsitz stürmte, weil mein Magen darauf bestand, dass ich als Erster in der Schlange stehe, um nicht das Gegrillte des letzten Abends mit denjenigen teilen zu müssen, die geduldig in der Schlange vor der Toilette warteten. Das passierte mindestens ein Dutzend Mal. Nach einem sehr langen Tag, an dem ich in Dallas Chirurgen geschult und bei geplanten kardiovaskulären Fällen assistiert hatte, ging meine Übelkeit in extreme Müdigkeit über.

Ich musste noch einen Flug nach Sacramento in Kalifornien erwischen, um morgens um 6 Uhr bei einer Herz-OP zu helfen. Der Chirurg praktizierte das Verfahren unserer Firma zum allerersten Mal an einem Patienten. Gott sei Dank verlief der Fall erfolgreich, bevor ich einen weiteren Flug zu einer anderen chirurgischen Fortbildung in Los Angeles antreten musste. Dieses Mal verlor ich während einer Migräne vorübergehend mein Augenlicht. Wiederum, Gott sei Dank, haben wir keinen einzigen Patienten verloren, trotz einer Reihe komplexer Fälle, darunter Patienten, die nur noch eine kurze Lebenserwartung hatten.

Ich habe bei jedem Fall gebetet. Die surrealen Momente, in denen ich das entblößte Herz eines Patienten sah, ließen mich über Gottes wunderbarste Schöpfung staunen. Der Himmel verließ mich nie, und selbst die kleinsten Details erschienen mir jetzt so tiefgründig.

Das ging mehrere Jahre lang so, während ich im Hinterkopf wusste, dass die beschädigten Klappen in meinem gesamten Kreislaufsystem zu einem Herzstillstand führen könnten – zum Tod. Aber diese Möglichkeit hat mich nicht wirklich beunruhigt, weil ich mein endgültiges Ziel kannte. Dennoch sagten mir meine Ärzte, ich solle meinen Job aufgeben, sonst könnte ich (wieder) sterben. Ich nannte das eine „Win-Win"-Situation, auch wenn meine Familie das vielleicht nicht so sah.

Jeden Abend, wenn ich nicht zu Hause war, schrieb ich meine Erfahrungen auf und untermauerte sie mit der Heiligen Schrift. Ich suchte in der Bibel nach Widersprüchen, fand aber keine. Zu keinem Zeitpunkt hatte ich die Absicht, meine Erlebnisse öffentlich zu machen. Meine Erfahrung im Himmel gehörte mir allein – so dachte ich zumindest. Außerdem, wer würde so etwas Verblüffendes glauben, das nicht einmal ich mit meinem physischen Gehirn vollständig erklären konnte – selbst wenn mein geistlicher Verstand im Himmel die Bedeutung hinter jedem Detail kannte?

Dennoch blieben diese Erinnerungen an den Himmel in meinem Gedächtnis so lebendig, dass ich mich sogar noch Jahre später an die kleinsten Details des Himmels erinnern konnte, ganz im Gegensatz dazu, dass ich oft meine irdischen Erfahrungen vergaß, die nur wenige Tage zuvor passiert waren. Eine wichtige Lektion für mich ist, dass der geistliche Verstand das Himmlische speichert. Aber die irdischen Erfahrungen gehen, wenn sie durch das Gehirn gefiltert werden, im Gewebe des Gehirns zwischen den Synapsen, gespeicherten Erinnerungen und Interpretationen verloren.

Der Geist jedoch speichert alles, was von Christus ist, und erinnert sich für immer an himmlische Erfahrungen. Die Erinnerungen und zahlreichen Empfindungen, die ich im Himmel erlebte, übertrugen sich irgendwie in meinen Körper als das Wissen, dass der Himmel realer ist als diese Welt.

Als ich in meinen Körper zurückkehrte und die ganze Verdorbenheit dieser Welt erneut erlebte, wurde mir klar, dass ich jetzt völlig anders war. Der Himmel fühlte sich wie mein Zuhause an. Diese Welt fühlte sich an, als wäre ich in ein muffiges, von Ratten verseuchtes Haus zurückgekehrt. Dennoch empfand ich ein Mitgefühl für die Kinder Gottes und eine neue Wertschätzung für alles Lebendige. Das kannte ich vor dem Himmel nicht. Das Klischee, „innezuhalten und an den Rosen zu riechen", trug in mir Früchte, als ich den Anblick, die Gerüche und die Empfindsamkeit aller Schöpfungen Gottes in mich aufnahm.

In meinem Geist spürte ich den Missbrauch, der die Ursache dafür war, dass jemand andere missbrauchte, was mich weniger verurteilend machte. Ich spürte das überwältigende Bedürfnis der Menschen nach Gott, einschließlich meines eigenen, was mich veranlasste, unaufhörlich zu beten. Und ich befand mich in ständigen Gesprächen mit dem Heiligen Geist – selbst über die banalsten Dinge.

Was soll ich heute tun?, fragte ich den Heiligen Geist in Gedanken.

Siehst du die Person dort drüben, Geliebter?, flüsterte der Heilige Geist meiner Seele zu.

Ja, ich sehe sie, und ich soll für sie beten, nicht wahr?, fragte ich.

Ja, sie kennt mich nicht, flüsterte der Heilige Geist. *Bete im Stillen, dass sie ihre Aufmerksamkeit auf mich richtet.*

Nachdem ich gebetet hatte, konnte ich eine Veränderung in der Person wahrnehmen. Nicht physisch – ich nahm es in meinem Geist wahr. Mehr als einmal zeigte die Miene der Person sogar so etwas wie ein Lächeln oder einen neugierigen Blick. Manche Menschen sahen mich an, als wüssten sie intuitiv, dass ich irgendwie eine Veränderung ausgelöst hatte. Jedes Mal, wenn dies geschah, erinnerte ich mich an die Veränderung im Himmel, die ich gespürt hatte, wenn Menschen beteten.

Als ich im Himmel war, konnte ich Gebete sehen, die von der Erde in den Himmel geschickt wurden. Sie lösten ein übernatürliches Wirken Gottes aus, das vom Thron Gottes ausging wie Wellen von Proklamationen, die in übernatürlichen Farben herausflossen. Auf der Erde fühlten sich Gebete für mich nun wie ein innerer Erleuchtungsblitz an. Ein Beispiel dafür ist, wie wir auf die inspirierende Musik von Mozart, die Poesie von Robert Browning oder den *le soufflé createur* (französisch für „schöpferische Inspiration“) von Monets Kunstwerken reagieren, wenn sie die Seele berühren.

Wir können uns in dieser Welt so sehr an das Auge der Kamera gewöhnen, dass wir die Feinheiten dessen übersehen, was die Linse unseres eigenen Blickwinkels nicht erfasst. Wir sehen das Gesehene, aber nicht das Ungesehene, und doch ist beides gleichermaßen real. Ich vermute, dass Sünde und Leid einem Menschen das antun können, aber der Himmel verändert unsere Perspektive.

Ich musste mich mit den Folgen meiner gesundheitlichen Krise auseinandersetzen, etwa mit der Art und Weise, wie sich mein Blut in meinem Kreislaufsystem sammelte, mit den Klappen, die durch Blutgerinnsel beschädigt worden waren, oder mit den Auswirkungen einer

Sepsis, die meine Organe beschädigt hatte.[1] Aber keines dieser Leiden konnte mit dem Schmerz mithalten, in einer Welt zu leben, die Gott weitgehend entfremdet ist.

Nach meiner Rückkehr in diese Welt hatte ich zunächst das Gefühl, dass ich mehr im Himmel als auf der Erde lebte. Ich fühlte mich wie ein Fremder in dieser Welt und vermied so viele weltliche Erfahrungen wie möglich. Ich betrachtete sie als triviale Störungen meiner intimen Zeit mit Gott.

Gleichzeitig spürte ich die Liebe zu den anderen tiefer als je zuvor.

Allmählich verblasste die Frische der himmlischen Vertrautheit mit Gott und wich der rauen Natur dieser Welt. Wieder einmal spürte ich, wie sich die giftige Infektion der Welt in meiner Seele festsetzte. Ich wurde wieder mehr Fleisch und Blut und weniger geistlich gesinnt. Ich versuchte, die himmlischen Eindrücke festzuhalten, spürte aber, wie sie mir entglitten. Die lebhaften Erinnerungen dienten weniger dazu, mich zu trösten, als dass sie mich an das erinnerten, was ich verloren hatte.

Was mir jedoch noch im Gedächtnis blieb, war ein Teil meiner Erfahrung, der sich nicht erklären ließ. Ich wusste, dass meine himmlischen Erlebnisse mit Jesus, als wir im Paradies reisten, mir eindeutig eine Hilfe waren, aber dieser Sturm bedeutete etwas ganz anderes. Der Sturm signalisierte etwas Prophetisches, das in der Endzeit auf der Erde etabliert werden würde.

Ich erinnerte mich auch an das, was der Heilige Geist zu mir gesagt hatte, nämlich dass ich ein Signal erhielte, wenn die Zeit gekommen sei, die Bedeutung des Sturms mitzuteilen. Trotzdem hatte ich nicht vor, meine Erfahrungen im Himmel mit anderen zu teilen, außer mit einer Handvoll Menschen, die mir am nächsten standen.

Vor allem sehnte ich mich danach, Jesus wieder so zu erleben, wie ich ihn im Himmel erlebt hatte. Und genau wie der gnädige Gott, den ich im Himmel erlebt hatte, sollte Jesus sich mir noch einmal auf der Erde offenbaren.

[1] Ich erlitt eine Sepsis durch den Methicillin-resistenten Staphylococcus aureus oder (MRSA), ein potenziell tödliches Bakterium.

Kapitel 20

Mein Wiedersehen mit Jesus in Tahoe

Jesus spricht zu ihr: Habe ich dir nicht gesagt, wenn du glaubtest, so würdest du die Herrlichkeit Gottes sehen?"

Johannes 11,40

Ich bat den Heiligen Geist, mir doch in etwa die Bedeutung des Sturms zu erklären, aber er blieb immer merkwürdig schweigsam zu diesem Thema. Ein Ereignis sollte das jedoch ändern. Ich schloss mich einer Expedition zum Lake Tahoe mit einigen Männern aus meiner Gemeinde an, um dort eine Einkehr zu halten. Unsere Familie besaß eine Hütte etwa eine Meile vom See entfernt, in der ich und drei andere übernachten wollten. Mein Freund George besaß ein riesiges Haus, in dem alle anderen untergebracht waren und das einen Blick auf den See und die umliegenden schneebedeckten Berge bot.

Eines Abends versammelten wir uns zum Gebet neben dem gut zwei Meter hohen Steinkamin, der mit einer ungewöhnlichen Intensität brannte. In dieser Nacht rüttelte der kalte Januarwind an den vielen mit Frost bedeckten Fenstern. Zuerst beteten wir offen für alles, was der Heilige Geist uns auf das Herz legte. Dann wurden die Gebete zum Herrn still.

In dieser ganzen Zeit betete ich im Geist in einer unbekannten Sprache, die in der Bibel „Zungen" genannt wird. Zungen sind übernatürliche Gebetssprachen, die den Gläubigen als Gaben gegeben werden, und Sprachen, die nur zwischen unserem Geist und dem Heiligen Geist verstanden werden. Niemand, weder ein Dämon noch ein Engel Gottes, kann verstehen, was ich im Gebet gesagt habe, auch ich nicht. Nur Gott hörte und kannte meine Gebete. Der

Apostel Paulus sagte über diese geistliche Gabe, er wünsche sich, dass alle in Zungen redeten, aber er ziehe es vor, dass die Gläubigen die Gabe der Prophetie haben (s. 1. Korinther 14,5).

Nach einer Zeit des Gebets driftete ich an einen Ort jenseits meines Verstandes, an einen Ort, der sich nicht durch physische Attribute beschreiben lässt. Ich fühlte mich von absolutem Frieden, Trost und Liebe erfüllt. Meine Augen schlossen sich. Ich nahm die Gegenwart Gottes in einem nur schwach sichtbaren Kreis aus rötlich-orangem Licht wahr und sonst nichts.

Schön, wieder bei dir zu sein, mein Herr, dachte ich.

Innerhalb eines Zeitraums, der nur eine Minute zu dauern schien, nahm ich den tiefen, inneren Raum der Stille in mich auf – eine wache, friedliche, äußerste Stille – die mich durchströmte. Später vermutete ich, dass sich dies wohl ähnlich angefühlt hatte, wie sich ein Baby im Mutterleib fühlt. Es herrschte eine vollkommene Stille und ein tiefes, vollkommenes Bewusstsein von Gottes Gegenwart. Ich befand mich an einem Ort, der mir wie die wunderschönen, tanzenden Wellen des Nordlichts erschien.

Einmal mehr fühlte ich mich voller Leben – Gottes Licht des Lebens, von dem im Buch Johannes die Rede ist (s. Johannes 1,4-9). Mein Bewusstsein von Gott war in diesen Momenten nicht beschreibbar, ohne Definition und doch in meinem Geist vollkommen klar. Für einen Augenblick war ich völlig abgeschirmt von jedem Geräusch im Raum und getrennt von jeglichem Gedankenwirrwarr.

Ich war wieder zu Hause bei Gott, isoliert von der Welt. Gott beschenkte mich in dieser Zeit mit einem Bewusstsein seiner Umarmung. Ich kann nur vermuten, dass während dieses Moments zwischen uns Gott meinen Geist ganz und gar umarmt hat, unabhängig von allem, was in oder von dieser Welt ist.

Ich erwachte ziemlich plötzlich. Als ich die Augen öffnete, fühlte ich mich, als hätte meine Seele einen Stromschlag von tausend Volt bekommen. Keine dieser Energien fühlte sich physisch an, aber meine Seele stand in Flammen! Langsam stand ich auf und taumelte wie ein Betrunkener, ohne Hemmungen, außer dem verzehrenden Wunsch, Worte zu sprechen, die mit ungewohnter Lautstärke und Überzeugung aus meinem Mund kamen.

Noch nie in meinem Leben hatte ich mich so kühn, so gestärkt und so aufgedreht gefühlt, ganz im Gegensatz zu meiner eher angepassten, konservativen und introvertierten Natur. Ich schaute auf das Feuer in dem massiven Kamin, teils mit meinen physischen, teils mit meinen geistlichen Augen. Als Nächstes sah ich mit meinen geistlichen Augen, wie die Flammen quer durch den Raum schlugen und alle umspülten, ohne jemanden zu verbrennen. Zu diesem Zeitpunkt hatte ich das Gefühl, dass ich mich mehr in der geistlichen als in der physischen Welt befand. Ich wandte mich an einen Mann um die dreißig und zeigte auf ihn.

„Der Herr, der allmächtige Gott, hat dich von dem Missbrauch befreit, der dir als Kind angetan wurde, und du bist nun frei im Namen Jesu Christi!"

Der Mann fiel auf die Knie und begann zu schluchzen, während andere Männer um ihn herum ihre Hände auf ihn legten und versuchten, ihn zu trösten. Dann wandte ich mich an einen anderen Mann und zeigte auf ihn.

„Jeschua sagt zu dir: Warte nicht länger darauf, dass die Berufung in dir freigesetzt wird – du bist nicht länger ein Teilzeitdiener. Geh und prophezeie und lehre in Vollzeit."

Der Mann sackte langsam zu Boden und lag völlig regungslos da. Dann wandte ich mich an einen anderen Mann und zeigte auf ihn.

„Gott der Herr hat dir gesagt, du sollst aufhören, und du weißt, wovon ich spreche – tu nicht mehr, was er dir *verboten* hat!"

Dem Mann klappte die Kinnlade so weit herunter wie nur möglich. Seine Augen waren so weit aufgerissen, dass sich sogar seine Pupillen zu wölben schienen.

Diese Proklamationen dauerten etliche Minuten lang an, da meine Zurückhaltung völlig verschwunden war. Niemals in einer Zillion Jahren hätte ich normalerweise wie ein Wilder zu diesen Männern, von denen mir viele völlig fremd waren, prophetische und heilende Worte gesprochen.

Später erfuhr ich, dass der junge Mann tatsächlich als Kind missbraucht worden war. Seit dieser Nacht fühlte er sich frei, voller Vertrauen und ohne schädliche Gedanken zu leben. Der andere Mann gestand, eine Affäre zu haben. Ein anderer Mann, über den ich etwas ausgesprochen hatte, begann einen Befreiungsdienst und lehrte in Gemeinden. Einige der Prophetien wurden mir später als wahr offenbart. Da mehrere der Männer mir nicht bekannt waren, verließen einige die Einkehr, ohne das Gesagte zu bestätigen, und ich hörte nie wieder von ihnen. Es kam zu Heilungen verschiedenster Art, sowohl geistlich als auch körperlich. Aber was als Nächstes geschah, war noch nie zuvor geschehen und ist seitdem auch nicht mehr geschehen.

Nachdem ich die proklamativen Worte gesprochen hatte, was zweifellos alle Männer im Raum überraschte, fragte einer der Männer, die mich kannten: „Wer bist du?“ Mein Körper wurde ganz schlaff, ich taumelte und schwankte durch den Raum. Meine Sprache wurde undeutlich und ich redete Unsinn, während ich über die seltsamsten Dinge lachte.

„Hey Dan – Gott liebt dich so, so sehr!“, sagte ich in meinem betrunkenen Zustand.

„Hey Bruder – behalte den Glauben!“, sagte ich zu einem anderen Mann im Raum.

Der Besitzer des Hauses erzählte mir, dass ich über *vierzig Minuten lang* flach auf dem Boden gelegen hatte, während die anderen Männer im Raum herumalberten. Einige beteten verbal für andere, während ich von all dem nichts mitbekam. Mir kam es so vor, als hätte ich nur eine Minute lang mit Gott verbracht.

Der Vollrausch dauerte mehrere Minuten, bis die drei Männer, die in unserem Haus in Tahoe wohnten, mich zu meinem Auto tragen mussten. „Big Dan“, wie wir unseren großen Bruder liebevoll nannten, fuhr die drei Meilen bis zu unserer Hütte auf den vereisten Straßen, während ich jeden anbetungswürdigen Text sang, an den ich mich aus bekannten christlichen Liedern erinnern konnte – mit Sicherheit so schräg wie von Herzen.

Nachdem sie mich die Treppe in den ersten Stock des Hauses hinaufgebracht hatten, trugen mich die drei Männer in das Schlafzimmer dort und legten mich aufs Bett. Sie fragten mich, ob es mir gut ginge, worauf ich mit einem Lachen antwortete.

„Natürlich, ich bin bei Jesus!“

Dann gingen sie die Treppe hinauf zu den Schlafzimmern im zweiten Stock. Völlig klar im Kopf und angenehm vom Geist durchdrungen, ohne Alkohol in meinem Körper, schaute ich auf beide Seiten meines Bettes und sah dort Engel, die gut zwei Meter groß waren und auf beiden Seiten des Kopfteils Wache hielten.

Okay, dachte ich, *jetzt bin ich in „Twilight Zone“*[1] *gelandet.*

Als wissenschaftlich gesinnter Mensch, der nicht zu fantasievollem Denken neigt, war mein erster Gedanke, ich würde träumen, aber nichts erschien mir traumhaft. Dies war eindeutig eine heilige Erscheinung.

„Wow … ihr seht echt klasse aus!“, sagte ich.

Die Engel standen aufrecht und starrten geradeaus. Sie wirkten wie undurchsichtige Eisskulpturen. Die linke Hand des einen und die rechte Hand des anderen Engels umklammerten silberne Stäbe mit Speerspitzen, die knapp über ihre Köpfe ragten. Sie blickten direkt auf die gegenüberliegende Wand. Auf ihren Köpfen trugen sie Helme, die sich oben und an den Seiten des Kopfes eng anschmiegten. Sie trugen eine Rüstung wie die, die ich gesehen hatte, als ich die Engel gegen die Dämonen kämpfen sah, während ich zum Himmel aufstieg. Sie sahen edel aus und hatten menschenähnliche Züge, mit langen Nasen, eckigen Kiefern und strengen Augen. Ich wollte ihre Aufmerksamkeit, aber sie reagierten nicht. Der Engel zu meiner Linken sprach langsam und mit tiefer Stimme: „Rede nicht mit uns, wenn der Herr in deiner Mitte ist.“

In diesem Moment wusste ich, dass ich mich auf heiligem Boden befand, an einem Ort abseits der Welt. Ich befand mich irgendwo zwischen Himmel und der Erde, aber der Raum sah genauso aus wie vorher. Nichts erschien mir anders, außer die beiden hoch aufragenden Engel zu beiden Seiten.

Ich sah Jesus nicht, spürte ihn aber. Wir hatten ein herzliches Gespräch, wie beste Freunde bei einem Wiedersehen. In meinem Geist spürte ich, dass der Heilige Geist, mein ständiger Begleiter, sich Jesus irgendwie unterordnete. Ich weiß, das mag seltsam klingen, da die beiden wie eins wirken. Aber ich lebte wieder mit Jesus, obwohl die Umgebung ganz anders aussah als die im Himmel. Anstatt herrliche Steine zu sehen, die wie reine Kristalle glänzen, blickte ich auf den verwitterten Teppich und die naturweißen Wände des Raumes.

Anstelle der mit Herden bedeckten Wiesen und der mit Getreide übersäten Täler trugen die verblassten Bäume vor dem Fenster keine

[1] Eine Fantasy-Serie aus den 1980er-Jahren.

Blätter. Statt des reinigenden Wassers, das von Jesus ausströmte und alles und jeden, der davon trank, belebte, drehte ich den Wasserhahn auf, und es kam nach Metall schmeckendes Wasser heraus. Statt in den jenseitigen Schein von Gottes Licht getaucht zu sein, durchbrachen die Glühbirnen von oben kaum die Dunkelheit. Ich konnte auch den Duft von Gewürzen, Früchten und Blumen nicht riechen, wie ich es im Himmel getan hatte. Stattdessen roch ich den muffigen Geruch im Raum. All das war jedoch in Ordnung, da ich wieder mit Jesus zusammen war. Nichts anderes war von Bedeutung.

„Es ist so schön, wieder bei dir zu sein", sagte ich.

„Geliebter, ich habe dich nie verlassen", antwortete Jesus.

Ich sprach mit Worten, Jesus dagegen nicht. Nachdem ich im Zimmer getanzt hatte, legte ich mich zurück aufs Bett und schloss die Augen. Dann hörte ich den sanften, betörenden Klang der Stimme der Liebe, meines Erlösers, meines Herrn, meines lieben Jesus:

„Warum hast du mich vermisst?", fragte Jesus in meinem Geist.

Einen Moment lang dachte ich, dass ich tatsächlich seine Stimme gehört hatte. Ich hatte das Gefühl, dass die Antwort für ihn offensichtlich gewesen wäre, aber dann erinnerte ich mich daran, dass Jesus niemals eine Frage stellt, um die Antwort zu erfahren. Stattdessen stellt er die Frage, um uns die Antwort zu bringen.

„Es ist nicht dasselbe, Herr", antwortete ich. „Im Himmel war es so einfach."

„Also hör auf, mit deinem Verstand zu denken, und denke mit deinem Geist", sagte er.

Bing ... Jesus trifft immer den Kern von allem, dachte ich.

„Denn der Kern dessen, wer du bist, gehört mir", sagte Jesus, nachdem er meine Gedanken gehört hatte.

„Ich mag nicht mehr in dieser Welt sein", sagte ich.

„Dann denke nicht, dass du in der Welt bist", sagte Jesus.

Unsere Unterhaltung schien oberflächlich zu sein, aber die fröhliche Art unseres Gesprächs hatte eine gewisse Tiefe.

„Erinnerst du dich, wie schön es war, im Himmel mit der Familie zusammen zu sein, Herr? Es war ein ganz anderes Gefühl."

„Ich weiß", sagte Jesus. „Das macht der Himmel mit den Menschen, also beschäftige dich mit den Dingen des Himmels, mein Geliebter."

Es dämmerte mir, dass Jesus mich lehrte, während wir Höflichkeiten austauschten – sogar während ich mir die Zähne putzte. Jesus kannte meine Schwierigkeiten, mich wieder an die Welt zu gewöhnen, und diese kurze Erscheinung war sein heilsames Geschenk an mich.

„Diese Zahnpasta schmeckt scheußlich“, sagte ich.

„Ich habe sie nicht erfunden“, sagte Jesus, woraufhin ich kicherte.

Wieder war unser Gespräch wie das zweier Freunde, die Zeit miteinander verbrachten Jetzt, nachdem ich unser Gespräch verarbeitet habe, denke ich, dass der Grund dafür, dass wir im Vergleich zu der heiligen Art, wie im Himmel gesprochen wird, so locker und herzlich sprachen, in meiner geistlichen Berauschtheit lag. Die fehlende Tiefe von allem auf der Erde ist mit dem Himmel nicht zu vergleichen. Weil ich zu diesem Zeitpunkt nicht ganz im Geist war, führte mich mein Verstand zu trivialen Dingen. Meine Gedanken wurden nicht vollständig von meinem Geist kontrolliert, wie es im Himmel der Fall gewesen war.

Ich dachte über die einsamen Zeiten nach, in denen ich mich von Gott getrennt fühlte, und ich fragte mich, warum er diese Zeit und diesen Ort für einen vielleicht einmaligen Besuch auf der Erde gewählt hatte.

„Warum?“, fragte ich.

„Frage nicht warum, Geliebter, sondern frage, was du mit dieser Zeit anfangen willst.“

„Hmm?“

„Warum hörst du mich jetzt, auf diese Weise, aber nicht immer?“, fragte er.

Ich bat den Heiligen Geist, mir die Antwort zu offenbaren, da ich keine Ahnung hatte, was Jesus von mir hören wollte. Dann wurde mir klar, dass ich mich in einer Art „Verklärungsmoment“ befand. Im Neuen Testament ist die Verklärung Jesu ein Ereignis, bei dem Jesus auf einem Berg verklärt wird und in Herrlichkeit erstrahlt. Jesus nahm drei seiner Jünger (Petrus, Jakobus und Johannes) mit auf einen Berg, wo Mose und Elia erschienen und Jesus verklärt wurde. Sein Gesicht und seine Kleidung wurden strahlend hell. Es war eine Zeit in der Geschichte, in der der Himmel auf kleinem Raum auf die

Erde kam und in der Jesus zu seinen Kindern (Mose und Elia) sprechen konnte, die bereits in den Himmel eingegangen waren.

In meinem Fall glaube ich, dass ich, weil ich schon einmal im Himmel war, durch die Herrlichkeit des Himmels in die Lage versetzt wurde, eine ähnliche Art von Gespräch zu führen. Seien Sie sich bitte bewusst, dass ich kein Mose oder Elia bin. Wahrscheinlich bin ich nicht einmal würdig, ihnen die Füße zu waschen! Aber, wie Jesus mir sagte, verändert der Himmel einen Menschen. Vielleicht weiht der Himmel einen Raum für diejenigen, die seine Herrlichkeit vom Himmel in diese Welt tragen – nicht, weil wir etwas Besonderes sind, sondern weil selbst ein Rest des Himmels einen Menschen befähigt, vertrauensvoller in Christus zu leben. Das gilt besonders für diejenigen von uns, die den Tod vor dem Himmel gekostet haben. Sogenannte „Seher" oder andere, die behaupten, Visionen des Himmels zu haben, sind nicht vollständig von ihrem Körper und Gehirn befreit worden.

Ich dachte über die Frage nach, die Jesus mir gestellt hatte. Ich antwortete ihm auf eine ziemlich respektlose Weise: „Weil ich von deinem Geist betrunken bin?"

Jesus gluckste. „Oh – du hast dich gehen lassen", sagte Jesus.

„Ja … ja, ist es so einfach, sich gehen zu lassen?", fragte ich.

Meine Wangen wurden warm, und ich wusste, dass Jesus im Geist meine Wangen hielt, wie er es im Himmel getan hatte. Ich dankte dem Heiligen Geist im Voraus, dass er die Antwort auf meine Frage kannte. Dann wusste ich die Antwort, ohne dass Jesus etwas zu sagen brauchte.

„So einfach und so schwer ist es." Ich beantwortete meine eigene Frage. „Es ist leicht durch den Glauben, aber schwer durch den Zweifel, und diese Welt züchtet Zweifel anstelle von Vertrauen in dich, Herr. Diese ersten beiden Worte, die du zu mir gesprochen hast: ‚Vertraue mir …'"

„Jetzt weißt du, warum ich diese Worte zu dir gesagt habe. Sie sind die schwierigsten und die einfachsten Worte, an die man sich in der Welt halten kann", sagte Jesus. „Denke nicht mit deinem Verstand, Geliebter, sondern vertraue auf mich."

Ich dachte sofort an die Bibelstelle: *„Vertraue auf den HERRN mit deinem ganzen Herzen und stütze dich nicht auf deinen*

Verstand! Auf all deinen Wegen erkenne nur ihn, dann ebnet er selbst deine Pfade!" (Sprüche 3,5-6).

„Musstest du mich erst geistlich betrunken machen, damit ich das erkenne?" Wieder wusste ich die Antwort, bevor Jesus antworten konnte, denn die Weisheit sprach die Wahrheit. Ich erinnerte mich plötzlich an den Schmetterling.

Nur zur Klarstellung: Trunkenheit im Geist führt zu einer Freiheit, während Trunkenheit durch Alkohol oder Drogen einen Menschen versklavt. Der Heilige Geist bringt Weisheit und die Freiheit, mit Gott zusammen zu sein, aber weltliche Trunkenheit bringt eine vorübergehende Lösung, die nach einer weiteren Lösung verlangt und so weiter. Trunkenheit im Geist Gottes bringt Leben. Trunkenheit in der Welt bringt den Tod.

Ich war trunken im Geist, weil ich mein Denken Gott überlassen und ihm diesen Moment lang voll vertraut hatte. Gott honorierte dieses Vertrauen, indem er mir noch einmal seine Gegenwart schenkte – er brachte den Himmel auf die Erde, wenn auch nur für einen flüchtigen Moment in der Ewigkeit.

Dann erinnerte ich mich an den Sturm, wenn der Himmel für immer auf die Erde kommen würde. Ich habe ihn gesehen, aber warum habe ich ihn im Himmel gesehen? Diese Frage stellte ich Jesus in meinen Gedanken.

„Zu gegebener Zeit", sagte Jesus. „werde ich dir ein Zeichen geben, und wenn ich das tue, wird das, was du gesehen hast, über die Welt kommen."

Das war für mich in Ordnung, denn ich vertraue ihm.

Jesus und ich sprachen die ganze Nacht hindurch – oft über die albernsten Dinge. Wir lachten über Käfer, die gleichzeitig schön und hässlich sind, über die Dummheit der Menschen, die „religiöse" Überzeugungen aus dem Nichts erfinden, und darüber, dass die Menschheit seit Jahrhunderten versucht, Gott zu widerlegen. Ich hatte dies in meinen frühen Jahren als Agnostiker getan, ohne Erfolg. Wir lachten sogar über den Geschmack von Brokkoli. Ich fragte ihn: „Warum konntest du nicht dafür sorgen, dass er wie Schokolade schmeckt, Herr?"

Jesus gab mir nicht auf jede dumme Frage eine Antwort, aber er lachte oft mit mir. Die Antwort endete immer mit derselben Erkenntnis: „Vertraue mir."

Bevor unser Gespräch in den frühen Morgenstunden endete, sagte Jesus: „Sag ihnen, sie sollen mich nicht ignorieren. Ich bin mitten unter ihnen. Zu oft kümmern sie sich mehr um die Dinge der Welt als um das, was von mir ist."

Dann verschwanden Jesus und die Engel.

Zu dieser Zeit hatte ich kein Forum, über das ich die Botschaft Jesu hätte weitergeben können. Der Pastor meiner etwa sechzigköpfigen Gemeinde hatte mich nur einmal gebeten, etwas zu tun – im Sonntagsgottesdienst Ordner zu sein. Später gab mir Jesus eine Stimme, um mit anderen zu sprechen. Zweifellos wusste er, dass seine Botschaft für andere nicht ins Leere gehen würde, da er wusste, dass Sie diese Geschichte lesen oder hören würden.

Am Morgen ging ich die Treppe hinunter und fühlte mich trotz des Schlafmangels erfrischt und gestärkt, als hätte ich ganze acht Stunden geschlafen.

„Du schienst gestern Abend wirklich betrunken zu sein, aber ich weiß, dass es keinen Alkohol gab", sagte Big Dan und kicherte. Er fuhr fort: „Die Dinge, die du gesagt hast – das war nicht typisch für dich."

„Wir haben dich unten reden hören", sagte Mark.

Ich kann mich noch lebhaft an alle meine Gespräche mit meinem Freund Mark Crouse erinnern, im Gegensatz zu den anderen Gesprächen, die ich mit den Männern bei der Einkehr hatte. Erst später erfuhr ich den Grund dafür. Mark starb Jahre später an Bauchspeicheldrüsenkrebs. Ich glaube, dass Marks Anwesenheit im Himmel heute irgendwie ein Licht auf unsere irdischen Gespräche damals wirft. Der Himmel macht das mit den Menschen. Diejenigen, die zurückgekehrt sind (wie ich), spüren, dass der Himmel realer ist als diese Welt. Für diejenigen, die jetzt im Himmel sind, wird die Erinnerung an ihr Leben auf der Erde durch die Tatsache gemildert, dass sie jetzt im Himmel existieren. Der Himmel reinigt uns und erlaubt uns, die Menschen so zu sehen, wie Jesus sie sieht. Das erklärt, warum die Erinnerung oft wohlwollend ist – sie streicht das Schlechte heraus und erinnert sich an Gott, wie Gott sich an uns erinnert.

Aber würde das jemand glauben?, dachte ich. Meine Antwort damals lautete: „Nein.“ Ich war damit zufrieden, meinen Schatz für mich zu behalten. Vierzehn Jahre lang erzählte ich niemandem außer einer Handvoll Menschen von meinen Erfahrungen im Himmel.

Am Morgen nach meinem Wiedersehen mit Jesus in Lake Tahoe mampften wir vier in unserer Hütte Müsli. Ich konnte zu diesem Zeitpunkt wieder mein Auto fahren, aber Mark meldete sich freiwillig, um sicherzugehen, dass wir nicht über eine verschneite Böschung fuhren. Ein angenehmer Kater legte sich wie ein schwaches Narkosemittel über mich, obwohl ich bei vollem Bewusstsein und wach war. Ich befand mich in dem entspanntesten Zustand, an den ich mich in meinem irdischen Leben je erinnern konnte. In dieser Glückseligkeit konnte ich die wunderbare Vielfalt der fallenden Schneeflocken, die auf der Windschutzscheibe schmolzen, und das angenehme Rauschen der Scheibenwischer genießen.

Als ich das Autofenster herunterkurbelte, konnte ich deutlich die weißen Berge sehen, die sich an den tiefblauen Lake Tahoe schmiegten. Die Luft fühlte sich warm an, als die Sonne die kräuselnde Oberfläche des Sees küsste. Der Anblick vermischte sich mit der frischen Luft, die durch den Schneesturm in der Nacht zuvor gereinigt worden war. Ich lauschte aufmerksam dem Chor der zwitschernden Vögel, die die Sonnenwärme willkommen hießen, weil sie Bereiche von Schnee befreite, sodass sie dort fressen konnten. Alles fühlte sich tiefer, üppiger, realer und wertvoller an. Ich hatte wieder vom Himmel gekostet.

Im Stillen pries ich den Herrn dafür, dass er mir nach meiner traurigen Rückkehr in diese Welt aus der Herrlichkeit des Himmels diese dringend benötigte Atempause gewährte. Ich nehme an, Jesus wusste, dass ich diese besondere Zeit mit ihm brauchte, an einem Ort irgendwo zwischen Himmel und Erde. Sein Besuch heilte meine Seele und brachte die Freude des Himmels in mein Herz zurück.

Nachdem ich das Haus meines Freundes George betreten hatte, nahm ich kurz die Blicke der anderen Männer zur Kenntnis, die sich im Wohnzimmer zu meiner Linken befanden, bevor ich nach unten eilte, um Renee anzurufen.

„Ich habe Jesus wieder getroffen, Schatz“, sagte ich ihr.

Das Nachglühen muss von mir auf sie übergegangen sein, denn sie seufzte, bevor sie sagte: „Meine Güte, das hast du gebraucht. Erzähl mir davon.“

Ich erzählte ihr von den zwanglosen Gesprächen mit Jesus und den Engeln, die auf beiden Seiten des Bettes Wache gehalten hatten. Ich erzählte auch von der Zeit davor mit den Männern, als ich mich wie ein Verrückter aufführte und Worte über sie aussprach, und wie ich mich jetzt ein wenig schämte, als ich mich an meine übertriebene Dreistigkeit erinnerte – obwohl ich in meiner Seele wusste, dass mein Handeln gerechtfertigt war.

„Gott hat dir diese Worte gegeben“, sagte Renee, die wusste, dass ich etwas Trost brauchte, bevor ich wieder zu den Männern ging.

„Ich muss nach Hause kommen“, sagte ich zu Renee. „Ich muss einfach nach Hause kommen.“

„Das sehe ich auch so“, sagte sie. „Komm nach Hause. Wir vermissen dich und ich möchte alles persönlich hören.“

Ich gab Mark meine Autoschlüssel, damit er mein Auto und die beiden anderen Männer zurück nach San Diego fahren konnte, während ich ein Taxi zum Flughafen in Reno, Nevada, nahm. Ich konnte nach dem tiefen Erlebnis dort einfach keine weitere Nacht in dem Schlafzimmer in unserer Hütte schlafen. Ich brauchte diese Erinnerung einfach noch ein bisschen länger – nur ein bisschen länger, bevor die Welt wieder über mich hereinbrach.

Da mich eine neue Kraft überkam, begann ich über den Sturm, den ich im Himmel gesehen hatte, nachzudenken und darüber, was er für die Welt von heute bedeutet. Ich brauchte Antworten.

Kapitel 21

Die Enthüllung

Denn mir ist durch Offenbarung das Geheimnis zu erkennen gegeben worden ...

Epheser 3,3a

Die Normalität trat bald wieder an die Stelle des Übernatürlichen, als ich mich erneut in die Routine des Lebens begab. Renee, Ryan, Annie und ich besuchten weiterhin die Gemeinde in Encinitas in Kalifornien (nördlich von San Diego), die während meines Krankenhausaufenthalts für mich gebetet hatte. Der Pastor bat mich, nach vorne zu gehen, um ein lebendiges Zeugnis für die Macht des Gebets zu geben. Als ich vor der etwa zweihundertköpfigen Gemeinde stand, brach ich vor Erschöpfung fast zusammen, verursacht durch einen Blutstau in meinem verletzten rechten Bein, wo die Blutgerinnsel entstanden waren. Aber all das spielte keine große Rolle in Anbetracht meiner Begegnungen sowohl im Himmel als auch in jenem Schlafzimmer in Lake Tahoe.

Mein Pastor und Mentor in der San Francisco Bay Area, Rich Marshall, bat darum, mich während einer seiner Rednerverpflichtungen in San Diego zu treffen. Während des Abendessens lud er mich ein, in seiner God@Work-Fernsehsendung auf GodTV in Orlando, Florida, interviewt zu werden, weil ich mehrere Selbsthilfebücher geschrieben und gelegentlich Artikel für Wirtschaftspublikationen verfasst hatte.

Ich hatte das Buch „*The Power to Thrive*" (etwa: „Die Kraft, um im Leben erfolgreich zu sein") verfasst. Es basierte auf meiner dreißigjährigen Studie über die Fähigkeiten, die man braucht, um im

Leben erfolgreich zu sein. Rich bat mich, darüber zu sprechen, wie man seinen geistlichen Dienst in seine Karriere und sein Leben einbringen kann. Rich hat ein Buch mit demselben Titel geschrieben, in dem es darum geht, wie Gott „Priester“ und „Könige“ einsetzt – damit meint er pastorale Mitarbeiter und Laienchristen (bzw. einfach Christen), die am Arbeitsplatz in ihren (geistlichen) Gaben wirken. Rich war zufällig auch einer der wenigen Menschen, die etwas über Erfahrungen im Himmel wussten. Kurz vor der Ausstrahlung der Sendung fragte mich Rich, ob er mich in der Sendung nach meiner Begegnung im Jenseits fragen könne. Ich dachte: *Nun, Herr, wenn du das willst, kann ich nicht nein sagen.*

Nachdem ich ihm von den umfangreichen Forschungen über das Erfolgreich-Sein erzählt hatte, über die ich in meinem neuesten Buch geschrieben hatte, stellte er natürlich die Frage. Ich fing an zu weinen, während ich kurz meinen Bericht erzählte. Nach dem Interview sagte Rich scherzhaft: „Mach dir keine Sorgen, Randy, du hast gerade zu dreihundert Millionen Menschen gesprochen.“ Das war's – die sprichwörtliche „Katze“ war aus dem Sack.

Auf dem Rückflug nach San Diego nippte ich gerade an meinem Apfel-Cranberry-Saft, als ich plötzlich die mir inzwischen vertraute Stimme des Heiligen Geistes hörte. Er sprach durch dasselbe stille Flüstern, das ich im Himmel erlebt hatte, sodass es offensichtlich war, dass Gott mir etwas sagen wollte – durch eine übernatürliche Stimme, die man nicht leugnen kann, weil sie seine Wahrheit und Führung zum Ausdruck bringt. *Ich möchte, dass du unsere spezielle gemeinsame Zeit schriftlich festhältst,* sagte er zu meinem Geist.

Daraufhin begann ich, ein Manuskript in ein Notizbuch zu schreiben, in dem es darum ging, Leiden durch Christus in Freude zu verwandeln. Ich verwendete, was ich über das Erfolgreich-Sein im Leben gelernt hatte, und erwähnte kurz meine Zeit im Himmel. Schließlich wurde ein Buch mit dem Titel *Dying to Meet Jesus* („Sterben, um Jesus zu treffen“) veröffentlicht. Einige der Kommentare von Menschen, die das Buch gelesen haben, lauteten etwa so: „Ich hätte gerne mehr über Ihre Begegnung im Himmel erfahren.“

Deshalb verfasst ich anschließend das Buch *Revelations from Heaven* („Offenbarungen vom Himmel“), das einunddreißig Offenbarungen, die ich im Himmel erhalten habe, zusammenfasst und zahlreiche Erlebnisse erwähnt, die ich auf meiner Reise mit Jesus hatte.

Die Popularität dieses Buches brachte mich vor mehrere christliche Zuhörerschaften. Ich sprach über das Buch, als ich zu Fernsehsendern flog und an verschiedenen Orten im ganzen Land sprach. Ich bin so etwas wie ein „widerwilliger Botschafter", denn ich wollte nie, dass meine Vertrautheit mit Gott im Himmel öffentlich gemacht wird. Da ich von meiner Persönlichkeit her eher introvertiert und verschlossen bin, fiel es mir lange Zeit sehr schwer, öffentlich über etwas zu sprechen, das so ungeheuer privat ist. In die Öffentlichkeit zu gehen, widersprach sowohl meiner Natur als auch meinen Wünschen.

Mein Freund und Verleger, Shaun Tabatt, begann mit der Vermarktung von *Dying to Meet Jesus* bei *Chosen Publishing,* bevor er zu *Destiny Image Publishers* wechselte. Danach fragte er mich, ob er *Revelations from Heaven* in seinem neuen Verlag veröffentlichen dürfe. Er fragte mich auch, ob ich einen gemeinsamen Podcast machen wolle, den wir schließlich *Two Christian Dudes* („Zwei christliche Typen") nannten. Unsere ersten Interviews drehten sich um Nahtod-Erfahrungen (NTEs), die mit der Veröffentlichung von *Revelations from Heaven* zusammenfallen sollten. Unser Plan war es, mehrere NTE-Interviews aufzunehmen, bevor wir zu Episoden über geistliche Kriegsführung übergingen.

Shaun nahm weiterhin Sendungen für seinen beliebten Podcast *The Shaun Tabatt Show* auf. In der gleichen Zeit nahmen wir *Two Christian Dudes* auf. Inzwischen hatte ich mehrere Nachrichten von Menschen erhalten, die für sich in Anspruch nahmen, eine Nahtoderfahrung gemacht zu haben. Unabhängig davon interviewte Shaun in seiner Show eine Reihe von Autoren und Experten zum Thema geistliche Kriegsführung.

Ich betete darum, Gott möge Renee und mir zeigen, was er mit uns vorhatte. Etwa zehn Jahre zuvor hatte ein Prophet seine Hände über die gefalteten Hände von Renee und mir gelegt, um in uns eine besondere Berufung für den Dienst freizusetzen. Er sagte: „Wenn ihr gemeinsam betet, wird Gott direkt von seinem Thron zu euch sprechen, und ihr werdet Wunder, Kraft und Orientierung für euer Leben erfahren."

Er sagte auch, dass wir als Boten dienen und dabei helfen würden, den Himmel auf die Erde zu bringen. Damals verstanden wir nicht, was das bedeutete. Aber von diesem Tag an begannen der Vater, Jesus und der Heilige Geist, wenn wir uns in unserem Schlaf- oder Wohnzimmer zum Gebet die Hände reichten, uns Anweisungen und Prophetien zu geben. Renee sprach dann meist in Zungen (der Sprache des Heiligen Geistes) und ich legte ihre Worte ins Englische aus (vgl. 1. Korinther 14,1-40). Gott sprach zu uns z. B. über eine Zerstörung, die im „Zentrum" der Ostküste stattfinden würde – das war vor dem Terroranschlag am 11. September 2001 auf die Gebäude des World Trade Centers –, damit wir für Amerika beten konnten.

Jesus sprach zu uns auch über die Jahreszeiten unseres Lebens, einschließlich der „Wüstenzeiten" (finanziell trockenen Zeiten) und der Erntezeiten (bzw. Zeiten im Dienst). Durch seine prophetischen Äußerungen lenkte Gott unsere Schritte, indem er uns entweder sagte, dass wir mit etwas aufhören sollten, oder wie wir weitergehen sollten. Gott sagte uns, wir würden die Enden der Erde mit seiner Wahrheit erreichen, was zu dieser Zeit unmöglich schien. Dann erklärte Jesus mir diesen Auftrag. Er sagte: „Ich möchte, dass du die Wahrheit über Himmel und Hölle zurückbringst. Diejenigen, die mich verlassen haben, verbreiten Lügen über das, was ich geschaffen habe. Ich möchte, dass du denen, die zuhören wollen, von meiner Wahrheit erzählst."

Ich wusste, was Gott meinte, aber ich hatte keine Ahnung, wie das geschehen sollte. Universalisten, „Reinkarnationisten" und andere Religionen, die an falsche Götter glauben, beherrschten die Medien mit Berichten über das Leben nach dem Tod, die einen anderen Ort als Gottes großartigste Erfindung, den Himmel, verherrlichten. Gott wollte, dass die Wahrheit über Himmel und Hölle wieder ans Licht kam. Schließlich hat *Gott* den Himmel erschaffen, nicht die falschen Götter, die die Menschen auf eine Achterbahn von Erfahrungen mitnehmen, die nicht objektiv überprüft werden können und/oder im Widerspruch zu den Aussagen der Bibel über das Leben nach dem Tod stehen.

Nachdem Shaun und ich eine Reihe von Interviews über das Leben nach dem Tod abgeschlossen hatten, fuhr ich damit fort, NTE-Interviews auf einer Plattform aufzuzeichnen, die ich schließlich

Revelations from Heaven nannte, und zwar auf dem YouTube-Kanal „Randy Kay". Tausende Menschen meldeten sich bei mir. Viele kämpften mit Krankheiten und anderen Problemen. Die meisten brauchten Gebet, oft nach einer Krise. Die Verzweifeltsten fragten mich nach einem Grund, warum sie leben sollten.

Nach dem Ausbruch der Covid-19-Krise öffneten sich die Schleusen, da Menschen aus aller Welt Gebet und Beratung benötigten. Die einzige Antwort darauf war diese entscheidende Tatsache, die ich im Himmel wahrgenommen hatte: Gott liebte sie so, als wäre jede einzelne Person die wichtigste in seinen Augen. Dass die Liebe eine Person ist, nicht nur ein Gefühl, erfüllte die Menschen mit der wahrhaftigsten Erkenntnis von Gott.

Zu diesem Zeitpunkt wurde mir klar, dass diese wachsenden evangelistischen Aktivitäten ihre Ursache in der „entfremdeten Gemeinde" hatten – denjenigen, die entweder keine Gemeinde besuchten oder in ihrer Gemeinde nicht eng seelsorgerlich betreut wurden. Mir wurde klar, dass die Kirche in der westlichen Welt nicht unbedingt für die Seelsorge an einer großen Zahl von Menschen ausgelegt ist, vor allem nicht in den sogenannten Megagemeinden.

Während viele Gemeinden eine „Kleingruppenarbeit" entwickelten, um engere Beziehungen zu fördern, war das grundlegende Bedürfnis nach gegenseitiger Abhängigkeit innerhalb des Leibes Christi weitgehend verloren gegangen. Eine Umfrage des Pew Research Center prognostizierte, dass (in den USA) die Zahl der Christen aller Altersgruppen von 64 Prozent auf etwas mehr als die Hälfte (54 Prozent) schrumpft und bis zum Jahr 2070 nur noch knapp über ein Drittel (35 Prozent) der Amerikaner umfassen würde.

Die durchschnittliche Gemeinde konnte die dringenden Bedürfnisse, die nur der Gott des Himmels befriedigen kann, nicht erfüllen. Zusammen mit meiner Frau Renee begann ich, ein Team von Mitarbeitern aufzubauen, das wir schließlich (ziemlich einfallslos) *Randy Kay Ministries* nannten, um die Millionen zu erreichen, die nun in unsere verschiedenen Kanäle strömten. Wir wurden zu einer „virtuellen Gemeinde" für Tausende, wenn nicht gar Millionen, und kümmerten uns um die verzweifeltsten Menschen, die eine persönliche Betreuung benötigten. Wir veranstalteten Livestreams, um für Menschen zu beten, und behandelten zahlreiche Themen, von biblischer

Lehre bis hin zu prophetischen Botschaften, einschließlich Visionen und Träumen, die Gott auf mich „herunterzuladen“ begann.

Ich träumte von erwecklichen Winden, die Gottes Herrlichkeit in die ganze Welt trugen. Bei mehreren Gelegenheiten hatte ich Visionen, in denen Gott eine Reihe von Türen öffnete und meine Mitstreiter, die das Leben nach dem Tod überlebt hatten, und mich dazu aufrief, anderen dabei zu helfen, durch diese Türen zu gehen. In mehreren meiner Träume sah ich eine geheimnisvolle Reihe von Türen, die zu Räumen führten. Die erste Tür öffnete sich zu einem Blick auf den zweiten Himmel, in dem Engel und Dämonen kämpften. Ich ging unbeschadet durch die kämpfenden Engel und öffnete eine weitere Tür auf der anderen Seite.

Die zweite Tür öffnete sich zu Menschen, die Gott lobten und von den schlimmsten Krankheiten geheilt wurden. Dann ging ich durch eine dritte Tür, die in einen abgedunkelten, leeren Raum führte. Als ich durch diesen leeren Raum ging, kam ich zur vierten Tür, wo ich durchdringende Schreie hörte. Ich wollte nicht durch die vierte Tür gehen, weil ich Angst vor dem hatte, was ich sehen würde, aber Gott bestand darauf. Also rannte ich so schnell ich konnte durch die schreienden Körper, die sich an ihrer Haut kratzten und alle möglichen Flüche schrien. Ich konnte es nicht erwarten, die fünfte Tür zu öffnen. Als sie sich öffnete, betrat ich das gleiche Paradies, das ich im Himmel gesehen hatte.

Gottes Heiliger Geist offenbarte mir, dass meine fünf Reisen die kommenden Perioden der Endzeit darstellten. Die erste Tür offenbarte die geistliche Kriegsführung, die sich in unserer heutigen Zeit intensiviert hat. Die zweite Tür führte zu einer weltweiten Ausgießung der Herrlichkeit Gottes, die größer sein wird als jede andere in der Geschichte – und diese Erweckung hat übrigens bereits begonnen. Die dritte Tür führte in die Finsternis, als Gott seine Gegenwart von der Erde nahm und keine Hoffnung und kein Licht zurückließ, da durch die Abwesenheit der Gläubigen kein Licht mehr vorhanden war. Die vierte Tür enthüllte die Leiden, nachdem Gottes Schutz von der Welt genommen worden war und dies den Dämonen ermöglichte, die Menschen als ihre Beute zu verschlingen. Die letzte, fünfte Tür folgte auf die Wiederkunft Christi, als Gott die neue Erde schuf, wie ich es im Himmel gesehen hatte.

Diese Träume spiegelten nicht nur wider, was ich im Himmel gesehen hatte, sondern sie folgten auch der biblischen Eschatologie, die ich nach meiner Rückkehr in die Welt studiert hatte. Aber die Sache mit den „Zeichen der Zeit“ verwirrten mich immer noch. Jesus und der Heilige Geist sagten mir im Himmel, dass ich Zeichen sehen würde. Jesus sagte mir sogar, ich solle „nach oben schauen“, um die Zeiten zu erkennen. Obwohl ich nie die genaue Zeit oder den Tag kennen würde, glaubte ich, dass Gott die ungefähre Zeit seiner Wiederkunft offenbaren würde.

Ein Brennen in meiner Seele sagte mir, dass es schnell gehen würde.

Kapitel 22

Die letzten Tage

Das sollst du aber wissen, dass in den letzten Tagen schlimme Zeiten kommen werden.

2. Timotheus 3,1 (LUT)

Nachdem ich inzwischen Hunderte von NTE-Überlebenden interviewt habe, von denen die meisten meine Freunde sind, habe ich gelernt, dass die Geschichte von Gottes Liebe über den Verstand triumphiert, wenn sie im Rahmen der himmlischen Unbegrenztheit seiner Wohnstätte präsentiert wird – oder sogar, im Kontrast dazu, wenn diese fehlt bei denjenigen, die die Hölle erlebt haben, ohne Jesus als ihren Herrn und Retter zu kennen. Seltsamerweise, und das begeistert mich, haben die Geschichten von Menschen wie mir, die den Himmel oder die Hölle im Jenseits erlebt haben, eine der größten evangelistischen und glaubensbildenden Auswirkungen in der Welt nach sich gezogen.

Wir haben Hunderte von Geschichten geprüft, die uns über unsere Website RandyKay.org zugesandt wurden, und nur einen Bruchteil der Berichte akzeptiert, die unsere Qualifikationskriterien erfüllten, indem wir diese Fragen stellten:

1. Ehrt der Bericht Christus?
2. Kann der Bericht anhand von Krankenhausunterlagen oder Zeugen überprüft werden?
3. Steht eines der Zeugnisse im Widerspruch zum Wort Gottes?
4. Hat das Vorinterview mit den Kandidaten im Geist bestätigt, dass diese Berichte wahr sind?

5. Hat der Bericht über das Leben nach dem Tod den „Bauchcheck“ bestanden, da ich die Erfahrungen im Lichte meiner eigenen Himmelsbegegnung bewerten konnte, einer Art „himmlischem“ Urteilsvermögen?

Neben meinen Interviews in unserer Sendung und in weiteren Sendungen, nahmen wir eine Reihe von Lehrvideos über übernatürliche Begegnungen auf, die Renee moderierte. Botschaften über Menschen, die durch Jesus Christus gerettet und durch seine Kraft geheilt wurden, strömten herein. Viele dieser Heilungen waren das Ergebnis einer Prophetie während einer der Sendungen unseres Kanals.

Ich trat in der Sid-Roth-Sendung *It's Supernatural* auf und lernte viele Mitglieder des zugehörigen Teams *(Messianic Vision Inc.)* kennen. Sid Roth, die Ikone selbst, und ich wurden Freunde. Er ist ein Mann, den ich für immer als einen Giganten des jüdisch-christlichen Glaubens betrachten werde. Und ich glaube, dass er zu denjenigen gehört, die mit einem Platz am Thron Gottes geehrt werden. Das Dienstteam von *Messianic Vision,* das die Programme *It's Supernatural Network* (ISN) und *Middle East Television* (METV) produziert, dient zuerst den Juden und dann dem Rest der Welt. Das passt perfekt zu meiner Auffassung, wie Gott die Erfüllung der Endzeit herbeiführen wird.

Messianic Vision Inc. darf seine Sendungen in jedes Haus in Israel übertragen und stellt diesem vom Krieg zerrissenen Land auch Luftschutzbunker zur Verfügung. Sie helfen Tausenden von Juden, Jesus (Jeschua) als ihren Messias kennenzulernen. Ich hatte auch das Vergnügen, mehrere ihrer dynamischen Leiter zu treffen, die Teil des evangelistischen Dienstes sind, von dem ich weiß, dass er dazu beitragen wird, dass die „größte Ausgießung des Heiligen Geistes“ in der Geschichte der Welt eingeleitet wird. Gottes Herrlichkeit wird sich auf der Erde wie im Himmel manifestieren, um seine Pracht und Heiligkeit widerzuspiegeln.

Woher weiß ich, dass diese Erweckung innerhalb einer Generation, die heute in dieser Welt lebt, passieren wird? Und dass die anschließende Trübsalszeit, die im Buch der Offenbarung beschrieben wird, kommen wird und die Entrückung der geliebten Kinder von Jesus, dem Messias, stattfinden wird? Ich glaube es, weil ich es im Himmel gesehen habe!

Während der Jahre der Vorbereitung auf meinen vollzeitlichen Dienst und nach dreißig Jahren in der klinischen und geschäftlichen Welt und nachdem ich auch in Teilzeit in Gemeinden gelehrt hatte, sprach Gott zu uns (im Voraus) etwas über die Jahreszeiten in Renees und meinem Leben. Zunächst sagte er uns, wir seien in der „unfruchtbaren Zeit", die dann sieben Jahre dauerte. Wir gründeten in dieser Zeit minimal erfolgreiche Unternehmen, und ich verdiente nur einen Bruchteil meines Firmengehalts.

Dann sagte Gott uns, dass wir uns in der „Pflanzzeit" befänden. Diese dauerte vier Jahre, in denen wir ehrenamtlich in Gremien mitarbeiteten und bei christlichen Wohltätigkeitsorganisationen mitwirkten, ohne die finanziellen Mittel dafür zu haben.

Als Nächstes sagte Gott uns, wir würden uns in der „Erntezeit" befinden. Das war der Zeitpunkt, als es anfing, dass Menschen in unser Leben traten, die sich über einen Zeitraum von drei Jahren an unseren Aktivitäten beteiligen wollten.

Schließlich sagte Gott uns, dass wir in eine „Zeit der Fülle" eintreten würden, nicht nur in Bezug auf die Finanzen, sondern auch in Bezug auf die Teilhabe an den Früchten unserer Arbeit. Diese Zeit begann mit meinem Auftritt bei GodTV, wo ich über den geistlichen Dienst am Arbeitsplatz sprach. Dort erwähnte ich vor einem großen Publikum unbeabsichtigt meine Erfahrung mit dem Leben nach dem Tod. Später lernte ich, dass Gott fast immer einem Muster folgt, wenn er das Leben der Menschen lenkt. Ich erzähle Ihnen das, weil Sie, genau wie ich, Lebensabschnitte haben, die demselben Muster folgen:

1. Die unfruchtbare Zeit
2. Die Pflanzzeit
3. Die Erntezeit
4. Die Zeit der Fülle

Ich habe gelernt, dass unsere „Zeit der Fülle" in weltlicher Hinsicht erfolgreich sein kann oder auch nicht, aber sie wird ganz sicher für unsere Arbeit im Königreich erfolgreich sein. Meine Arbeit im Reich Gottes ging weiter, wie ich bereits beschrieben habe. Aber sie begann mit dem Tod – der *unfruchtbaren Jahreszeit.* Der Tod geht im Natürlichen dem Leben voraus, und oft auch im Übernatürlichen.

In vierundneunzig Bibelversen ist vom „Sich-selbst-Sterben“ die Rede. Jesus sagte: *„Wahrlich, wahrlich, ich sage euch: Wenn das Weizenkorn nicht in die Erde fällt und stirbt, bleibt es allein; wenn es aber stirbt, bringt es viel Frucht“* (Johannes 12,24).

Ob der Tod des Fleisches, der zum Himmel führt, oder der Tod eines weltlichen Traums, der zu einer Bestimmung im Reich Gottes führt, oder sogar der Tod des Selbst (des Egos), der zu einer himmlischen Gesinnung führt – manchmal müssen wir alle die unfruchtbare Zeit durchstehen. Aber wir müssen auch weiterhin lernen und Gelegenheiten schaffen, die Früchte tragen können. Wenn dann eine Idee, ein Werk oder ein Dienst Früchte trägt, müssen wir diese ernten, indem wir sie mit anderen teilen. Die letzte Phase ist dann erreicht, wenn die Menschen unsere Idee, unser Produkt oder unsere Dienstleistung zu schätzen wissen.

Frucht zu bringen, ist das deutlichste Zeichen für Gottes Wirken in unserem Leben. Jesus bemerkte dies sogar, als er sagte: *„Jede Rebe an mir, die nicht Frucht bringt, die nimmt er weg ...“* (Johannes 15,2). Wir bringen Frucht, wenn die Menschen das, was wir anzubieten haben, begehren und wenn dieses Begehren unser Leben und den Fortbestand von Gottes Berufung stärkt. Wir bringen Frucht, wenn sich die Früchte unserer Arbeit als geistlich und nachhaltig gewinnbringend erweisen.

Das mag im Zusammenhang mit dem Himmel und der Endzeit etwas abwegig erscheinen, aber ich hatte die Jahreszeiten von Gottes Wirken nicht verstanden. Zumindest nicht, bis ich zurückblickte und erkannte, dass Gott die ganze Zeit über einen Aktionsplan entworfen hatte, der genau diesem Muster folgt. Heute verdiene ich im Vergleich zu meiner Zeit als Führungskraft in der säkularen Welt zwar nur ein mickriges Sümmchen, aber meine Reichtümer im Reich Gottes sind überreichlich. Der Tod geht dem Leben voraus, bis der Himmel den Tod überwindet. Dann verwandeln sich diese Reichtümer des Königreichs in eine Nähe zu Gott, die – glauben Sie mir – der größte Reichtum von allen ist.

***

Ich erkannte das Muster von Gottes Plan für mich zum ersten Mal, als sich der Kreis meiner Angst schloss. Gott schenkte mir einen Traum, in dem ich im Sterben lag, Jahre vor meinem physischen

Tod, und dieser Traum hat vielleicht meinen späteren Tod vorausgesagt. In diesem Traum lag ich in einem Sarg wie Onkel Carlyle. Alle saßen da und starrten auf mein wächsernes Profil. Um mich herum waren diese ekelhaft-süßen Blumen. Ich lag in demselben Beerdigungsinstitut, in dem ich als Kind Onkel Carlyles Totenwache gesehen hatte, dem *Graves Funeral Home* in Keokuk, Iowa.

Später wurde mir klar, dass es nicht mein Profil war, das ich da gesehen hatte. Es war das Profil meines Vaters. Er starb in der Traumaabteilung eines Krankenhauses in San Diego an den Folgen eines Sturzes, als er meine Familie besuchte. Während ich meinem irdischen Vater Worte der Ermutigung und Verse ins Ohr flüsterte, als er seine letzten Atemzüge tat, erfüllte ein angenehmer Duft den Raum. Ich drehte mich um, um zu fragen, ob jemand den himmlischen Duft riechen könne, aber die vier Personen im Raum sagten „nein“. Da wurde mir klar, dass ich denselben angenehmen Duft der Heiligen, die starben, roch, wie ich ihn im Himmel wahrgenommen hatte (und wie er in 2. Korinther 2,15-16 beschrieben ist).

Am nächsten Tag wurde sein Leichnam nach Keokuk geflogen. Ich saß in der ersten Reihe neben meiner Mutter und meiner Schwester. Im Beerdigungsinstitut betrachtete ich sein wächsernes Profil von derselben Stelle aus, von der aus ich Onkel Carlyle sechsundvierzig Jahre zuvor beobachtet hatte. Es war erst das zweite Mal, dass ich eine Leiche in einem Sarg sah. Anstatt Angst zu empfinden, wie damals als Kind, empfand ich vollkommenen Frieden. Der Tod hatte seinen Stachel verloren. Endlich konnte ich vom Himmel sprechen, ohne auch nur einen Gedanken an den Tod zu verschwenden.

Bis heute glaube ich, dass die Angst vor dem Tod – und sei es die Angst, einen geliebten Menschen zu verlieren – überwunden werden muss, bevor die Früchte des ewigen Lebens geboren werden können. Ich trauerte nicht mehr um den Tod eines Menschen, insbesondere nicht um den meines verehrten Vaters, den ich Jahre zuvor zu Jesus geführt hatte. Auch meinen eigenen Tod fürchtete ich aufgrund meiner Erfahrung im Himmel nicht mehr. Ich war bereit, meinen Dienst zu beginnen.

Als der geschlossene Sarg meines Vaters seine letzte Ruhestätte in der reservierten Grabstelle auf dem staatlichen Friedhof von

Keokuk fand, stand ich ein paar Minuten lang da und sah, wie der Sarg in eine Gruft und dann in die darunter liegende Grube gelegt wurde. Ein Sturm zog von Osten nach Westen über den Mississippi, aber es war kein gewöhnlicher Sturm. Dunkelgraue Wolken zogen über den Himmel, wie Wellen, die über meinem Kopf strömten. Dann schüttete es. Ich fror, während das Wasser meinen schwarzen Anzug durchnässte und ich auf das Grab starrte.

Ich konnte in meinem Geist, meiner Seele und meinem Körper spüren, dass der Sturm etwas bedeutete. Als die Blitze in der Ferne zuckten, erinnerte ich mich an ähnliche Geräusche im Himmel, als der Regen über jenen Pforten zur Erde nachließ, während sie auf Gottes letzte Worte warteten:

„Es ist vollbracht."

In meiner Seele hatte eine Veränderung stattgefunden. Dies war anders. Diese Zeit war einzigartig. Jetzt legte sich ein Gefühl der Dringlichkeit auf mich. Als Renee und ich zusammen beteten, sprach Gott eine weitere Zeit in unser Leben hinein. Er sagte: „Jetzt ist die Zeit des Sturms."

Kapitel 23

Die Generation Josua

So erkennt auch ihr, wenn ihr dies geschehen seht, dass das Reich Gottes nahe ist. Wahrlich, ich sage euch, dass dieses Geschlecht nicht vergehen wird, bis alles geschehen ist.

Lukas 21,31-32

Eine heilige Regel in der Gebetszeit von Renee und mir als Ehepaar mit dem Herrn lautet: Wir stellen Gott keine Fragen mehr, sobald er spricht. Wir hören dann einfach auf ihn. Jedes Mal, wenn wir im Geist beten, ist es eine Zeit, in der unser Geist für uns eintritt und Gottes Geist durch meine Auslegung von Renees Zungenrede antwortet. Nach dem Gebet beraten wir uns darüber, was Gott wohl gemeint haben könnte, und einigen uns, dass wir uns auf Gottes Wort stellen. Renee schreibt die Worte des Geistes Gottes dann auf, damit wir sie nicht vergessen.

Als Gott Renee und mir sagte, dies sei die „Zeit des Sturms“, fragte ich mich, was er damit meinte, Dann erinnerte ich mich an die vier Zeiten, die jeder von uns durchläuft, wie ich bereits erwähnte. Ich interpretierte die vier Zeiten, die *in dieser Welt* geschehen sind und die zum Sturm führen folgendermaßen:

1. **Die unfruchtbare Zeit:** Sie begann, nachdem die ersten Menschen gegen Gott rebellierten, was die verheerenden Auswirkungen der Sünde mit sich brachte.
2. **Die Pflanzzeit:** Dies war die Zeit nach Noahs Reise, in der eine neue Generation Gott ehrte.

3. **Die Erntezeit:** Sie begann, als die Juden unter der Führung von Josua in das gelobte Land Israel einzogen und die Gegenwart Gottes im Tempel in Israel etablierten.
4. **Die Zeit der Fülle:** Dies ist die „Gnadenzeit", die auf Jesu Wirken auf der Erde– seine Kreuzigung, Auferstehung und seine Himmelfahrt – folgte, nachdem er den Heiligen Geist gesandt hatte, um in allen, die an Jesus als ihren Messias glauben, zu wohnen.

Ich fragte mich immer noch, zu welcher Zeit dann der Sturm kommen würde, und betete um die Antwort. Ich hatte den Sturm im Himmel gesehen. Als ich in seiner Gegenwart war, sagte mir Gott, ich würde zu seiner bestimmten Zeit mitteilen, was ich bezüglich des Sturms gesehen hatte, aber ich musste es zuerst verstehen.

Als ich eines Tages am Meer spazieren ging, lauschte ich dem beruhigenden Rauschen der Wellen zu meiner Linken, die unter einem rosa-orangefarbenen Sonnenuntergang tanzten. Auf einmal traf ein geistlicher Blitz mein Herz mit einer Inspiration, die vom Herrn gekommen sein musste, denn es schwang dasselbe innere Wissen mit, das ich im Himmel hatte, als der Heilige Geist in meine Seele flüsterte:

Wie es zur Zeit Noahs war, so ist es auch jetzt, aber ich werde die Erde nicht zerstören, um sie wiederaufzubauen. Ich werde meinen Geist ausgießen, und dieses Geschlecht wird nicht vergehen bis zur Stunde der Vollendung, wie es in der Generation Josuas war.

Obwohl dies etwas kryptisch klingen mag, wurden diese Worte für mich spektakulär klar, als ich sie– denken Sie an den Schmetterling – mit Weisheit interpretierte. Der Heilige Geist sagte mir, dass die „Generation Josua" heute in unserer Welt lebt. Ich wusste intuitiv, was Gott mit der Josua-Generation meinte. Zur Zeit Moses wanderten die Juden vierzig Jahre lang in der Wüste umher, weil es ihnen an Glauben mangelte. Sie beteten falsche Götter an, so wie viele Menschen heute falsche Götter und Religionen anbeten. Mose erfuhr von Gott, dass und warum es ihm nicht erlaubt sein würde, das Gelobte Land zu betreten:

> *... weil ihr treulos gegen mich gehandelt habt mitten unter den Söhnen Israel am Wasser von Meribat-Kadesch in der Wüste Zin,*

weil ihr mich nicht geheiligt habt mitten unter den Söhnen Israel. Denn von der gegenüberliegenden Seite sollst du das Land sehen, aber du sollst nicht in das Land hineinkommen, das ich den Söhnen Israel gebe (5. Mose 32,51-52).

Mose durfte nicht in das Gelobte Land hinein und eine ganze Generation starb in der Wüste. Die nächste Generation, angeführt von Josua, trug die Bundeslade in das verheißene Land und nahm das Land in Besitz. So zog die Gegenwart Gottes mit Josua und seinen Nachfolgern nach Israel, einem Land, das wegen seiner großen Fruchtbarkeit oft als „Land, in dem Milch und Honig fließen" bezeichnet wird. Josua und die Generation seiner Nachfolger brachten die Herrlichkeit Gottes in das Land Israel.

Um das heute zu verstehen, müssen wir bei der Zeit beginnen, als der biblische König David zum ersten Mal erklärte: *„Betet für den Frieden Jerusalems"* (Psalm 122,6 HFA). Während seiner Herrschaft wurde Jerusalem zum Ort der Herrlichkeit Gottes auf Erden – im Allerheiligsten der Stiftshütte, wo die Bundeslade ruhte. (Später baute Davids Nachfolger, sein Sohn König Salomo, den ersten Tempel, um die Lade zu beherbergen.)

Erst mit der Wiedervereinigung Jerusalems nach dem Sechs-Tage-Krieg von 1967 wurde die Bundesverheißung Gottes an die Juden endgültig erfüllt, und das im Exil lebende jüdische Volk kehrte vermehrt in das Gelobte Land zurück. Seither ist fast eine Generation vergangen. Könnte es sein, dass die Generation der Christusnachfolger, die heute lebt, genau wie die Generation Josuas vor langer Zeit Zeuge der Wiederherstellung von Gottes Herrlichkeit auf der Erde sein wird? Wenn ja, wird diese Herrlichkeit zur mächtigsten Erweckung führen, die es je in der Geschichte gegeben hat – so wie ich sie im Himmel erlebt habe?

Ich wusste, dass Gottes Wort uns auffordert, *„die Geister zu prüfen"* (s. 1. Johannes 4,1). Am Tag vor meinem Interviews mit Sid Roth wurde ich zu einem gemeinsamen Abendessen eingeladen. Rechts von mir saß Bischof Bill Hamon, ein Mann, der als der „Vater der neuzeitlichen Prophetie" bekannt ist. Dieser fast neunzigjährige Mann hat mehr als 75.000 Menschen treffsicher prophetisch gedient, und so nutzte ich die Gelegenheit, um das Wort zu prüfen, das ich über die Generation Josua erhalten hatte.

„Bischof, ich glaube, ich habe ein Wort vom Herrn erhalten“, sagte ich zu ihm. „Er sagte mir, dass wir in der Generation Josua leben und dass diese Generation die Fülle der Herrlichkeit Gottes auf Erden erleben wird.“

Er sah mir direkt in die Augen und sagte: „Das sehe ich auch so. Wir leben in der Generation Josua. Ich weiß nicht, ob ich das noch erleben werde, aber ich glaube, dass Sie recht haben.“

Ich befragte daraufhin andere zu meinem Wort von Gott, darunter auch erfahrene Gläubige, und keiner widersprach mir. Was ich im Himmel sah, war dabei, auf der Erde ausgegossen zu werden. Der Sturm kommt mit Sicherheit, und nach diesen Phasen der modernen Geschichte wird er da sein:

1. **Die unfruchtbare Zeit:** Die Zeit, in der die Juden aus dem Gelobten Land vertrieben wurden (etwa 589–587 v. Chr.).
2. **Die Pflanzzeit:** Dies ist die Zeit, in der Jesus auf der Erde wirkte (etwa 27–34 n. Chr.).
3. **Die Erntezeit:** In dieser Zeit begann sich der Glaube an Jesus als Messias auszubreiten und das Christentum wurde zum größten Glauben der Geschichte (vgl. Johannes 4,35).
4. **Die Zeit der Fülle:** Das ist die Zeit, in der der Heilige Geist seine Gegenwart über die ganze Erde ausgießen wird – und sie hat bereits begonnen.

Das Gelobte Land ist heute nicht einfach ein Gebiet wie in den alten Tagen Josuas, als er und sein Stamm das Land Kanaan eroberten. Als die Juden Israel besaßen, war ihr wertvollster Ort nicht die Erde unter ihren Füßen, sondern der Ort, an dem sie die Stiftshütte für die Gegenwart Gottes und schließlich den Tempel bauten. Die Bundeslade, die sie mit sich trugen, war der Ort der Präsenz Gottes – der Ort, an dem der Herr unter seinem Volk gegenwärtig war. Für die an Jahwe Gläubigen bedeutete die Gegenwart Gottes, dass sie nicht nur irgendein Volk waren. Und die Erlösung kann für die Juden von damals, genauso wie für uns heute, nur durch die ständige Gegenwart von Gottes Geist gefunden werden.

Ich glaube, dass der endgültige Plan der Erlösung durch Gott direkt in der Bibel zu finden ist. Nach meiner Reise in den Himmel verglich ich meine persönliche Offenbarung mit der Heiligen

Schrift, was das, was ich gesehen hatte, weiter bestätigte. Vom Himmel aus war ich Zeuge, wie Gottes Gegenwart auf die Erde kam, und mir wurde gezeigt, dass der ganze Himmel Gottes Gegenwart repräsentiert.

Jesus sprach ein Gebet, um Gottes himmlische Ziele auf der Erde zu verwirklichen. Er sagte: *„Dein Reich komme. Dein Wille geschehe, wie im Himmel so auf Erden"* (Matthäus 6,10). Damit dies geschehen kann, wird Gott die neue Erde schaffen, die ich im Himmel gesehen habe. Doch bevor Jesus seine „Gemeinde" (die Gesamtheit der Gläubigen) in den Himmel holt, bevor er während der Trübsalszeit Gerechtigkeit auf der Erde übt, wird ein weiteres Ereignis stattfinden, das ich ebenfalls im Himmel gesehen habe. Die Gegenwart Gottes wird über die bestehende Welt ausgegossen werden. Ich hatte Gottes endgültigen Plan gesehen, jeden einzelnen Menschen zu retten, der offen dafür ist, die Wahrheit über Jesus, den Messias, zu erfahren, und der ihn annimmt, bevor es zu spät ist.

Die gute Nachricht ist, dass Gottes Herrlichkeit gerade jetzt dabei ist, zu kommen. Was ist die Herrlichkeit Gottes? Sie ist die Gegenwart des Heiligen Geistes, Gottes Gegenwart. Erweckung bedeutet, vom Heiligen Geist erweckt zu werden, d. h. von Gottes Gegenwart überflutet zu werden und das Hervorfließen von Gottes Kraft zu erleben.

Geliebte des Herrn Jahwe, bald wird die größte Erweckung der Geschichte kommen – eine Welterweckung! Gottes Herrlichkeit wird vom Himmel hervorbrechen und unzählige Menschen werden gerettet werden. Millionen von Gläubigen werden mit Wundern und mit Gaben wie Prophetie, Evangelisation, Lehre, Befreiung und Heilung gesalbt werden.

Mach Platz, Welt, denn der Himmel ist dabei, die Erde zu erobern!

Kapitel 24

Jerusalem kehrt zurück

Betet für den Frieden Jerusalems! Wer dich liebt, dem soll es gut ergehen!

Psalm 122,6 HFA

Die Invasion des Himmels, die ich in meinem Geist wahrnahm, ließ meine Seele noch Jahre nach meiner himmlischen Begegnung mit Jesus nicht los. Ich wusste inzwischen, dass ich freigesetzt worden war, meinen Bericht über das Leben nach dem Tod weiterzugeben, allerdings mit einer Ausnahme – das, was ich über die letzten Tage gesehen hatte, als sie im Himmel von Gottes Thron aus „geboren" wurden. Weiter oben erwähnte ich, wie mir bestätigt wurde, dass eine Josua-Generation kommt. Das war, als der Heilige Geist zu mir über die Erweckung in der Endzeit zu sprechen begann. Gottes Gegenwart, seine Herrlichkeit, wird dann über die Erde ausgegossen werden. Aber eine zweite Offenbarung kam mir in den Sinn.

Der Heilige Geist begann, die Geheimnisse der alten Zeiten im Hinblick auf das zukünftige Ende dieser Welt, wie wir sie kennen, zu enträtseln. Es begann mit den Zahlen „sieben" und „vierzig". Diese Zahlen spielen eine wichtige Rolle, wenn es darum geht, den Beginn der letzten Tage festzustellen, die ich im Himmel gesehen habe.

Es dauerte wahrscheinlich etwa sieben Jahre, bis Josua und sein Stamm Kanaan erobert hatten. In der israelitischen Kultur und Literatur bedeutet die Zahl Sieben „Fülle" oder „Vollständigkeit". In der Tat ist die Zahl Sieben die wichtigste symbolische Zahl in der hebräischen Bibel. Aus dem 1. Buch Mose wissen wir, dass Gott am siebten Tag, dem *Sabbat,* ruhte (s. 1. Mose 2,2). Diese Ruhe am siebten Tag wurde auch im Gesetz des Mose vorgeschrieben (s. 2. Mose 16,29-30). In der Bibel wird ebenso der Höhepunkt der Endzeit erwähnt, der nach der siebenjährigen Trübsal eintritt.

Auch die Zahl Vierzig spielt in der Bibel eine wichtige Rolle. In der Heiligen Schrift steht die Zahl Vierzig für neues Leben, neues Wachstum und Verwandlung. Es dauerte vierzig Jahre des Wanderns in der Wüste, bis die Juden auf Gottes Angebot eines gelobten Landes für Abraham und seine Nachkommen eingingen (s. 1. Mose 17,1-16). Einhundertsechsundvierzigmal wird die Zahl Vierzig in der Bibel erwähnt und symbolisiert eine Zeit der Prüfung, der Bewährung oder der Erprobung.

Jesus fastete vor seiner Versuchung „vierzig Tage und vierzig Nächte" in der judäischen Wüste, wie die Bibel an mehreren Stellen berichtet (s. Matthäus 4,2; Markus 1,13; Lukas 4,2). Auch der Regen der Sintflut dauerte vierzig Tage und Nächte. Jesus verbrachte nach seiner Auferstehung vierzig Tage mit seinen Anhängern. Gott hat sogar die Schwangerschaft des Menschen so geplant, dass sie vierzig Wochen dauert.

An und für sich bedeuten die Zahlen Sieben und Vierzig wenig, aber der Gott der Ordnung stellte einen perfekten Plan voller Bedeutung auf. Im Buch der Offenbarung schreibt der Apostel Johannes von sieben Gemeinden, sieben Engeln, sieben Siegeln, sieben Posaunen und sieben Sternen. Die Menschen neigen dazu, der Numerologie – der Lehre von der geistlichen Bedeutung der Zahlen – zu viel Bedeutung beizumessen. In meinem Fall denke ich, dass diese Zahlen auf das hinweisen, was der Heilige Geist mir im Himmel sagte, als er mich aufforderte, die „Zeichen" zu erkennen.

In meinem Geist spürte ich, dass vierzig Jahre ein bedeutendes Ereignis für Israel darstellen würden. Das Wort Gottes spricht prophetisch durch Zahlen und auch über die Herrlichkeit Gottes im Himmel. Gott spricht nie ohne Absicht. Und da sein Wort ewig ist, gilt es „auf Erden wie im Himmel". In der Bibel bezieht sich Gott auf Israel wie auf kein anderes Land der Erde. Gott hat Israel dazu auserwählt, ein Licht für die Heiden zu sein; und tatsächlich haben die jüdischen Jünger das Evangelium von Jesus als dem Messias in der Welt verbreitet.

Im Himmel wusste ich, dass die Juden und Israel die ewige Aufmerksamkeit Gottes erhalten. Und ich war Zeuge, wie der Erzengel Michael vom Himmel auf Israel herabstürzte, um die Israeliten zu schützen, wie es prophezeit worden war:

> *... Denn auf dem Berg Zion und in Jerusalem wird Rettung sein ... Und der HERR brüllt aus Zion und lässt aus Jerusalem seine Stimme erschallen, und Himmel und Erde erbeben. Und der HERR ist eine Zuflucht für sein Volk und eine Bergfestung für die Söhne Israel* (Joel 3,5; 4,16).

So richtete sich meine Aufmerksamkeit stark auf die Ereignisse in Israel als prophetisches Zeichen dessen, was ich im Himmel gesehen hatte, und als Indikator dafür, wann Gottes Herrlichkeit auf die Erde ausgegossen werden würde. Nach dem Ausbruch der Covid-19-Pandemie wurde ich auf einen interessanten Artikel aufmerksam gemacht. Ich glaube, er war für mein Verstehen des „Himmelssturms“ von großer Bedeutung.

Im Jahr 2021, sieben Jahre nachdem der Heilige Geist mich dazu veranlasst hatte, mit meiner Himmelserfahrung an die Öffentlichkeit zu gehen, feierte Israel vierzig Jahre seit der Erklärung der Souveränität der Golanhöhen. Israel hatte im Sechs-Tage-Krieg 1967 die Golanhöhen von Syrien erobert und 1981 die Souveränität darüber beansprucht. Mit der Rückkehr der Golanhöhen kehrte Israel endgültig in sein ursprüngliches Territorium aus der Zeit Josuas zurück und erfüllte damit den Bund Gottes mit den Juden, ihnen das Land Kanaan zu geben. Er gab ihnen somit endlich das Gelobte Land zurück.

Das in der Bibel als „Baschan“ bezeichnete Gebiet der Golanhöhen galt als Teil des Landes Israel und wurde dem Stamm Manasse zugeordnet (s. 5. Mose 4,43; Josua 13,29-31, 21,27). Die jüdischen Stämme in Großbritannien und Europa, die hauptsächlich nach Nordamerika gezogen sind, sind diejenigen, die von Manasse, dem ersten Sohn Josefs, abstammen (s. 1. Mose 41,50-52).

Zu den Golanhöhen gehört der Berg Hermon, auch „Berg der Verklärung“ genannt. Dies ist einer der Berge, die die nordöstliche Grenze der israelischen Eroberung unter Moses und Josua darstellten. Manche Menschen glauben, dass der Berg, auf dem Gott Moses die Zehn Gebote gab, der heutige Berg Hermon ist, der in den hebräischen Schriften erwähnt wird. Die Bedeutung der Rückkehr des Golan zu Israel nach vierzig Jahren ist mir nicht entgangen, da dieses Ereignis die Wiedervereinigung des von Josua und seiner Armee eroberten Gelobten Landes kennzeichnet.

Genau so, wie Gott es mir im Himmel gesagt hatte, schien mir, dass die Zeichen unserer Zeit einen Zeitplan für die Vorbereitung des Leibes Christi auf die Rückkehr des Bräutigams (Jesus, der Messias) für seine Braut (seinen geliebten Leib) bildeten. Gott offenbarte mir die Zeichen für seine Wiederkunft durch die Erfüllung seiner Verheißungen an die Nachkommen Abrahams.

***

Warum ist das alles so wichtig für den Ablauf der Dinge? Erinnern Sie sich daran, dass Jesus mir sagte, ich solle nach Zeichen Ausschau halten? Gott beschloss, mir nicht die genaue Zeit der letzten Tage zu offenbaren, sondern die „Jahreszeit".

Im Rahmen des mosaischen Bundes – dem Bund, den Gott mit Israel geschlossen hat – wurden die Israeliten angewiesen, wie sie die Jahreszeiten und Festtage begehen sollten. Die Zyklen und Jahreszeiten der Erde sind für Gott wichtig, und er hat sie während der ersten Schöpfungswoche im 1. Buch Mose festgelegt. Die Festtage und Jahreszeiten des mosaischen Bundes prophezeiten nicht nur den kommenden Messias, sondern dienten auch als Vorschattungen für die Muster und Ereignisse, die zuerst im Himmel festgelegt wurden und sich in Echtzeit auf der Erde abspielen (s. 1. Mose 1,14).

Der Prophet Daniel sprach von Zeichen: *„Wie groß sind seine Zeichen und wie mächtig seine Wunder! Sein Reich ist ein ewiges Reich, und seine Herrschaft währt von Generation zu Generation!"* (Daniel 3,33). In einer anderen Schriftstelle aus dem Buch Daniel *heißt es* über Zeichen: *„Er, der rettet und befreit und Zeichen und Wunder im Himmel und auf der Erde tut, er hat Daniel aus der Gewalt der Löwen gerettet"* (Daniel 6,28).

In der Heiligen Schrift verurteilte Jesus diejenigen, die nach Zeichen suchten – aber mit ihrem Fleisch, nicht mit Zeichen, die der Heilige Geist den Gläubigen gab (s. Matthäus 16,3). Jesus segnete Simon Petrus als „Simon, Sohn des Jona", weil er durch Gottes Inspiration Jesus als den Messias erkannte. Wir erinnern uns vielleicht an einen anderen Jona, einen Propheten, zu dem Gott sprach und der das Volk von Ninive warnen sollte, umzukehren. Jona ignorierte Gott und musste Buße tun, um gerettet zu werden – ein prophetisches Bild für uns. Ich konnte nicht umhin zu glauben, dass die Vereinigten Staaten von Amerika (USA) heute wie das Volk von Ninive sind, ein Ort und ein Volk, das durch Ungerechtigkeit verdorben ist und das aufgerufen ist, sich zu demütigen und von seiner Sünde umzukehren, von den Führern an abwärts. Wenn das Volk der USA wie Ninive Buße tut, wird Gottes Segen folgen, und der Platz dieser Nation in der Endzeit wird mit dem Israels vergleichbar sein.

Das waren die „Erleuchtungen", die meine Aufmerksamkeit in Anspruch nahmen. Gottes Offenbarungen begannen, durch mich hindurchzufließen wie die Ströme, die durch den Himmel fließen. Die Heilige Schrift sagt, dass Gott Offenbarungen gibt (s. Matthäus 16,17). Jesus hat uns darin bestärkt, nach *seinen* Zeichen und Wundern zu suchen, denn sie offenbaren *seine Herrlichkeit* in den irdischen Werken Jesu, in den Gläubigen, die ihm nachfolgen, und in den himmlischen Zeichen, die sein Geist offenbart.

Das Wirken Jesu und seiner Jünger markiert den Beginn der „Pflanzzeit", die ich bereits erwähnt habe. Die Werke Jesu erschienen auf der Erde zunächst als Zeichen. Wir können den raschen Übergang in den folgenden Abschnitten beobachten. Zuerst unterrichtet Jesus seine Jünger über seinen Dienst. Dann fährt er in den Himmel auf, von wo aus er mit seinen Nachfolgern (sobald sie mit dem Heiligen Geist erfüllt sind) zusammenarbeitet, um sein Wort auf der Erde durch dieselben Werke zu bestätigen, die er getan hat, und durch noch größere Werke in allen, die an Jesus glauben (s. Johannes 14,12; Apostelgeschichte 1,2; 2,3).

> *„Diese Zeichen aber werden denen folgen, die glauben: In meinem Namen werden sie Dämonen austreiben; sie werden in neuen Sprachen reden ... Schwachen werden sie die Hände auflegen, und sie werden sich wohl befinden."*
> *Der Herr wurde nun, nachdem er mit ihnen geredet hatte, in den Himmel aufgenommen und setzte sich zur Rechten Gottes.*
> *Jene aber zogen aus und predigten überall, während der Herr mitwirkte und das Wort durch die darauf folgenden Zeichen bestätigte* (Markus 16,17-20).

Als ich den Himmel besuchte, teilte Gott mir mit, dass die Zeichen auf der Erde eine Bedeutung für mich haben würden. Bedeutungen sind persönlich, während Fakten nur Fakten sind, bis sie eine persönliche Bedeutung bekommen. Gott weiß immer, wie er einen persönlichen Ton in unserem Leben anschlagen kann. Er offenbarte mir im Himmel, dass das, was zuerst im Himmel festgelegt wird – und was ich miterlebt habe –, später auf der Erde freigesetzt wird. Ich sah den Sturm und wie er auf die Erde kam. Wie in der Heiligen Schrift benutzte Gott Zahlen und Ereignisse, um mir auf der Erde ein „inneres Wissen" zu vermitteln. So hatte er es im Himmel gesagt. Sein Befehl an mich, nach „Zeichen" Ausschau zu halten, wenn ich auf die Erde zurückkehrte, ist für mich eine Wiederholung der Zeichen, die in der Heiligen Schrift zu sehen sind, einschließlich des Lukasevangeliums, wo wir anhand der himmlischen Zeichen der letzten Tage gewarnt werden (s. Lukas 21,25-28).

Um den Grund für den geistlichen Sturm im Himmel zu verstehen, müssen wir auch den Zweck der Trübsal verstehen, die auf der Erde stattfinden wird, da sie mit der biblischen Darstellung von Zahlen zusammenhängt. In der Heiligen Schrift sind Zahlen nicht nur quantitative Indikatoren, sondern haben in der Regel mehr Bedeutung. Wie gesagt steht die Zahl Sieben für Vollkommenheit und endgültige Vollendung. Sie ist auch die Zahl des Heiligen Geistes und die Zahl des Gottesbundes.

Die Acht ist eine weitere wichtige Zahl. Im Hebräischen heißt acht *sh'moneh* und bedeutet „fett machen", reichlich vorhanden sein, neu gemacht werden. Die Acht ist die Zahl der Erlösung, der Auferstehung und (in erweitertem Maße) der Wiederkunft Jesu Christi. Zusammen haben die Zahlen Sieben und Acht eine eschatologische Bedeutung der geistlichen Vollendung. Im Alten Testament wurden sieben Bündnisse offenbart.

Der achte Bund (mit Christus) im Neuen Testament wurde im mosaischen Bund (dem Bund, den Gott mit Israel schloss) durch das Fest des „achten großen Tages" vorgezeichnet. Unter dem alten Bund war der achte Tag der Tag, an dem alle neugeborenen männlichen Kinder Israels beschnitten werden sollten (s. 2. Mose 4,25; 3. Mose 12,3). Der achte Tag war auch der letzte Tag des achttägigen Festes, der so genannte letzte große Tag und *die Abschlussversammlung* des

Laubhüttenfestes, der letzte Tag der Jahresfeste und ein heiliger „Tag“ der Ruhe (s. 3. Mose 23,36).

Der letzte große Tag steht für den letzten Tag vor dem Gericht am Weißen Thron und für die Belohnung der Gläubigen mit dem ewigen Leben. Zur Zeit Jesu wollten die Menschen wissen, ob der Messias, wenn er kommt, mehr *Zeichen* tun würde als „dieser Mensch“ – Jesus (s. Johannes 7,31). Ein paar Verse später heißt es: *„An dem letzten, dem großen Tag des Festes aber stand Jesus und rief und sprach: Wenn jemand dürstet, so komme er zu mir und trinke!“* (Johannes 7,37). Jesus sprach über seinen Tod, seine Auferstehung, seine Himmelfahrt und die Ausgießung des Heiligen Geistes, die auf alle kommen würde, die an ihn glauben (s. Johannes 7,39).

Im Buch der Offenbarung berichtet der Apostel Johannes von sieben Visionen. Der siebte Hinweis wird mit dem griechischen Wort *kai eidon* (was „und ich sah“ bedeutet) zum *achten Mal* wiederholt (s. Offenbarung 20,11-12). Im Rahmen des neuen Bundes lehrte Jesus, dass es hier um die Beschneidung *des Herzens* geht, und deutete einen großen Tag an, an dem Juden und Nichtjuden gleichermaßen als ein neuer Mensch mit allen unter dem neuen Bund zusammenleben werden – mit Jesus als Messias, Erlöser, Herr und König (s. Apostelgeschichte 10,28; Römer 1,6; 2,29; 3,22; Epheser 2,11-22). Heute dient der jüdisch-christliche Glaube als Grundlage für die Gemeinschaft von Juden und Christen auf der Erde und im Himmel. Ich war vom Himmel aus Zeuge, wie die jüdischen Gläubigen, die an Jesus als ihren Messias glauben, in den Himmel entrückt wurden und sich in den letzten Tagen um den Thron versammelt haben.

Die Zahlen Sieben und Acht deuteten für mich auf ein wichtiges Endzeitereignis hin, als ich die Zeitgeschichte in Bezug auf das jüdische Volk recherchierte, da sie mit meiner eigenen Erfahrung zusammenhing. Als Ägypten und Israel 1978 den Friedensvertrag von Camp David unterzeichneten, war dies das gleiche Jahr, in dem ich als Agnostiker aus dem Fenster meiner Wohnung schrie und Gott ernsthaft bat, sich zu offenbaren. Auf meinen Schrei hin sandte Gott als Antwort den Heiligen Geist vom Himmel zu mir. Ich hätte also nicht überrascht sein sollen, als ich im Himmel sieben Engel sah, die ihre Schilde (oder „sieben Schalen“ des Zorns, wie sie der Apostel

Johannes nannte) auf die Erde ausschütteten. Der Himmel war mir seit meiner Wiedergeburt persönlich vertraut, und er wurde zu meiner einzigen Realität, als ich als Geist in den Himmel kam. Danach entdeckte ich die Entschlüsselung dessen, was ich im Himmel sah, durch die Ereignisse der modernen Geschichte im Zusammenhang mit der jüdischen Nation, die der eschatologische Indikator der Endzeit ist. Paulus sagt uns, dass die Menschen in den letzten Tagen glauben werden, sie hätten endlich Frieden erlangt, aber stattdessen wird Zerstörung kommen. In der Tat stehen wir heute am Abgrund dessen, was ich im Himmel gesehen habe:

> *Was aber die Zeiten und Zeitpunkte betrifft, Brüder, so habt ihr nicht nötig, dass euch geschrieben wird.*
> *Denn ihr selbst wisst genau, dass der Tag des Herrn so kommt wie ein Dieb in der Nacht.*
> *Wenn sie sagen: Friede und Sicherheit!, dann kommt ein plötzliches Verderben über sie, wie die Geburtswehen über die Schwangere; und sie werden nicht entfliehen* (1. Thessalonicher 5,1-3).

Im Mittelpunkt der jüngsten Friedensgespräche stehen die palästinensischen Forderungen, die israelischen Grenzen auf die Demarkationslinie von vor 1967 zurückzusetzen, als Jordanien das Westjordanland kontrollierte, und damit das ursprüngliche Land zu verleugnen, das Gott Moses versprochen hatte. Der Sturm ist im Gange. Als ich einen Artikel des Pew Research Center vom 8. Dezember 2022 las, war ich überrascht zu erfahren, dass vier von zehn Erwachsenen in den USA glauben, dass die Menschheit „in der Endzeit lebt". Im Gebet bat ich den Herrn, mir Klarheit in Bezug auf diese Zeit zu geben. Die Zahlen Sieben, Acht und Vierzig hallten deutlich in meinem Geist wider – sie bestätigten mir, dass die letzten Tage vor der Tür stehen.

Laut dem Propheten Daniel gibt es eine siebzigste „Sieben" (sieben Jahre), die noch kommen wird. Die gesamte Prophetie Daniels über die „siebzig (mal) Sieben (Jahre)" bezieht sich auf das Volk Israel. Es ist eine Zeitspanne, in der Gott seine Aufmerksamkeit besonders auf Israel richtet, als eine Erfüllung des Bundes, den er mit dem jüdischen Volk geschlossen hat. Gottes Bund mit Israel basiert auf seinen Verheißungen, die er Abraham gegeben hat. Der Bund Gottes mit Abraham bildete die Grundlage für die Entstehung eines Volkes, das als

Israel bekannt werden sollte. Der Verweis auf Abraham erscheint mehrmals in der Exodus-Erzählung (s. 2. Mose 3,15-17, 6,3-8).

Die „siebzigste(n) Sieben" (Jahre) bzw. die Trübsal müssen eine Zeit sein, in der Gott sich speziell mit Israel während der Trübsalszeit befasst, und die vermutlich nach der Entrückung der Gläubigen stattfindet (s. 1. Thessalonicher 4,15-17). Die vom Apostel Paulus festgestellte „Verstockung" Israels wird während der Trübsalszeit beseitigt werden. Dies wird geschehen, wenn die Fülle der Heiden vollendet ist und die Juden in der Endzeit zu ihrem Messias, Jahwe, erweckt werden (s. Römer 11,25). Der Zweck der Trübsal wird also darin bestehen, die Gerechtigkeit für die Welt und eine Bundesbeziehung mit Israel wiederherzustellen. Diejenigen, die durch Jesus von Neuem geboren sind, stehen bereits unter dem neuen Bund in Jesus Christus: *„Dieser Kelch* [der Erlösung durch Christus] *ist der neue Bund in meinem Blut, das für euch vergossen wird* (Lukas 22,20).

Dies war der geistliche Sturm, den ich im Himmel sah und der bald auf der Erde freigesetzt wird. Das erste Zeichen dieses bevorstehenden himmlischen Sturms war die erneute Sammlung der Juden, die den Beginn der Endzeit einleitete, mit der Gründung des Staates Israel im Gelobten Land, das den Juden gemäß dem Bund Gottes mit ihnen gegeben wurde. Am wichtigsten war die Annexion Ostjerusalems, vervollständigt wurde es durch die Besetzung der Golanhöhen. Damit wurde die alte Geographie des Gelobten Landes, das ursprünglich von Josua und seiner Armee erobert worden war, vervollständigt.

Warum war die Annexion der Golanhöhen durch Israel im Jahr 1981 ein wichtiges Indiz, um die Endzeit zu bestimmen? Mehrere alte Kulturen haben dort Götzen verehrt. Später jedoch rissen der Prophet Elia und die gerechten Könige Hiskia und Josia diese Arten von „Höhen der [falschen] Anbetung" nieder, als sie der Götzenanbetung der kanaanitischen Götter entgegentraten. Auf den Golanhöhen wies Jesus darauf hin, dass kein Übel, kein Götze und kein falscher Gott gegen die Größe seines Leibes – der Gemeinde – bestehen kann.

Auf den Golanhöhen fand ein heiliges Gespräch statt, als Jesus seine Jünger fragte: *„Was sagen die Menschen, wer ich bin?"* (Markus 8,27). Er führte sie absichtlich an diesen Ort, an dem es zu unzüchtigen heidnischen Opferhandlungen gekommen war, um sich selbst als Sohn des lebendigen Gottes zu offenbaren. Petrus war der erste, der Jesus als den Messias verkündete, woraufhin Jesus antwortete: „... *Fleisch und Blut haben es dir nicht offenbart, sondern mein Vater, der in den Himmeln ist ... und auf diesem Felsen werde ich meine Gemeinde bauen"* (Matthäus 16,17-18).

Als die in Josua 21,27 genannte „Zufluchtsstadt" Golan wieder zum Volk Israel gehörte, bedeutete dies die Vollendung des Staates Israel. Selbst als verschiedene Präsidenten der Vereinigten Staaten und Israels über die Rechte an den Golanhöhen zwischen Palästina und Israel verhandelten, hatte Gott dieses Gebiet bereits als Grenze zwischen Gut und Böse festgelegt. Auch heute noch ist es ein Streitpunkt zwischen Nationen und Religionen. Aber seine Stellung in der Geschichte bedeutet, dass die Wiederherstellung des göttlichen messianischen Planes in Israel im Jahr 1967 ein wichtiges Zeichen für das Land ist, das Gott Abraham gegeben hat – und in das Jesus bald zurückkehren wird.

***

Ich glaube, dass auch noch andere Indikatoren für die Ausgießung von Gottes Herrlichkeit auf die Erde und die anschließende Entrückung und Trübsal mit meiner himmlischen Erfahrung sowie mit den zahlreichen Zeugnissen anderer Menschen, die gestorben sind und Himmel und Hölle erlebt haben, zu tun haben.

Wie ich bereits erwähnte, sprach der Heilige Geist eines Abends, als ich mit meiner Frau Renee betete, leise zu uns über die Notwendigkeit, die Erzählung über Nahtoderfahrungen von den „Universalisten" (Esoterikern), die diesen Raum dominierten, zurückzuholen. Schließlich hat Gott den Himmel erschaffen, also sollte er auch die Anerkennung dafür bekommen – und nicht irgendeine mystische Religion. Und für eine solche Zeit wie diese hat Gott beschlossen, eine Flut von Geschichten durch unsere verschiedenen Programme bekannt zu machen, in denen ich öffentlich Nahtod-Überlebende befrage.

Manchmal bezeichne ich meine Gespräche mit Nahtod-Überlebenden als „Verklärungserlebnisse". Das bedeutet, dass jeder NTE-Überlebende eine Veränderung der Gestalt oder des Aussehens erlebt hat, da die meisten von uns im Himmel einen neuen Körper erhalten haben, nachdem sie die verherrlichte Person Jesu gesehen haben.

Ein biblisches Verklärungserlebnis fand statt, als Jesus auf der Erde wandelte und drei seiner Jünger (Petrus, Jakobus und Johannes) auf einen Berg mitnahm. Als Jesus dort verklärt wurde, erschienen Mose und Elia mit ihm. Petrus bemerkte die Gestalten und fragte, ob er drei *Laubhütten* für sie bauen solle – ein Hinweis auf die wichtige Zeit des Dritten Tempels (s. Matthäus 17,3-4).

Dies weist sicherlich auf den Wiederaufbau des irdischen Tempels in der Endzeit hin, aber wenn wir genau hinsehen, ist die Hütte, von der Petrus hier spricht, das griechische Wort *skēnē,* das ein *Zelt oder eine Hütte aus grünen Zweigen oder Fellen bezeichnet.* In der Schrift werden Menschen auch als „Bäume" bezeichnet (s. Markus 8,24).

Die Stiftshütte der Israeliten in der Wüste war ein Zelt der Begegnung. Diese Stiftshütte war das Muster, nach dem später der erste und zweite Tempel in Jerusalem gebaut wurden. Die Stiftshütte, das Zelt der Begegnung, wurde von Ort zu Ort versetzt, bis sie während der Herrschaft Davids in Jerusalem zur Ruhe kam. Im Neuen Testament wird jedoch eine *dritte Stiftshütte* offenbart. Die Stifthütte des Himmels ist nicht von Menschenhand gebaut, sondern von Gott, denn die Gläubigen sind die Hütte Gottes auf Erden (s. Matthäus 17,4; Apostelgeschichte 7,48; 2. Korinther 5,1).

Bei der Verklärung wurden das Gesicht und die Kleidung Jesu aufgrund der Herrlichkeit blendend hell, wie in den Evangelien von Matthäus, Markus und Lukas berichtet wird. Wir haben die Vorschattung derselben Herrlichkeit auf dem Gesicht von Mose gesehen, als er mit den Zehn Geboten vom Berg zurückkehrte (s. 2. Mose 34,33-35). Mose bedeckte sein Gesicht vor den Israeliten mit einem Schleier, weil die Sünde uns nicht erlaubt, die Herrlichkeit zu sehen. Aber die an Jesus Gläubigen sind nicht wie Mose, dessen Schleier die Israeliten davon abhielt, *„auf das Ende des Vergehenden"* zu blicken (s. 2. Korinther 3,13). Dieser Schleier wurde im Tempel zur Zeit Jesu für immer zerrissen, als dieser am Kreuz für die Sünder starb. Derselbe Schleier, der die Menschen zur Zeit Moses davon abhielt, die Folgen ihrer Sünden zu sehen, bedeckt auch heute noch die Herzen aller, die Jesus nicht ihren Messias nennen (s. 2. Korinther 3,15).

Ich glaube, dass Jesus durch diese „Verklärungs“(Nahtod)-Erfahrungen den Himmel auf die Erde bringt. Gottes Offenbarung des Himmels durch eine noch nie dagewesene Anzahl von an Christus Gläubigen, die alle gestorben sind, den Himmel erlebt haben und zurückgekehrt sind, ist ein entscheidendes Zeichen der Zeit, das den kommenden Sturm voraussagt. Es ist genau der Sturm, den ich im Himmel gesehen habe und der im Himmel begann und bald auf der Erde mit der Ausgießung der Herrlichkeit Gottes beginnen wird.

Ich sah diese Herrlichkeit über denjenigen schweben, die ich im Himmel gesehen hatte – als ein „Leuchten“ über ihnen. Später erklärte mir Gott, dass das verstärkte Leuchten einiger Menschen gegenüber anderen von der größeren Herrlichkeit zeugt, die in denen wohnen wird, die Gott in dieser Welt nähergekommen sind. Der Grad der Hingabe und der Nähe zu Gott, die Sie jetzt, in diesem Leben, praktizieren, wird also direkt mit dem Grad der Herrlichkeit Gottes korrespondieren, die Sie im Himmel erfahren. So wie Mose, nachdem er in der Gegenwart Gottes auf dem „Berg Gottes“ war, mit einem Glanz über sich herabstieg, werden auch Sie eines Tages diese Herrlichkeit im Himmel tragen, und sie wird Sie nie verlassen.

Sie sind dem Himmel näher, als Sie denken.

Kapitel 25

Der Sturm zieht jetzt auf

Wenn du durchs Wasser gehst, ich bin bei dir, und durch Ströme, sie werden dich nicht überfluten. Wenn du durchs Feuer gehst, wirst du nicht versengt werden, und die Flamme wird dich nicht verbrennen.

Jesaja 43,2

Der Himmel sagt uns alles, was wir über unsere Welt und Gottes Pläne wissen müssen. Erinnern Sie sich, wie ich im Himmel sah, dass das Feuer aus dem Thronsaal Gottes Kinder nicht verbrannte? Gott hat versprochen, dass er seine Geliebten beschützen wird, aber das bedeutet nicht, dass der Sturm uns nicht treffen wird. Diese Welt kann sehr bedrohlich sein.

Unsere Welt neigt dazu, die Dinge zu verwirren, während der Himmel sie klar macht. Was im Himmel so leicht zu verstehen war, ließ sich auf der Erde nicht so leicht umsetzen. Mit meinen geistlichen Augen konnte ich sehen, wie sich Gottes Ende der Zeiten im Himmel anbahnte; aber in meinem Körper und meinem Gehirn auf der Erde konnte ich nicht ohne Weiteres ableiten, wann sich all das, was ich gesehen hatte, auf der Erde manifestieren würde. Denn, wie der Apostel Paulus schrieb, „*sehen wir*“ in dieser Welt „*nur ein undeutliches Bild wie in einem trüben Spiegel*“ (1. Korinther 13,12 HFA), im Himmel aber sehen wir alles klar. Im Himmel schien es, als würde Gott seine letzte Ausgießung seines Geistes und seine Gerichte in Echtzeit in Gang setzen. Erst später verstand ich, dass das, was ich im Himmel sah, auf der Erde zu einem viel späteren Zeitpunkt verwirklicht würde.

Auf der Suche nach Antworten wandte ich mich an die anderen Nahtod-Überlebenden, mit denen ich in den letzten Jahren schon Kontakt hatte. Unter den Hunderten Nahtod-Überlebenden, die ich interviewt habe, kristallisierte sich eine Sicht heraus, die mir half, einige Antworten zusammenzufügen. Dies wurde durch meine eigenen Erfahrungen bestätigt, die ich hier offenlege, um die Geschichte über die Zukunft der Menschheit in dieser Welt klarer darzustellen. In einer dieser Antworten ging es um die Gründe, warum Gott heute so viele Berichte über das Leben nach dem Tod ans Tageslicht kommen lässt. Tatsächlich ist eine der häufigsten Fragen, die mir gestellt werden, die folgende: „Was glauben Sie, warum heute so viele dieser Berichte über Nahtoderfahrungen verbreitet werden?“

Dazu sollten Sie wissen, dass die meisten von uns NTE-Überlebenden ihre Geschichten nicht erzählen wollten, zumindest anfangs. Aber wir fühlten uns *genötigt*, unsere Geschichte zu erzählen – wir fühlten uns sogar direkt von Gott dazu aufgefordert. Die Behauptung, wir seien auf der Suche nach Aufmerksamkeit oder Berühmtheit, ist offen gesagt (für die meisten von uns) absurd. Die „traurige Berühmtheit“, die ich erhielt, nachdem ich meine Geschichte erzählt hatte, entsprach nicht der Art von Anerkennung, die ich mir für meine Karriere oder mein Leben wünschte.

Niemals wollte ich mich den Fragen, Zweifeln und manchmal auch dem Spott der Skeptiker aussetzen, obwohl ich vor meiner eigenen Erfahrung im Jenseits selbst so einer war. Ich wollte auch nicht die intimen Erfahrungen preisgeben, die ich auf meinen Reisen mit Jesus am meisten schätzte. Die Redewendung „Verschwende keine kostbaren Dinge an Menschen, die sie nicht zu schätzen wissen“ ist von einer Aussage Jesu aus den Evangelien abgeleitet: *„... werft auch nicht eure Perlen vor die Schweine ...“* (Matthäus 7,6).

Die Antwort auf die Frage, warum heute so viele Berichte über NTEs auftauchen, geht meiner Meinung nach über einfache Erklärungen hinaus, wie z. B. den besseren Zugang zu den sozialen Medien, bessere lebensrettende medizinische Maßnahmen oder das Gefühl der Menschen, dass sie sich sicherer fühlen, ihre Geschichten mitzuteilen, weil es viele gibt, die es schon erlebt haben. Die Geschichten über das Leben nach dem Tod, die in immer größerer Zahl auftauchen, dienen dazu, die Menschen prophetisch zu Jesus zu rufen, in Erwartung seiner baldigen Wiederkehr. Diejenigen, die gestorben sind und den Himmel (oder die Hölle) erlebt haben, können kaum Zweifel daran lassen, dass Himmel und Hölle real sind und dass der Gott Jesu real ist. Die Berichte bringen viele dazu, an Jesus als ihren Herrn und Retter zu glauben. Schließlich wünscht sich Gott in diesen letzten Tagen, dass *alle* Menschen ihn *kennenlernen* – und nicht nur etwas über ihn wissen.

Das vielleicht aufschlussreichste Zeichen dieser Endzeit ist, dass Gottes Herz für die Verlorenen zunehmend enthüllt wird. Er liebt uns viel zu sehr, als dass er uns ständig den immer schlechter werdenden Seiten dieser gefallenen Welt aussetzen würde. Jesus kommt zurück, um den Rest der Verlorenen zu retten und seine geliebte Braut vor dem Ende aller Zeiten zurückzuholen – ein Zeitrahmen, der uns heute bevorzustehen scheint.

***

Wenn ich mir den Sturm ins Gedächtnis rufe, werde ich daran erinnert, dass das Gute, das in dieser Welt geschieht, oft ein Spiegel dessen ist, was im Himmel geschieht. Durch die ganze Bibel hindurch verwendet Jesus mehrere weltliche Analogien, um himmlische Wahrheiten zu erklären, denn die Natur spiegelt das Paradies, das ich im Himmel gesehen habe, in Aussehen und Wahrheit wider. Sogar irdische Stürme folgen dem Muster, das ich gesehen habe. Die Wolken kommen, dann der Regen, dann klärt sich die Luft, dann kommt das Wasser für alle lebenden Pflanzen, Tiere und Menschen. Manchmal bringt der Sturm auch Zerstörung.

In ähnlicher, aber geistlicher Weise schwebte der Sturm im Himmel zunächst über der Erde. Der Regen der Gegenwart Gottes fiel auf die Erde, bewirkte eine Erweckung und schenkte denen, die zuvor kein Leben in Christus hatten, neues Leben. Als Nächstes sah ich, wie Jesus sein weißes Pferd bestieg, zusammen mit seinem Gefolge, und seine geliebten Kinder (die Heiligen) in den Himmel rief – ohne dass sie starben, so wie Gott es mit dem alten Propheten Elia getan hatte, der in den Himmel hochgenommen wurde, als er noch lebte. Dieses „Hochnehmen" wird als Entrückung übersetzt.

Der Sturm, den ich im Himmel sah, brachte dann die Zerstörung, als Gott seine Gegenwart von der Erde wegnahm und die sieben „Schalen" ausgegossen wurden. Aber die Schalen sahen für mich eher wie gebogene Schilde aus, welche die Gerechtigkeit brachten, die Gott von der Erde zurückgehalten hatte, während seine Gegenwart noch in der Welt war.

So wie ich die Geschehnisse im Himmel sah, hatten sich all die Ungerechtigkeiten, die von den Menschen während der gesamten Existenz der Erde produziert wurden, über Jahrhunderte hinweg angehäuft. Gottes Gnade enthielt mir die Ursache unserer Unmenschlichkeit gegeneinander vor, aber vom Himmel aus sah ich durch die himmlischen Portale die daraus resultierenden Gräueltaten. Ich wollte sie nicht sehen, denn schon ein flüchtiger Blick offenbarte die Schrecken von Krankheiten und Zerstörung, die durch jahrhundertelange menschliche Grausamkeiten noch verstärkt wurden. Aber dort erschienen sie in ihrer ganzen Schrecklichkeit. Nur Märtyrer, die von dämonisch besessenen Schurken erschlagen wurden, können sich damit identifizieren. Jedes Mal, wenn Gott seinen Schutzschild wegnahm, wurde eine weitere Auswirkung der Sünde freigesetzt, als wäre ein Damm gebrochen und hätte eine Flut von wirbelnden Kloaken freigesetzt. Ich bin nicht ins Detail gegangen, was Jesus mir im Himmel darüber gezeigt hat, weil er mich davor verschonte, das ganze Ausmaß der Zerstörungen auf der Erde mitzuerleben.

Ich vermute, dass Johannes, als er im Buch der Offenbarung über die „sieben Siegel“ des Gerichts schrieb,

a) etwas gesehen hat, das er nicht verstanden hat, oder

b) seine Terminologie verschleiern wollte, um zu verhindern, dass die Römer seine Schriften vernichten würden, oder

c) die Schilde von unten sah und dachte, es handele sich um Schalen.

Ich neige zu Antwort „c“, weil ich Zeuge war, wie Gott seine Gerichte von oben herab freisetze, während Johannes sie vermutlich von unten her bezeugte. Diese Unterscheidung ist wichtig, um zu verstehen, wie und warum Gott bald seine Gerichte freisetzen wird. Aber Sie müssen sich nicht auf mein Wort verlassen. Schauen Sie sich an, was Petrus um 64–65 n. Chr. aufgeschrieben hat:

> *... der Herr weiß die Gottesfürchtigen aus der Versuchung zu retten, die Ungerechten aber aufzubewahren für den Tag des Gerichts, wenn sie bestraft werden; besonders aber die, die in*

befleckender Begierde dem Fleisch nachlaufen und Herrschaft verachten, Verwegene, Eigenmächtige; sie schrecken nicht davor zurück, Herrlichkeiten zu lästern, wo Engel, die an Stärke und Macht größer sind, nicht ein lästerndes Urteil gegen sie beim Herrn vorbringen. Diese aber, wie unvernünftige Tiere, von Natur aus zum Eingefangenwerden und Verderben geboren, lästern über das, was sie nicht kennen, und werden auch in ihrem Verderben umkommen (2. Petrus 2,9-12).

Im zweiten Himmel sah ich die Engel, die lange, dreischneidige, silberne Schwerter trugen, die glitzerten, weil sie mit dem Blut des Lammes, Jesus, getränkt waren. Die Engel verkündeten Worte, die in göttliches Blut getränkt waren, was sie vor Dämonen schützte. Der Erzengel Michael und seine Engel kämpften gegen den Drachen und seine gefallenen Engel mit denselben blutbefleckten Schwertern (s. Offenbarung 12,7-9). Schließlich wurde ich im Himmel Zeuge, wie Gott Michael freisetzte, um über Israel zu wachen, denn Gott hatte zur Zeit Abrahams für dessen Nachkommen ein Versprechen gegeben, und Gott bricht niemals seine Versprechen.

War der Tag des Jüngsten Gerichts Teil dessen, was ich im Himmel erlebt habe? Ich glaube fest daran. Als Gott im Himmel von seinem Thron aus verkündete: „Es ist vollbracht!", gab er sein Wort frei – das Wort, das bereits für das Ende der Zeitalter aufgezeichnet worden war. Daraufhin ließen die Engel das Schwert des Wortes fallen und die gefallenen Engel frei, damit diese ihre Rache auf die von ihnen verachtete Menschheit ausgießen konnten.

Gott hat das Böse nicht geschaffen. Vielmehr hat er es als *die Abwesenheit des Guten* zugelassen, wegen denen, die Gottes Weg immer noch ablehnen. Im Himmel habe ich unten gefallene Engel gesehen, die Schaden anrichten wollten, und auch die Male, in denen Gott ihnen Einhalt geboten hat. Aber wenn Gottes Schutz von der Welt weggenommen wird, wird er seinen Engeln befehlen, „ihre Schwerter fallen zu lassen" und Satan und seinen Dämonen zu erlauben, ihren Willen durchzusetzen. Das bedeutet, dass zum ersten Mal in der Weltgeschichte – während der Zeit der Trübsal – die Engel des Himmels die Menschen nicht mehr verteidigen werden.

***

Was ist die Trübsal? Laut der biblischen Prophetie ist die Trübsal eine siebenjährige Zeitspanne, in der die Welt verwüstet wird. Während dieser Zeit wird sich das Böse in der ganzen Welt ausbreiten, und zwar ungehemmt. Was ist die Entrückung? Am deutlichsten wird sie in 1. Thessalonicher 4,13-18 dargestellt. Dort werden noch lebende Christen ermutigt, die bei der Entrückung *„hinaufgehoben"* werden und mit denen, die vor ihnen in Christus gestorben sind, wiedervereint werden. In Vers 17 wird der Ausdruck „hinaufgehoben" aus dem griechischen Wort *harpazõ* übersetzt, das „mit Gewalt ergreifen" oder „entreißen" bedeutet.

Einige Verse später sagt Paulus über die Gläubigen: *„Denn Gott hat uns nicht zum Zorn bestimmt, sondern zum Erlangen des Heils durch unseren Herrn Jesus Christus"* (1. Thessalonicher 5,9). In der Offenbarung wird angedeutet, aber nicht ausdrücklich bestätigt, dass die Christen dem siebenjährigen Alptraum der Trübsal entgehen werden:

> *Weil du das Wort vom Harren auf mich bewahrt hast, werde auch ich dich bewahren vor der Stunde der Versuchung, die über den ganzen Erdkreis kommen wird, um die zu versuchen, die auf der Erde wohnen* (Offenbarung 3,10).

Dennoch wird es während der Trübsal eine große Seelenernte für Christus geben, was bedeutet, dass viele, die derzeit verloren sind, sich bekehren werden, womit sich die Prophetie aus Matthäus 24,14 erfüllt. Ich war in gewisser Weise Zeuge dieser Ereignisse im Himmel, obwohl ich weder den Zeitpunkt noch den Tag ihres Auftretens verstand, sondern nur die Zeitphase. Ich wurde auch Zeuge von entweder einer tausendjährigen Erde oder einer neuen Erde, die den tausendjährigen Himmel und die tausendjährige Erde ablöst, wie von Johannes beschrieben (s. Offenbarung 21,1). In Bezug auf die neue Erde schließt „die Himmel" nicht den dritten Himmel ein, in dem Gott wohnt. Das mit „Himmel" übersetzte Wort bezieht sich wahrscheinlich auf den ersten Himmel, d. h. die Atmosphäre der Erde und/oder das Weltall.

Bedenken Sie auch, dass das mit *neu* übersetzte Wort im Griechischen *kainon* heißt, was „neu an Qualität" oder „frisch" bedeutet (s. Offenbarung 21,1). Da in diesem Vers steht, dass „das Meer nicht mehr war", und die tausendjährige Erde große Wassermassen enthält, kann ich nur annehmen, dass Johannes sich auf die ewige Erde bezieht (vgl. Jesaja 11,9; Hesekiel 47,8-10; Sacharja 9,10, 14,8).

Wenn Menschen vom „Millennium" sprechen, meinen sie die „tausend" Jahre, die auf die Wiederkunft des Erlösers folgen werden (s. Offenbarung 20,4). Wenn Sie verwirrt sind über diejenigen, die jetzt im Himmel sind, und diejenigen, die auf der tausendjährigen Erde sein werden, oder diejenigen, die auf der ewigen Erde sein werden, sollten Sie wissen, dass aus der Perspektive der Ewigkeit Zeit und Raum irrelevant sind. In der Bibel heißt es: *„Was für uns ein Tag ist, das ist für Gott wie tausend Jahre; und was für uns tausend Jahre sind, das ist für ihn wie ein Tag"* (2. Petrus 3,8 HFA).

Ich glaube, dass aufgrund dessen, was ich gesehen habe und was als Jakobs prophetischer Traum aufgezeichnet ist, in dem er eine Leiter oder Treppe sieht, die vom Himmel zur Erde reicht, die Verbindung zwischen Gott und der Menschheit für immer bestehen wird. Ich glaube auch, dass es nach dem Jüngsten Gericht, wenn Gott das Schicksal von Satan und seinen Lakaien für immer besiegelt hat, einen neuen Himmel und eine neue Erde geben wird, wo wir in unseren auferstandenen Körpern leben und lieben werden. Nach dem, was ich gesehen habe, wird das himmlische Jerusalem vom Himmel herabkommen, um sich auf der Erde niederzulassen. Himmel und Erde werden für immer miteinander verbunden sein, und wir werden in ewiger Gemeinschaft mit Gott leben, so wie ich es gesehen habe.

Als ich im Himmel war, hatte ich weder Hunger noch Durst, wie es in der Heiligen Schrift heißt: *„Sie werden nicht mehr hungern, auch werden sie nicht mehr dürsten ..."* (Offenbarung 7,16). Aber das *„Hochzeitsmahl"* in der Heiligen Schrift beschreibt eine Feier, bei der man mit dem Herrn speist, und ich glaube, dass ich auch Zeuge davon war, dass es auf der neuen Erde stattfand (s. Offenbarung 19,9). Alle diese Ereignisse werden in unserer Zukunft stattfinden.

Sie sollen allerdings wissen, dass die Ereignisse, die ich am Altar des Thronsaals Gottes gesehen habe, nicht mit den Berichten in der Bibel, die das gesprochene Wort Gottes ist, gleichzusetzen sind. Die Bibel ist heilig. Mein Bericht ist nur mein Zeugnis, das meine

Beobachtungen enthält, aber ich glaube, dass mein Zeugnis die Heilige Schrift bestätigt und ihr gewiss nichts hinzufügt.

Ich habe mit Jesus und dem Heiligen Geist gesprochen. In ähnlicher Weise können auch Sie während Ihrer Gebete und bei der Betrachtung von Gottes Wahrheit in seinem Wort mit ihm sprechen. Ich bin nichts Besonderes, außer in der gleichen Weise, wie Sie für Gott etwas Besonderes sind. Er liebt Sie über alle Maßen – dessen bin ich mir sicher.

Als Jesus mein Leben Revue passieren ließ (wie er es bei den meisten, wenn nicht sogar bei allen Nahtod-Überlebenden tut), hob er die Ereignisse hervor, die einen roten Faden erkennen ließen, wie Gott mich an allen Tagen meines Lebens zu sich zog, selbst als er für mich nicht mehr als nur ein Name war. Er tut dasselbe für Sie. Jeder Augenblick Ihres Lebens bedeutet Gott etwas, denn er wacht rund um die Uhr über Sie. Nichts ist umsonst. Wenn Sie sich also im Sturm befinden, denken Sie daran, dass alle Ihre Tage bis zu diesem Punkt geführt haben. Wir leben in aufregenden Zeiten. Gott hat Sie aus einem bestimmten Grund für diesen Abschnitt der Geschichte auserwählt.

Der Sturm ist im Anmarsch.

Kapitel 26

„Sag es ihnen!"

Denn wer sich meiner und meiner Worte schämt, dessen wird der Sohn des Menschen sich schämen, wenn er kommen wird in seiner Herrlichkeit und der des Vaters und der heiligen Engel.

Lukas 9,26

In der Natur werden Stürme durch Luftdruckunterschiede verursacht, daher ist es absolut möglich, einen aufkommenden Sturm zu spüren. Aber in meiner „Übernatur" (meinem Geist) spürte ich den Sturm des Himmels in meinem Blut. Mein *geistliches* Blut strömte von Jesus durch mich hindurch und versorgte mich mit Leben. So wie ein Mensch, dessen Fleisch und Blut heil ist, sich gesund fühlt, so hat auch mein geistliches Blut, das durch Christus heil wurde, Freude übertragen.

Als der Sturm begann, wurde der ganze Himmel still. In diesem Moment spürte ich die Ernsthaftigkeit der Kreuzigung. Zum ersten Mal fühlte sich die Leichtigkeit, im Himmel zu sein, schwer an, wie das plötzliche Rauschen eines kalten Windes an einem milden Tag. Während ich im Himmel war, konnte ich die Erfahrung des Kreuzes durch Jesus nachvollziehen, als sich der Himmel verdunkelte, wie es in der Bibel heißt: *„Und es war schon um die sechste Stunde; und es kam eine Finsternis über das ganze Land bis zur neunten Stunde, da sich die Sonne verfinsterte; der Vorhang des Tempels aber riss mitten entzwei"* (Lukas 23,44-45a).

Eine lebhafte Szene ereignete sich, als der fein gewebte Vorhang im Herzen des Tempels, der das Heilige vom Allerheiligsten trennte, entzweigerissen wurde. Dies war das Zeichen für das „Zeitalter der

Gnade“, in dem der Heilige Geist nicht mehr an einem von den Menschen getrennten Ort wehen würde. Jetzt wohnte er in denen, die sich zu Jesus, dem Messias, als ihrem Herrn und Erlöser bekannten; die an Jesus Christus *Gläubigen* bildeten nun also den neuen Tempel.

Das warst du, nicht wahr?, fragte ich den Heiligen Geist.

Ja, antwortete er. *Ich habe den Vorhang zerrissen, damit es zwischen mir und den meinen keine Trennung mehr gibt.*

Gott und ich hatten oft diese Art von zwanglosen Gesprächen, auch nach meiner Zeit im Himmel. Wir sprachen nicht mehr wie mythische Fremde, sondern wie vertraute Freunde. Er war nicht mehr nur der Gott, über den ich etwas wusste. Er ist jetzt der Gott, den ich kenne. Ich weiß auch, dass Gott als die *Koinonia,* die intimste Gemeinschaft, zu kennen, die normalste Beziehung sein sollte, die jeder Gläubige erlebt.

Der Himmel hinterließ auch ein Gefühl der Dringlichkeit in meiner Seele. Unser Dienst wuchs weiter. Wir erreichten Millionen von Menschen, aber Gott sieht jeden Menschen als den in seinen Augen Wertvollsten an. Mein Tröster, der Heilige Geist, die Stimme Jesu, gab mir in meinen Träumen und Visionen Prophetien ein. Es fühlte sich an, als würde vor mir ein Mosaik gebildet werden, von dem, was ich im Himmel sah, und von dem, was auf die Erde übertragen wurde.

Nachdem ich die Offenbarungen, die ich vom Himmel erhalten hatte, mit anderen geteilt hatte, spürte ich, dass eine weitere Freisetzung in mir geboren wurde. Zuerst fühlte es sich so an, als wäre sie nur für mich, ohne die Notwendigkeit, die Erkenntnisse mit anderen zu teilen. Aber dann gab mir dieselbe Überführung, die ich schon auf dem Flug von Florida vom Heiligen Geist empfunden hatte, den Eindruck aufs Herz:

Erzähl ihnen von dem Sturm, Geliebter, sagte der Heilige Geist.

„Oh Jesus, geht dieses Kapitel bald zu Ende?“, erwiderte ich hörbar.

Habe ich dir nicht gesagt, dass du auf die Zeichen achten sollst, mein Geliebter?, sagte er.

Der Sturm ... der Sturm, den ich mit dir im Himmel sah, ist jetzt?, fragte ich.

Ich spreche nicht in deinem Geist, wie es im Himmel war, Geliebter. Jetzt spreche ich in deinem denkenden Verstand, sagte er. *Du spürst in deiner Seele, dass sich Sturm zusammenbraut, wie eine Mutter, die eine Botschaft zur Welt bringt. Vierzig Wochen lang hast du dich nun schon mit dem beschäftigt, was du von meinem Thron aus gesehen hast.*

In meiner Seele spürte ich, dass ein anderer Tonfall mitschwang. Was ich jetzt hörte, kam vom Vater. Vater Gott hatte von seinem Thron aus eine Freisetzung verfügt. Nur wenn der Vater ein Wort spricht, wird es vom Himmel aus auf der Erde umgesetzt. Nur wenn der Vater spricht und der Sohn zustimmt, kann das, was der Himmel beschließt, auf der Erde umgesetzt werden; dann verkündet es der Heilige Geist auf der Erde und es ist vollbracht.

Ich ging gedanklich die vierzig Wochen bzw. neun Monate zurück, bevor dieser Erlass in meine Seele eingedrungen war, um mich zu erinnern, was damals geschehen war. Ich bat den Heiligen Geist, mir den Ursprung von Gottes Erlass zu offenbaren. Ich dachte: *Was ist vor neun Monaten* (40 Wochen) geschehen*, das in meinem Leben von Bedeutung war?*

Dann betete ich: „Gott, offenbare den Zeitpunkt, an dem du diese Botschaft beschlossen hast – diese festgesetzte Zeit, in der die Menschen den bevorstehenden Anfang des Endes erkennen sollen.“

Ich wartete. Tagelang habe ich gewartet und gebetet und nach der Antwort gesucht. Ich schaute auf meinen Kalender. Ich versuchte, ein bedeutendes Ereignis in meinem Leben als Ausgangspunkt auszumachen – die Geburt einer Idee oder den Drang, etwas mitzuteilen, von dem ich zuvor glaubte, es sei nur Gott geweiht. Aber ich verstand nicht einmal die Fülle der Ereignisse, die ich vom Thronsaal aus miterlebt hatte. Ich dachte und flehte fast:

Oh Gott, sag mir, was du vor Monaten in mir gezeugt hast, was in mir brodelte, bevor du mich freigesetzt hast, dieses Buch zu schreiben. Wann war es? Wann hast du die Veröffentlichung dieses prophetischen Wortes geplant? Ich bin kein Prophet!

Sagt wer?, antwortete der Heilige Geist auf eine fast verärgerte Weise.

Ich habe nicht Theologie studiert. Ich habe versucht, dich zu widerlegen, als ich theologische Kurse belegte. Ich war ein Geschäftsmann, ein Laie. Ich kenne dein Wort, aber ich bin kein Akademiker.

Ich bin nicht würdig, das Gewicht dessen zu bringen, was du zu sagen hast.

Du sagst, du kennst mein Wort, aber du tust so, als würdest du diejenigen nicht verstehen, die ich auserwählt habe, es mit ihnen zu teilen. Es sind solche wie du, Geliebter, Ich habe dich nicht dazu auserwählt, mein Wort zu verfassen. Ich habe dich dazu auserwählt, mein Wort in einer Zeit wie dieser weiterzugeben – um das zu verkünden, was ich dir bereits offenbart habe.

Aber der Preis, wenn ich es falsch angebe ... niemand kennt doch die Uhrzeit oder den Tag. Ich zitterte.

Geliebter, das ist wahr, aber sie müssen die Jahreszeit kennen. Sag es ihnen.

An einem entspannten Samstagmorgen gab Gott mir meine Antwort. Sie kam nicht mit lauter Stimme. Sie kam nicht einmal während des Gebets. Es geschah, während ich meine Atemprobleme behandelte, wie ich es jeden Tag mache, um meine geschädigten Lungen freizubekommen.

Renee kam zum Wohnzimmer herein und sagte: „Es ist jetzt fast neun Monate her, dass du den YouTube-Kanal gestartet hast, und viele Leute sind berührt – sieh dir diese Kommentare an …"

Ich begann, die Kommentare auf unserer Website RandyKay.org und in unseren verschiedenen sozialen Medien zu lesen. Mir kamen die Tränen, als ich einige davon las:

- „Ich war kurz davor, mir das Leben zu nehmen und bin auf Ihren Kanal gestoßen …"
- „Diese (Nahtoderfahrungs)-Geschichten haben mir zum ersten Mal Hoffnung gegeben …"
- „Ich habe Jesus kennengelernt, als ich Ihren Interviews zuhörte …"
- „Ich war behindert und habe meinen Mann verloren, aber nun kenne ich zum ersten Mal meine Bestimmung …"
- „Ich wurde von Krebs geheilt …"
- „Ich wurde von meiner Drogensucht geheilt …"
- „Vielen Dank für Ihre Lehren und anderes … Ich kenne Jesus jetzt …"

- „Zum ersten Mal, seit mein Sohn Selbstmord begangen hat, habe ich wieder Frieden ...“
- „Jetzt ergibt alles für mich einen Sinn ...“
- „Sie haben den Himmel für mich real gemacht ...“
- „Ich musste weinen, als ich erkannte, dass Gott nicht zornig auf mich ist ...“
- „Früher habe ich an einen Haufen anderer Dinge geglaubt, aber jetzt glaube ich an Jesus ...“

Die Botschaften nahmen kein Ende, und es waren Hunderte. Zum ersten Mal wurde mir klar, was Gott da tat. Gott brachte den Himmel auf die Erde, und er begann unseren Dienst *neun Monate (40 Wochen)* vor dem Tag von Renees Kommentar. Die scheinbar unbedeutenden Momente im Leben können die bedeutendsten Anlässe für Gottes Ankündigungen sein. Gott hatte mir auf unbestreitbar einfache Weise eine Antwort gegeben, und meine Seele hatte dies als Wahrheit aufgenommen. Gott tut dies für so viele von uns, und trotzdem können wir die Nuancen von Gottes Botschaften übersehen, wenn wir die Puzzlesteine unseres Lebens zusammensetzen.

Das war der Tag, an dem ich begann, *Himmelssturm* zu schreiben. Ich wusste nicht, was Gott mir alles offenbaren würde, aber ich vertraute darauf, dass der Heilige Geist mich mit der Wahrheit dessen inspirieren würde, was ich mitteilen sollte. Es war klar, dass Gott wollte, dass ich *Himmelssturm* und die anderen prophetischen Erkenntnisse für die jetzige Zeit mitteile.

Als ich aus dem Fenster und in den Himmel schaute, kam es mir so vor, als würde die sprichwörtliche Schrift an der Wand stehen: So wie der Stern den Weisen den Weg zum Jesuskind wies, so wies der Himmel mir den Weg zum Ende der Erde und zur Geburt einer neuen.

Kapitel 27

Schau nach oben!

Wenn aber diese Dinge anfangen zu geschehen, so blickt auf und hebt eure Häupter empor, weil eure Erlösung naht.

Lukas 21,28

David hat diese schöne Prosa geschrieben: „*Der Himmel erzählt die Herrlichkeit Gottes, und das Himmelsgewölbe verkündet seiner Hände Werk*" (Psalm 19,1).

Nach dem Herzstillstand, als das Licht Jesu zum ersten Mal an meinem geistlichen Körper zog, stieg ich durch einen Bereich von Planeten und Atmosphären hoch, die ich nur den Galaxien des Universums zuordnen kann. Doch täuschen Sie sich nicht! Diese Galaxien sprachen nicht als Gott, aber sie verkündeten seine Herrlichkeit und Majestät. Unmittelbar nach meinem Tod reiste ich zunächst durch den zweiten Himmel und wurde Zeuge des geistlichen Kampfes, der das Leben eines jeden Menschen umgibt. Engel und Dämonen kämpfen um das Recht, entweder Wahrheiten oder Lügen in unsere Seelen zu flüstern, je nachdem, welche Seite gewinnt.

Besonders wichtig zu wissen ist, dass die Gebete der Kinder Gottes den Engeln Kraft geben, ähnlich wie Kohlenhydrate die Hauptenergiequelle unseres Körpers sind. Die Hingabe an Gott gibt seinen Engeln die Erlaubnis, seine Wahrheiten zu uns zu sprechen, aber Sünde gibt den Dämonen die Energie, die Oberhand zu behalten. So wie Gifte den Tod verursachen, gibt die Sünde den Dämonen die Lizenz, Lügen in unserer Seele (Verstand, Wille, Gefühle) zu verbreiten.

Dieser Kampf beinhaltet eine geistliche Dynamik, die so geheimnisvoll ist wie das Innenleben des menschlichen Körpers. Unser Körper kann Krebszellen produzieren, die einst gesunde Zellen waren, die durch Gifte, Stress und ungesunde Lebensweisen beeinflusst wurden – vor allem aber, weil wir Gott misstrauen. Dämonen verbreiten Bedrücktheit und Depression, während Gottes Engel Weisheit und Freude verbreiten. Gott wirkt auf geheimnisvolle Weisen, die aus einer himmlischen Perspektive immer klarer werden.

***

Meine Erfahrungen im Himmel und meine intime Wiederbegegnung mit Jesus in Lake Tahoe weckten meine Überzeugung bezüglich des Übernatürlichen. Nach meiner Rückkehr aus dem Himmel begann ich deshalb, an unerwarteten Orten nach Antworten zu suchen. Dazu gehörten die Galaxien, die König David erwähnte, und die Sterne aus biblischen Zeiten, als die Heiligen Drei Könige am Nachthimmel nach Zeichen für den kommenden Messias Ausschau hielten. Ich dachte, dass sich das Zeichen des kommenden Sturms, nach dem ich laut Jesus Ausschau halten sollte, vielleicht auf ähnliche Weise offenbaren würde.

Laut dem Propheten Daniel hätten die drei Weisen den Zeitpunkt des Erscheinens des „Messias, des Fürsten", Jesus, berechnen können. Dass Gott einen Stern aufscheinen ließ, sollte nämlich bestätigen, dass die Zeit des Messias gekommen war (s. Daniel 9,24-27). Der biblische Bericht besagt, dass der Stern die Weisen von Jerusalem nach Bethlehem führte. Sie wussten, wohin sie als Reaktion auf den Stern gehen mussten, da dieses Zeichen für den König der Juden stand und Jerusalem die „Hauptstadt" der Juden war.

Eine Bibelstelle, die ihnen eventuell als Leitfaden diente, findet sich im 4. Buch Mose, wo der Prophet Bileam das künftige Kommen des Messias Jesus als „Stern" aus Jakob und als „Zepter", das sich aus Israel erheben würde, prophezeite (s. 4. Mose 24,17). „Stern" bedeutet „König", während der vollständige Ausdruck „Stern aus Jakob" sich auf den „Sohn Davids" bezieht. Das Wort „Zepter" wird somit als der Messias interpretiert. Jesus erfüllt die Heilige Schrift, indem er zuerst als Stern und Zepter kommt, um sein Volk von der Sünde zu erlösen und zu befreien. Er wird wiederkommen, um sein Volk am

Ende dieses Zeitalters zurückzugewinnen und Gottes geistliche Feinde zu besiegen, was zur endgültigen Erlösung Israels führt.

Die Weisen aus dem Morgenland, die Geschenke für das Jesuskind brachten, waren keine Astrologen, sondern *Astronomen.* Die Astrologie sucht nach Antworten, die auf der Entstehung galaktischer Körper beruhen, und basiert auf Aberglauben. Astronomie ist das Studium von Gottes Schöpfung außerhalb der Erdatmosphäre als Wissenschaft. Ich habe mir überlegt: *Warum sollte Gott nicht ein ähnliches Zeichen für das zweite Kommen Jesu geben?*

Ich kann nur glauben, dass Gott mir solche Fragen in den Kopf gesetzt hat, als ich dieses Buch schrieb, denn ich fühlte mich veranlasst, eine lange verlorene gemeinsame Freundin von mir und Renee zu kontaktieren. Renee rief Stacey Mueller an, von der sie wusste, dass sie sich mit dem hebräischen Kalender befasst und darüber gelehrt hatte – einem Kalender, der auf antiker Astronomie und Mathematik basiert. Stacey erzählte uns vom *Laubhüttenfest*, einem jüdischen Feiertag im Herbst, mit dem die Ernte und der Auszug der Juden aus Ägypten gefeiert werden. Ich kannte die Bedeutung der jüdischen Bräuche aus meiner Beziehung zu Sid Roth und seinem Dienst *Messianic Vision.* Stacey erwähnte, dass Jakob Bundesverheißungen von Gott erhalten hatte.

Abraham, der Vater des Glaubens, sein Sohn Isaak und Isaaks Sohn Jakob waren die ersten hebräischen Väter, die sich an den von Gott in ihrer Zeit gegebenen Bund hielten. (Jakob war der Stammvater der zwölf Stämme Israels.) Mehr als zwanzig Jahre lang litt Jakobs Sohn Josef aufgrund einer falschen Anschuldigung in einem ägyptischen Gefängnis, bis er Gunst fand (s. 1. Mose 50,20).

In 1. Mose 12,1 schloss Gott mit Josefs Urgroßvater Abraham einen Bund der Verheißung, deren Erfüllung zu Abrahams Zeiten noch *„ferne"* war. Abraham wurde ausgesandt, um Kanaan, das verheißene Land (das spätere Land Israel), zu suchen, und er sah das zukünftige Kommen von Jesus. Jesus erklärte sich später als der „ICH BIN" und sagte den jüdischen Führern, dass Abraham *„jubelte, dass er meinen Tag sehen sollte"* – Jesu Ankunft auf der Erde (s. Johannes 8,56-58).

Gott hat die Segnungen des Bundes an Bedingungen geknüpft – an den Glauben an sein Wort. Der Vater des Glaubens (Abraham) und die nachfolgenden Generationen, die im Glauben an Gottes Verheißungen lebten, erhielten Gottes Segnungen, solange sie im Glauben blieben – zunächst unter dem mosaischen Gesetz, dann unter dem neuen (Blut-)Bund des Glaubens an Jesus als Messias (s. Hebräer 8,6). Die hebräischen Väter blieben treu, so wie Josef während seiner Gefangenschaft.

„Was hat das alles mit dem Laubhüttenfest zu tun oder damit, dass Josefs Leben uns etwas über das Kommende verrät?", fragte ich Stacey.

Stacey erläuterte, dass das Laubhüttenfest und die Segnungen Josefs in Übereinstimmung mit dem hebräischen Kalender waren, der zeigte, dass die Zeit der Gunst nahe ist.

„Der Hochbetagte gibt den Heiligen Gunst", sagte sie.

Der Titel „der Hochbetagte" taucht erstmals in Daniel 7,9-10 (SLT) auf, als Daniel seine Vision des Himmels beschreibt. Daniel bezieht sich auf den „Hochbetagten" in einer Zeit, in der Gott Richter ist. In der gleichen Weise wird Gott, der Sohn, als Richter der sieben Gemeinden beschrieben (s. Offenbarung 1,9-20). Der Titel „Der Hochbetagte" kommt in der Heiligen Schrift nur dreimal vor. Jedes Mal steht er im Buch Daniel und beschreibt eine uralte oder ehrwürdige „Person", Jesus, der auf einem Thron aus Feuerflammen mit Feuerrädern sitzt und dessen Haar und Kleidung weiß wie Schnee sind (s. Daniel 7,9). Der flammende Thron ist ein Symbol für das Gericht, während das weiße Haar und der Titel „der Hochbetagte" darauf hinweisen, dass Gott schon vor Beginn der Zeit existierte. Im prophetischen Sinne bezieht sich der „Hochbetagte" eindeutig auf Jesus, der das Gericht über die Welt ausspricht (s. Daniel 7,22).

Diese Erklärungen stellten für mich nicht nur himmlische Symbole dar. Sie beschreiben genau das, was ich im Himmel gesehen habe. Gott existiert im Himmel sowohl als Wesen als auch als Verkörperung seines Wortes, wie es die Bibel sagt. Das bedeutet, dass Daniels Vision und meine Erfahrungen sowohl prophetisch als auch visuell übereinstimmen. Der „Hochbetagte" in der Bibel bezieht sich eindeutig auf Jesus, der zurückkehrt, um das Gericht über die Welt zu verkünden:

... bis der Hochbetagte kam und den Heiligen des Allerhöchsten das Gericht übergab und die Zeit eintrat, dass die Heiligen das Reich in Besitz nahmen (Daniel 7,22 SLT).

„Was denkst du, wo in der Geschichte befinden wir uns heute auf Basis deines Studiums des hebräischen Kalenders?“, fragte ich Stacey.

„Ich glaube, dass 2024 ein Jahr der Reinigung und der Vollendung sein wird“, sagte sie.

„Ich habe dasselbe Gefühl“, sagte ich. „Ich glaube, dass die Generation Josua heute lebt und in die Fülle der Gegenwart und Herrlichkeit Gottes auf dieser Erde eintreten wird. Ich glaube, dass wir die größte Erweckung aller Zeiten erleben werden und dass wir in den letzten Tagen leben. Bald wird die siebenjährige Trübsal kommen. Die Millennials (diejenigen, die zwischen den frühen 1980er- und den späten 1990er-Jahren geboren sind) werden die Gegenwart des Heiligen Geistes in seinem größten Ausmaß erleben.“

Ein wichtiges prophetisches Zeichen für Stacey ist der *„Rosch Chodesch*[1] *Nisan für das hebräische Jahr 5784“*, der Tag, der am Montag, dem 8. April 2024, bei Sonnenuntergang begann und bei Einbruch der Dunkelheit des folgenden Tages endete. Im hebräischen Kalender ist der Monat *Nisan* der erste Monat des hebräischen Jahres. Der hebräische Kalender ist einer der ältesten und genauesten Kalender der Welt, da er auf der Rotation von Sonne, Mond und Erde basiert.

Stacey erläuterte, was im Buch Ester als „Rosch Chodesch Nisan“ bezeichnet wird, das dort als Neujahr oder *Rosch HaSchana* benannt wird. Der hebräische Monat *Nisan* fällt nach dem gregorianischen Kalender normalerweise in die Monate März und/oder April und ist ein 30-tägiger Monat, in dem die jüdischen Frühlingsfeste gefeiert werden. Jedes Fest erinnert an den Segen Gottes und weist auf Jesus hin. Jesus wurde am *Pessachfest* (Passah) gekreuzigt, am Tag der *ungesäuerten Brote* begraben und am Tag der *Erstlingsfrüchte auferweckt* (vgl. 3. Mose 23,5-11). Dann sandte er seinen

[1] Rosch Chodesch (...) ist die Bezeichnung für den ersten Tag eines jeden Monats im jüdischen Kalender, der in diesem Mondkalender immer ungefähr mit der ersten Sichtbarkeit der Mondsichel nach dem Neumond zusammenfällt (Wikipedia 31.08.2024).

Heiligen Geist an *Schawu'ot* (Fest der Wochen, das christliche Pfingstfest), sieben Wochen (fünfzig Tage) nach Pessach (vgl. 3. Mose 23,17).

Im Jahr 2024 fanden die Frühlingsfeste Ende April statt, was immer mit der ersten (Gersten-)Ernte des Jahres und der späteren (Weizen-)Ernte, die fünfzig Tage später reif wird, zusammenfällt. *Schawu'ot* bzw. Pfingsten ist der „Tag" (vgl. 2. Petrus 3,8), an dem Gott 120 Gläubige (inklusive Jesu Jünger) im Obersaal mit seinem Heiligen Geist und mit Feuer taufte (Apostelgeschichte 2,1-4).

Wenn Sie Matthäus 13 und das Gleichnis vom Unkraut auf dem Acker studieren, werden Sie sehen, dass die Ernteengel während der *Weizen*ernte am Ende der Welt den Weizen (die gerechten Kinder Gottes) vom Unkraut (den Kindern Satans) trennen. Die Ernte ist eine *Zeit*, die auf den späten Frühling bzw. Frühsommer und die große Ausgießung zu Pfingsten hinweist, die im Obersaal mit den „120" begann und bis zum Jüngsten Tag andauert (vgl. Matthäus 13,36-43; Johannes 7,37; Apostelgeschichte 1,15).

Wenn wir genau hinsehen, geht es bei der Zahl 120 in der Heiligen Schrift um „hundertzwanzig Jahre" (s. 1. Mose 6,3). Das hebräische Wort für „hundert" ist *mēʾâ,* was „hundertfach" bedeutet; und für „zwanzig" steht im Hebräischen das Wort eśrîm, was „zwanzig" bedeutet. Gott sagte: *„... Mein Geist soll nicht ewig im Menschen bleiben, da er ja auch Fleisch ist. Seine Tage sollen 120 Jahre betragen"* (1. Mose 6,3). Die Wurzel des Wortes *bleiben* ist das hebräische Wort *dîn,* das auf das Gericht über die Menschheit in der Endzeit hinweist, aber es kann auch auf einen Zeitrahmen von Zyklen und Jahreszeiten von 120 Tagen hinweisen. Einhundertzwanzig Tage sind vier 30-Tage-Monate im hebräischen Kalender, was in der Tat auf die Erntezeit im späten Frühling und frühen Sommer (Weizen) hinweisen kann.

Der *Monat* Nisan liegt im Frühling, und der Name *Rosch ha-Schana* weist auf einen zukünftigen Tag hin, an dem der Messias zurückkehrt, um die Gerechten zu retten und die Bösen zu richten. Dies spiegelt sich auch in den jüdischen Herbstfesten wider (zur Zeit der Ernte von Obst, Wein, Oliven etc.), die im hebräischen Monat *Tischri* (gregorianisch: etwa in der Zeit zwischen Ende September und Ende Oktober) stattfinden. Zu den wichtigsten Herbstfesten gehören *Rosch ha-Schana* (Trompetenfest), *Jom Kippur* (Versöhnungstag), *Sukkot* (Laubhüttenfest) und *Schmini Azeret* (der achte Tag) – und alle diese Feste weisen auf die Endzeit hin.

Das ursprüngliche *Rosch-Haschana-Gebet* nennt Jeschua (Jesus) als denjenigen, der für unsere Sünden sühnt, doch haben seine Zeitgenossen den Namen „Jeschua“ aus dem Gebet gestrichen. Ich glaube, dass Jeschua der Messias ist, der Israel und dem jüdischen Volk geoffenbart wurde und auch weiterhin geoffenbart werden wird, sodass das Rosch-Haschana-Gebet während der Fülle der Herrlichkeit Gottes zu seinem ursprünglichen Text zurückkehren wird. Danach *werden sich* viele von Gottes auserwähltem Volk *beugen* und ihre *Zungen werden bekennen*, dass Jesus der Herr ist (vgl. Jesaja 45,23; Römer 14,11).

Was die himmlischen Zeichen angeht, so fand eine Sonnenfinsternis am 8. April 2024 statt, und am 25. März sowie am 18. September gab es Mondfinsternisse. Auch die Sonnenaktivität inklusive Sonnenstürme haben sich im Jahr 2024 extrem verstärkt.[2] Die NASA und die National Oceanic and Atmospheric Administration (NOAA) haben Warnungen vor Sonnenstürmen herausgegeben, die in den letzten Jahren immer häufiger aufgetreten sind.

Es bleibt die Frage, wie solche Zeichen und Jahreszeiten prophetisch in unsere heutige Zeit passen. Gott erinnert uns daran, dass niemand die Stunde oder den Tag dieses letzten großen Tages kennt (s. Matthäus 24,36-37). In Bezug auf die Endzeit sagt das Wort, „... *wie in den Tagen Noahs ...*“, was gewöhnlich mit dem *Verhalten* der damaligen Zeiten und nicht mit den tatsächlichen *Tagen* interpretiert wird. Vielleicht haben wir es versäumt, die *Tage* Noahs zu betrachten (vgl. 1. Mose 8,6; 9,29; 1. Petrus 3,20). Im Hebräischen heißt *Tag yôm* und kann auf das Herbstfest *Jom Kippur* oder den *Versöhnungstag (Gericht)* hinweisen. Im Griechischen lautet das Wort für Tag *hēmera,* was als Metapher dafür verstanden werden kann, kein Unrecht zu tun.

Astronomische Zeichen haben in der Heiligen Schrift häufig eine messianische Bedeutung. Vielleicht signalisieren sie die Wiederkunft Christi oder das Erscheinen der Herrlichkeit Gottes auf der Erde. Erinnern Sie sich daran, wie die Weisen von der Geburt Jesu

---

[2] https://www.scinexx.de/news/geowissen/sonnensturm-reichte-bis-in-die-tiefsee/

erfuhren, wie es im Buch Matthäus aufgeschrieben ist. Sie sahen seinen Stern (im Osten) und folgten ihm, um ihn anzubeten (s. Matthäus 2,1-2). Als ich von meinem Standpunkt im Himmel Zeuge der Freisetzung von Gottes Gegenwart auf der Erde wurde, erschien sie wie Sternschnuppen. Vielleicht waren diese „Sterne" das Licht Jesu, das sich in der Atmosphäre brach. Vielleicht waren es Engel, die durch den zweiten Himmel hindurchbrachen, um die Autorität Gottes auf der Erde freizusetzen. Eines weiß ich – Jesus kommt, und seine Gegenwart wird bewirken, dass sich alle auf der Erde in Ehrfurcht vor ihm beugen werden.

So wie Gott den Weisen aus dem Morgenland einen übernatürlichen Stern schickte, um das erste Kommen Jesu anzukündigen, wird Gott vielleicht ein übernatürliches Ereignis am Himmel senden, um sein zweites Kommen anzukündigen. Die prophetische Stimme des Kosmos hat nichts mit Astrologie oder Aberglauben zu tun. Sie ist in der Bibel gut dokumentiert. Die Bibel ist voll von Hinweisen auf den Kosmos. König David, der Dichter, schrieb oft darüber, dass Sonne, Mond und Sterne Gottes Güte und Majestät widerspiegeln. Er schrieb: *„Der Himmel erzählt die Herrlichkeit Gottes, und das Himmelsgewölbe verkündet seiner Hände Werk"* (Psalm 19,1).

Der Prophet Jesaja spricht davon, dass Gott das Universum in Gestalt eines neuen Himmels und einer neuen Erde neu erschaffen wird, eine Realität, die von Jesus und den Aposteln an mehreren Stellen im Neuen Testament bestätigt wird. Aber Gott hat sein Volk immer davor gewarnt, sich vor der Astrologie (nicht der Astronomie) in Acht zu nehmen, und uns daran erinnert, den Schöpfer und nicht das Geschaffene zu verehren. Ich glaube, dass diese astronomischen Zeichen nicht nur das Ende der Welt ankündigen, sondern auch eine überall vorhandene Wahrnehmung der Gegenwart des Herrn, was zu einer geistlichen Atmosphäre über der ganzen Welt führt – aber wird es im Jahr 2024 oder danach beginnen? Das weiß nur Gott.

***

Ich beschloss, Gottes Offenbarung zu suchen, indem ich einen Ausflug zu meinem Lieblingsplatz mit Blick aufs Meer am *Carlsbad State Beach* machte. Dort war ich zu Beginn meiner tödlichen Reise, die zu Blutgerinnseln, in die Notaufnahme, zum Tod und schließlich in den Himmel führte, mit dem Fahrrad gefahren. Ich spürte einen Impuls in meinem Herzen, zu der Stelle zurückzukehren, an der ich zum ersten Mal den starken Schmerz in meiner Wade spürte. Als ich diese Stelle erreichte, spürte ich ein ominöses Ziehen an meiner Seele. Als ich dann auf dem Felsen saß, der mir einst als kurze Erholung von der beschwerlichen Tour sechzehn Jahre zuvor gedient hatte, war ich wie hypnotisiert von den dahinrollenden Wellen, in denen sich das Sonnenlicht des vergehenden Tages spiegelte.

Beim Untergang der Sonne schloss ich meine Augen. Als ich sie wieder öffnete, lag die Dunkelheit über dem Meer und verdeckte die Wellen, während die Sterne am Nachthimmel auftauchten. Vor allem ein Stern blitzte so hell über mir auf, dass er meine Aufmerksamkeit auf sich zog, da er mir bei jedem Blinken zuzuzwinkern schien. Die Meeresströmung wogte nun sanft in der leichten Brise. Als ich über die Weite des dunklen Wassers blickte, hörte ich eine leise Stimme im flüsternden Wind sprechen:

„Ich spreche Licht in die Dunkelheit. Fürchte dich nicht."

„Was?", antwortete ich. „Herr, ich habe keine Angst mehr vor der Dunkelheit."

Ich lauschte schweigend und hoffte auf ein hörbares Geräusch, aber nichts passierte. Ich wartete und hoffte, seine Stimme wieder im Wind flüstern zu hören, so wie der Heilige Geist zu mir im Himmel gesprochen hatte, aber ich hörte nichts. Dann wurde mir etwas klar, was ich schon die ganze Zeit gewusst hatte. Im Himmel erklingt Gottes Stimme klar und deutlich, während er in dieser Welt in der Stille spricht – und noch viel tiefer durch das Herz. Ich hörte also auf mein Herz und vertraute darauf, dass Jesus mir die Wahrheit über das, was er meinte, enthüllen würde – und das tat er auch.

Du suchst Antworten in den Sternen, Geliebter, aber du wirst sie in deinem Herzen finden. Du suchst den Zeitpunkt meiner Rückkehr, aber niemand kennt die Zeit. Du suchst die Wahrheit. ICH BIN die Wahrheit.

„Ja", flüsterte ich leise zurück. „Ich wusste die Antwort die ganze Zeit, Herr. Du hast deine Boten wie mich vom Himmel oder aus der Hölle geschickt, als ein Zeichen. Du bist dabei, zu uns zu kommen, Herr. Ich fühle es. Ich spüre es. Warum sonst würdest du der Welt den Himmel offenbaren, wenn nicht, um die Menschen auf dieser Welt auf den Himmel vorzubereiten?“

Ich konnte mir wieder das Lächeln auf seinem Gesicht vorstellen – das Lächeln im Himmel, das mir sagte, dass ich Recht hatte, weil sein Geist mir die Antwort offenbart hatte.

„Vertrau mir“, hatte er gesagt, als ich ihm zum ersten Mal begegnete. Ja, ich vertraute ihm tatsächlich, dass er seine Wahrheit zu mir sprechen würde. Im nächsten Moment kannte ich die Antwort auf meine Frage – der Sturm fand jetzt statt. Die Erde befand sich in der Anfangsphase des Sturms. Der Heilige Geist lässt seine Herrlichkeit auf die Welt herabregnen, und das wird einen kaskadenartigen Effekt haben, der an einzelnen Orten rund um den Globus beginnen wird, bevor er sich ausweitet. Gottes größere Herrlichkeit wird auf der Erde geboren.

Nach einem noch nie dagewesenen Wirken des Geistes Gottes in der Welt wird die zweite Phase des Sturms beginnen. Das wird die anschließende und schreckliche Wegnahme von Gottes Gegenwart sein. Der Kontrast könnte nicht größer sein, wenn dies geschieht. Danach folgt die Zeit der großen Prüfungen – und schließlich die neue Erde.

Ich saß wie betäubt auf einem Felsen und blickte auf das Meer, das vom Mondlicht berührt wurde. Nach gefühlten Stunden stand ich auf, um in mein Auto zu steigen, das ich neben der Felsklippe geparkt hatte. Ich wusste ohne jeden Zweifel, dass die Generation Josua, die heute auf der Erde lebt, nicht nur die größte Offenbarung der Herrlichkeit Gottes erleben würde, die die Welt je gesehen hat, sondern dass einige der heute lebenden Menschen den Tod nicht schmecken werden (s. Markus 9,1).

Kapitel 28

Heimkehren

Ich betrachtete Heimat als einen Ort, den ich hinter mir ließ, um danach wieder dorthin zurückzukehren.

Ernest Hemingway

Die Besprechung in Philadelphia endete früh, sodass ich bis zu meinem Rückflug nach San Diego noch mehrere Stunden Zeit hatte und deshalb nach Cherry Hill in New Jersey fuhr, wo ich die Grundschule und die Mittelstufe besucht hatte. Unser kleines Ranchhaus trug noch denselben grünen Anstrich, der an den Ecken abblätterte, und der rote Backstein umgab noch immer den Sockel der Fassade. Plötzlich stellte ich mir vor, wie der kleine Casey auf mich zugelaufen kam, um mich zu begrüßen, so wie er es im Himmel getan hatte. Und ich stellte mir meine Mutter vor, wie sie am großen Panoramafenster mit Blick auf den Gehweg stand und darauf achtete, dass ich sicher zum Schulbus ging, ohne zu ahnen, wie sehr ich den Schulweg aus Angst vor dem drohenden Spott hasste.

Ich stieg aus dem Auto aus, um die große Fichte zu berühren, die mein Vater und ich gepflanzt hatten. Sie war damals fast so groß wie ich, etwas über einen Meter. Jetzt ragte sie mindestens 15 Meter in die Höhe. Eine Flut von Erinnerungen überkam mich, als ich an die Zeit dachte, in der ich meine kindliche Unschuld gegen eine Ladung von Unsicherheiten und Gefühlen der Wertlosigkeit verlor, die durch die Hänseleien der Schultyrannen gegenüber einem schüchternen, sprachbehinderten und übergewichtigen Jungen verursacht wurden.

„Warum ich, Herr?“, fragte ich.

Warum erlebte dieser kleine Junge, der mit einem Leben voller Selbstzweifel aufgewachsen war, ein Leben nach dem Tod, das ihm einen Berg von Spott einbrachte? Ironischerweise kam dieser Spott von Menschen, die nicht an Nahtoderfahrungen glaubten (so wie ich einst). Ich hatte früher eine schlechte Meinung über „Nahtod-Leute", die Bücher schrieben und in Shows auftraten. Auf mich wirkten sie wie Exhibitionisten. Nachdem ich von meiner eigenen Nahtoderfahrung zurückgekehrt war, wollte ich ausgerechnet diese Aufmerksamkeit nicht – was durch die Tatsache belegt wird, dass es vierzehn Jahre dauerte, bevor ich meine Erfahrung öffentlich machte.

Als ich weiter in Richtung des hinteren Gartens ging, sah ich Backsteine, die den seitlichen Gehweg säumten und noch immer mit dem Namen „Keokuk" versehen waren. Mein Vater und ich hatten die Backsteine, die er bei einem unserer vielen Besuche bei Oma Kay gefunden hatte, von Hand verlegt. Ich erinnerte mich lebhaft daran, wie ich als dreizehnjähriger Junge in meinem Football-Outfit für das Training bereit war, als mein Vater mir die einzelnen Backsteine reichte, um sie über die Löcher zu legen, die wir gegraben hatten.

Ich betrat den Garten und hoffte, dass die jetzigen Bewohner der Covered Bridge Road 700 nicht über mein Herumschnüffeln beunruhigt sein würden. Da stand die alte Eiche, auf die das Eichhörnchen geklettert war, nachdem es den kleinen Casey verspottet hatte, der Hund, der bis zum Ende seiner Kette zischte und frustriert bellte – bis zu dem Tag, an dem die Kette riss, das Eichhörnchen vor Schreck erstarrte und beide sich gegenüberstanden und nicht wussten, was sie tun sollten. „Es kommt mir wie gestern vor", sagte ich zu Gott.

Als ich an meine Kindheit zurückdachte, erinnerte ich mich an meinen kleinen Casey im Himmel und daran, wie gnädig Jesus war, meinen einsamen Kindheitskumpel in den Himmel zu holen.

„Siehst du, ich gebe dir die Wünsche deines Herzens", sagte er zu mir im Himmel.

Ich bückte mich und berührte den mit Laub bedeckten Boden und dachte daran, wie ich mich jahrelang abgemüht hatte, all diese Blätter zusammenzukehren, wie mein Freund Jimmy und ich im Garten Fangen spielten und dass sich außer mir niemand mehr an diese Vergangenheit erinnerte. Inzwischen waren sowohl mein Vater als auch meine Mutter im Himmel.

Ich erinnere mich, flüsterte die süße Stimme des Heiligen Geistes.

Oh Gott, du bist der Einzige, der sich an jede Sekunde meines Lebens erinnert.

Bereust du nichts?, fragte er.

Ich *bereue nichts*, antwortete ich, *wie könnte ich bereuen, was du für mich getan hast?*

Du hast eine wertvolle Lektion gelernt, mein Geliebter, sagte er.

Sofort erinnerte ich mich an meinen Lieblingsbibelvers: *„Wir wissen aber, dass denen, die Gott lieben, alle Dinge zum Guten mitwirken, denen, die nach seinem Vorsatz berufen sind"* (Römer 8,28).

Ich begann, zum Auto zurückzulaufen, und bei jedem Schritt gingen mir Einzelheiten aus dem Leben dieses Jungen durch den Kopf. Dann kam mir eine Erleuchtung: *Das Leben eines jeden Menschen ist voll von Geschichten, die nur Gott vollständig erzählen kann.* Ich blieb stehen und schaute auf die Ecke mit der Bushaltestelle, an der mein einziger Jugendfreund verprügelt worden war, ein schreckliches Ereignis, das seine Familie veranlasste, wegzuziehen.

Die meiste Zeit sind wir mit den Sorgen der Welt beschäftigt – mit all den Dingen, die keine Bedeutung zu haben scheinen. Warum Gott?

Ich öffnete die Autotür, ließ mich auf den Sitz fallen und wartete auf eine Antwort. Ich wollte nicht gehen, ohne eine Antwort zu bekommen, aber mindestens zwanzig Minuten lang kam keine. Dann fiel mir ein, was ich sagen musste:

„Es tut mir so leid, dass ich an dir gezweifelt habe. Ich hätte dir vertrauen sollen."

Ich konnte seine Gestalt auf dem Beifahrersitz nicht sehen, aber ich wusste, dass Jesus dort saß. Ich habe es mir nicht eingebildet.

Ich weiß, dass er dasaß und mich anlächelte, als er sich mir zuwandte, um mich zu umarmen. Dann lehnte er sich zur Seite und schaute mir direkt in die Augen.

Jeder Augenblick deines Lebens war mir wichtig, sagte er, *und nichts davon war verschwendet.*

Ich lehnte mich in meinem Sitz zurück und wusste genau, was er meinte. All diese Momente haben zu dem beigetragen, wer ich bin, und alles, was ich bin, ist für Gott wertvoll.

Ach Geliebter, ICH BIN.

Jesus erklärte sich als „ICH BIN“, mit Metaphern, die seine rettende Beziehung zur Welt zum Ausdruck brachten – und die alle im Buch Johannes aufgezeichnet wurden (s. Johannes 6,35; 8,12; 10,1-11; 11,25; 14,6; 15,1):

- *„ICH BIN das Brot des Lebens.“*
- *„ICH BIN das Licht der Welt.“*
- *„ICH BIN die Tür zu den Schafen.“*
- *„ICH BIN der gute Hirte.“*
- *„ICH BIN die Auferstehung und das Leben.“*
- *„ICH BIN der Weg, die Wahrheit und das Leben.“*
- *„ICH BIN der wahre Weinstock.“*

Die Vollendung unseres Lebens lässt sich in dieser Aussage zusammenfassen: *Alles, was ich bin, und alles, was ich getan habe, ist in Christus vollendet, denn „ICH BIN“ macht mich zu dem, der ich bin.* Zu wissen, dass unser Wert in dem Wert liegt, den Gott Ihnen und mir beimisst, macht den Unterschied aus. Zu wissen, dass die Beziehung zu Gott die einzige ist, die von der Geburt über den Tod bis in die Ewigkeit andauert, macht ihn zu dem Einzigen, der uns wirklich kennt, und zu demjenigen, der uns am meisten liebt.

Ich stellte Jesus eine letzte Frage, als ich in meinem Auto saß und den Gehweg entlang sah, auf dem ich als Kind zur Schule gegangen und auch mit Casey unterwegs gewesen war:

„Wäre es nicht einfacher gewesen, wenn du mir einfach gesagt hättest, wann der Sturm stattfinden wird, anstatt dass ich nach einem Zeichen suche?“

Als ich auf eine Antwort wartete, kam keine.

Dann erinnerte ich mich an die ersten Worte, die Jesus im Himmel zu mir gesprochen hatte: *Vertraue mir*. Das war meine Antwort – und ist auch Ihre. Ich startete mein Autos und fuhr von dem Ort, den ich einst mein Zuhause genannt hatte, in Richtung Flughafen. Beim Wegfahren dachte ich an all die anderen Häuser, in denen ich gelebt hatte.

Der Himmel ist jetzt mein Zuhause, und diese Erkenntnis wird mich nie verlassen. Der Himmel ist auch Ihr Zuhause, wenn Sie Jesus kennen.

Kapitel 29

Ihre Aufgabe während der Endzeit

Weil du aber lau bist und weder warm noch kalt, werde ich dich ausspeien aus meinem Munde.

Offenbarung 3,16 LUT

Vor einigen Monaten gab ich eine prophetische Botschaft über die Winde des Heiligen Geistes, die durch das Vereinigte Königreich (UK) als Ausgießung des Geistes Gottes während der Endzeit wehen. Kürzlich meldete sich eine Künstlerin namens Julie Ann Scott bei mir und sagte, sie sei inspiriert worden, eine Serie von Kunstwerken über den Sturm aus dem Himmel zu malen, ohne dass sie vorher etwas über den Sturm gewusst habe, den ich im Himmel gesehen hätte. Sie hatte einfach ein Video über meine Zeit im Himmel gesehen und fühlte sich berufen, mich zu kontaktieren.

„Jules", wie sie es vorzieht, genannt zu werden, ist nicht irgendeine Künstlerin – sie wurde beauftragt, Kunstwerke für die britische Königsfamilie zu schaffen, darunter auch Darstellungen von Schloss Windsor. Doch jetzt enthüllt sie eine Reihe von Gemälden über den Himmelssturm, die sie schon lange vor unserem Gespräch fertiggestellt hatte.

Als ich ihr von diesem Buch erzählte, von meiner Prophetie über das Vereinigte Königreich und davon, dass ihre Kunstwerke „von den Händen Gottes berührt" seien, sagte sie wiederholt: „Wow!" Jules ist eine der am meisten gefeierten Malerinnen der Welt. Als ich ihre Bilder zum ersten Mal sah, konnte ich nur antworten: „Wow!"

Gott verknüpft unser Leben auf unerwartete Weise mit anderen. Er verbindet die Punkte, ohne dass wir das Bild kennen. Wie ich bereits erzählt habe, begann meine Geschichte, als ich eine Einladung von einem Freund (Rich Marshall) erhielt, in einer GodTV-Produktion namens *God@Work* über das „Erfolgreich-Sein im Leben" zu sprechen. Dann lud mich Sid Roth ein, in seiner Sendung *It's Supernatural* über mein Buch *Revelations from Heaven* zu sprechen. Als Nächstes lud mich Shaun Tabatt zu einem Podcast namens *Two Christian Dudes* ein. Dann startete ich einen Vodcast mit dem Titel *Revelations from Heaven* (Offenbarungen aus dem Himmel) mit zunächst etwa vierzig Zuschauern, der auf über fünfzehn Millionen Zuschauer anwuchs.

Ich wollte nie, dass man meiner Geschichte über den Himmel große Aufmerksamkeit schenkt. Ich wollte einfach nur mit meiner Familie, meinen Büchern und gelegentlichen Baseballspielen in einem gemütlichen „Ruhestand" allein sein, aber Gott hatte andere Pläne. Vielleicht ist Ihre persönliche Aufgabe nicht auf der Bühne der Welt – Gott weiß, dass ich mich nie danach gesehnt habe. Vielleicht beginnt Ihre Aufgabe damit, Blumen in Seniorenzentren zu bringen und wochenlang mit den Bewohnern zu beten. Oder Ihre Begabung könnte sich wie bei Julie Ann Scott zu einem Meisterwerk entwickeln – wenn nicht auf der Erde, so doch im höchstem Maße im Himmel. Was auch immer Ihre Aufgabe ist, Sie müssen sie anpacken, und zwar jetzt.

Denken Sie an Augenblicke, nicht an Jahre. Denken Sie daran, dass Gott Sie jederzeit zu sich holen kann, nicht erst irgendwann in der Zukunft. Denken Sie daran, dass, wenn Sie die „Gute Nachricht" von Jesus Christus nicht durch Ihre Freundlichkeit, Ihre Talente und Ihre Kühnheit weitergeben, Menschen in der Hölle enden können und Ihre verlorene Bestimmung im Abgrund der „verlorenen Träume" verschwindet, die ich vom Himmel aus gesehen habe.

In diesen letzten Tagen wird Gott Ihren Einfluss und Ihre Fähigkeiten erweitern, so wie er es bei mir getan hat. Seien Sie nicht überrascht, wenn Sie wie ich gebeten werden, etwas scheinbar Unbedeutendes zu tun, das Gott dann stark vergrößert. Diese letzten Tage sind eine Zeit der „gezielten Beschleunigung", in der wir auf Gelegenheiten zum Dienst mit einem lauten „Ja" antworten müssen, damit Gott die Tür zu einer vielfachen Erweiterung unserer Fähigkeiten und des Umfangs der Auswirkungen unseres Dienstes öffnen kann.

Seien Sie nicht überrascht, wenn Sie verfolgt werden – seien Sie sich bewusst, dass Jesus Sie rettet, um Sie zu einem seiner vertrauenswürdigen Diener zu machen, wie Maria Magdalena es wurde, nachdem sie kurz davorstand, gesteinigt zu werden. Seien Sie nicht überrascht, wenn Sie wie David in einem scheinbar unbedeutenden Job arbeiten und plötzlich feststellen, dass es Ihre Berufung ist, Tausende zu leiten. Und seien Sie nicht überrascht, wenn Sie Gott wie Elia darum bitten, er möge „eingreifen", und Gott Feuer vom Himmel für Sie herabregnen lässt, bevor er Sie in den Himmel aufnimmt, ohne dass Sie vorher sterben müssen.

Liebe Leserinnen und Leser, jetzt ist die Zeit der Beschleunigung Ihres Einflusses, Ihrer Reichweite und Ihrer Fähigkeit, Gott zu dienen. Sie können diesen Segen erhalten, indem Sie zuerst „Ja" zu den Gelegenheiten sagen, die Gott Ihnen gibt. Dann müssen Sie sich darauf verlassen, dass Gott durch Sie Wunder wirkt. Vielleicht ist im Laufe der Geschichte noch nie ein so großartiger Ruf auf unser aller Leben gelegt worden – vollständig vorbereitet zu sein (s. 2. Timotheus 4,2). Gott hat Sie gesalbt, um weit mehr zu tun, als Sie sich jemals vorgestellt haben. Alles, was Sie tun müssen, ist „Ja" zu sagen. Und dann vertrauen Sie, wie ich im Himmel gelernt habe, einfach darauf, dass Jesus das Unmögliche tut.

Jetzt ist die Zeit, in der Sie Einfluss nehmen können – JETZT, nicht morgen. Wenn Sie einen Traum, wie Sie Gott dienen könnten, auf die sprichwörtliche lange Bank geschoben haben, holen Sie ihn zurück und packen Sie ihn an. Nichts ist zu klein für Gott, um es auf die Größe eines riesigen Luftschiffs aufzublasen, damit Sie über alle Ihre Begrenzungen hinauswachsen können.

Liebe Leserinnen und Leser, der Sturm ist nicht nur im Kommen, er ist schon da. Wir sind Zeugen von Erweckungen, die sich über die ganze Welt ausbreiten. Die Ausgießung von Gottes Geist veranlasst die Menschen, sich in Anbetung, Sündenbekenntnis und Umkehr niederzuwerfen, so wie ich es in Lake Tahoe erlebt habe. Es mag wie ein Klischee klingen, aber wenn du dem Ruf nicht folgst, wer dann? Die Antwort, liebes Kind Gottes, lautet: NIEMAND.

Wir leben jetzt noch in der „ruhigen Phase von Gottes Sturm". Gott reinigt die geistliche Luft von Mächten, Fürstentümern und Geistern der Finsternis, um ein offenes Tor für seine Engel und natürlich seinen Geist zu schaffen. Bald schon werden sich, wie in meinem persönlichen Leben, die Schleusen für Ihre Werke wie nie zuvor öffnen. Und Sie werden begeistert sein, dass Gott Sie auf so mächtige Weise gebrauchen kann.

Das Beste daran ist vielleicht, dass Sie die Früchte Ihrer Arbeit im Himmel sehen werden. Die Leute im Himmel werden Ihnen „Danke“ sagen für das, was Sie hier – manchmal unwissentlich –, getan haben, um sie zu segnen und in einigen Fällen zu retten.

In dieser Endzeit wird Gott keine „Kirchenbankwärmer“ oder „Sucher“ mehr dulden. Die krasseste Bibelstelle besagt: *„Weil du aber lau bist und weder warm noch kalt, werde ich dich ausspeien aus meinem Munde“* (Offenbarung 3,16 LUT).

Ich musste oft um meine eigene persönliche Offenbarung zu diesem Vers beten.

„Gott, ärgert es dich wirklich so sehr, wenn wir dich als selbstverständlich ansehen?“, fragte ich.

Die Antwort fand ich vor Kurzem an einem sonnigen Tag auf einer grasbewachsenen Anhöhe am Jachthafen in der Innenstadt von San Diego, während ich dem Flattern der Segel und den Wellen lauschte, die an die im Hafen liegenden Boote schlugen, und mit meinem kleinen Malteserhund Buddy spazieren ging. Ich ging den Kiesweg entlang und näherte mich dem Rand der Felsen, die das Wasser der Bucht abschirmen, als eine große Welle gegen die Felsen schlug und mich mit Wasser bespritzte.

„Wie fühlt sich das an?“, fragte der Heilige Geist.

„Hast du mich gerade angespuckt?“, kicherte ich.

Ich konnte mir vorstellen, wie Jesus daraufhin lachte, so wie er es tat, als er meine Tränen im Himmel hielt.

„Ich habe dich gerade gesalbt“, antwortete der Heilige Geist. *„Geh.“*

Eine Überführung überkam mich, nicht um ein Buch zu schreiben oder der nächsten Person, die ich traf, ein Zeugnis zu geben. Nein, ich begann einfach für jeden zu beten, der sich in meinem Blickfeld befand. Ich betete, dass der Heilige Geist auf die Menschen in den Restaurants, die Jogger, die Obdachlosen, die draußen schlafen, und die Bootsfahrer auf der Bucht herabkommt. Dann betete ich ein Gebet nur für mich:

„Herr, lass meine Seele nie vertrocknen."

Tränen stiegen mir in die Augen, und ich begann, die vielen Male zu bekennen, in denen ich Gott ignoriert und mich in den Wegen der Welt verloren hatte.

„Es tut mir leid, Herr." Das meinte ich ernst.

Eine Flut von persönlichen Versäumnissen ging mir durch den Kopf, und ich hakte jedes einzelne ab, mit der anschließenden Bitte an Gott, mir zu vergeben. Dann schüttelte ich den Kopf und setzte mich mit hängenden Schultern und einer noch zerknirschteren Seele auf eine Betonbank.

„Ich kann mich unmöglich selbst rechtfertigen", sagte ich.

Aha, sagte der Heilige Geist. *Das ist der Anfang der Weisheit.*

Du wirst mich also nicht aus deinem Mund ausspucken?, fragte ich.

Eine beunruhigende Stille erfüllte meinen Ort. Ich wartete einfach, hoffte auf eine Antwort, wünschte mir ein Kichern des Heiligen Geistes.

Es herrschte aber nichts als Stille.

Dann kam ein Obdachloser auf mich zu und bat mich um etwas Kleingeld. Berührt wandte ich mich ihm zu und fummelte in meiner Brieftasche nach einem Fünf-Dollar-Schein, den ich ihm dann gab. Als er dabei war, wegzugehen, hörte ich:

Ich fange gleich an zu spucken ..., kam diese stille kleine Stimme (in Anlehnung an die Gemeinde in Laodizea).

Deshalb stand ich auf und sagte zu dem Mann, der jetzt etwa einen Meter entfernt war:

„Kennen Sie Jesus?"

„Hm?", antwortete er.

„Darf ich für Sie beten?", fragte ich. Dann betete ich für den Mann. *Ich spucke immer noch*, kam diese leise Stimme.

„Möchten Sie mit mir zu Mittag essen?", fragte ich.

„Hä? Ich?", fragte der Mann, der genauso überrascht war wie ich.

Wir fuhren zu einem nahe gelegenen Imbiss und setzten uns an einen Betontisch, wo wir Fisch und Pommes frites aßen, während wir über sein Leben, seine Verluste und schließlich über Jesus sprachen.

Geliebter, als du diesen Mann zum Mittagessen eingeladen hast, hast du mich zum Mittagessen eingeladen, sagte die stille Stimme.

Unmittelbar danach erinnerte ich mich an den ehemals obdachlosen Mann, den ich im Himmel getroffen hatte. Ich fragte mich, ob der Mann, den ich im Himmel gesehen hatte, möglicherweise derselbe Obdachlose sein könnte, mit dem ich jetzt zu Mittag aß. Ich hatte von anderen NTE-Überlebenden gehört, dass sie ihre Lieben im Himmel gesehen hatten, bevor diese starben. Zu diesem Zeitpunkt konnte ich das Unmögliche in Bezug auf Gott, der in unserer Zukunft lebt, nicht ausschließen. Mein nächster Gedanke war:

Oh je, wie klein und doch so groß sind die Wege Gottes!

Liebe Leserinnen und Leser, eines weiß ich mit Sicherheit: Sie haben Gottes Liebe zu Ihnen gewaltig unterschätzt, also lassen Sie uns bitte aufhören, unsere Fähigkeit, andere zu lieben, zu unterschätzen. Gottes Bestimmung für uns wird im Laufe unseres Lebens lebendig – geküsst von Jesus und gestärkt durch den Heiligen Geist und unendlich schöpferisch gemacht durch den Vater, der von seinem Thron aus das Neue in unserem Leben schafft.

Am meisten beeindruckt mich, wie einfach es ist, Gott zu gefallen – gute Werke zu tun, wenn Gott die Gelegenheit dazu bietet. Suchen Sie an unerwarteten Orten und sogar an unerwünschten Orten. Lächeln Sie zuerst, wenn Sie jemanden treffen, nicht erst wenn der andere lächelt. Seien Sie von Gottes Gegenwart durchdrungen und bekennen Sie, bitten Sie um Vergebung und danken Sie Gott – ausgiebig.

Wie bei dem Obdachlosen, den ich im Park getroffen habe – ich habe ihm nur etwas zu essen gegeben und Gesellschaft geleistet. Doch etwas viel Größeres wartet immer auf uns – und dieses Etwas wird in denen geboren, die den Mut haben, Gott zu vertrauen. Es war bei diesem bescheidenen Mittagessen, als ich in der Stille meines Herzens den Donner meiner Seele hörte. Und dieser Donner war, dass Gott mich endlich freisetzte, dieses Buch zu schreiben.

Warum ist es in diesen letzten Tagen so wichtig, die guten Werke zu tun, um die uns Gott bittet, wenn sich solche Gelegenheiten bieten? Weil Gott alle retten will, die gerettet werden können, und er braucht uns, damit wir in einer zunehmend unheilvollen Welt, die sein Licht abschirmt, am hellsten leuchten.

Gottes Licht leuchtet am hellsten, wenn wir der Unterdrückung in der Welt entgegentreten. Das bedeutet, dass wir unter „geistlichen Felsen" suchen müssen, an unerwarteten Orten, wie der Obdachlose, der nicht so sehr Geld als vielmehr Gesellschaft brauchte, und zwar eine, die ihm die Tür zu seiner Erlösung öffnete, als wir gemeinsam beteten –, und daraufhin feierte der ganze Himmel.

Erinnern Sie sich an den Schmetterling, den ich im Himmel traf? Er repräsentierte die Stimme der Weisheit, die mir sagte, was ich tun sollte. Erinnern Sie sich auch noch daran, was Jesus während jener Offenbarung zu mir sagte? Er sagte mir, dass er mir „von Minute zu Minute seine Absicht offenbaren werde“. Ich wollte einen grandiosen Plan oder einen Zehnjahresplan für mein Leben. Jesus wollte, dass ich still bin und auf ihn höre – sanft, leise und demütig.

Gerade jetzt bietet Gott Gelegenheiten, die tiefsten Bedürfnisse der Menschen zu stillen: *„Was ihr auch tut, arbeitet von Herzen als dem Herrn und nicht den Menschen ...* (Kolosser 3,23). Erfordert das Opfer?

Hier ist mein Fazit nach einem Mittagessen mit einem übel riechenden Obdachlosen, dessen Atem wie eine Brauerei roch: Es war eine der zufriedenstellendsten Mahlzeiten meines Lebens. Das ist Ihre Antwort, liebe Leser. Opfer für Gott sind immer am zufriedenstellendsten.

***

Als ich damals von Philadelphia in mein jetziges Zuhause in San Diego zurückflog, keimte in meiner Seele ein neues Vertrauen auf. Es sollte noch Jahre dauern, bis ich das Bedürfnis verspürte, die Geschichte von meinem Erleben im Himmel zu erzählen, und das tat ich dann auch, aber nicht über den Sturm – bis heute.

Jetzt spüre ich eine Dringlichkeit in meiner Seele. Was ich im Himmel gesehen habe, war bereits beschlossen und beginnt sich erst jetzt als eine weltweite Erweckung zu manifestieren, die in der Fülle der Herrlichkeit Gottes auf Erden gipfeln wird. Wenn das geschieht, wird diese Welt nie mehr dieselbe sein, und alle, die Gottes letzte Einladung ablehnen, werden ohne jede Ausrede dastehen.

Gott warnt seine Geliebten vor dem, was auf die Erde kommen wird, aber der Himmel weiß es schon jetzt. Der Himmel ist der Inkubator aller guten Dinge. Viele Menschen freuen sich auf die Ausgießung von Gottes Herrlichkeit und die Erlösung seiner Kinder, aber nur wenige, wenn überhaupt, freuen sich auf sein Gericht. Leider wird für diejenigen, die ohne Christus zurückbleiben, Verzweiflung herrschen – und ohne ihn werden sie während der grausamsten Zeit der Erdgeschichte verloren sein. Es wird immer noch Hoffnung geben, aber nicht viel. Diese Welt wird eine Einöde sein, und diejenigen, die in ihr zurückbleiben, werden mit ihr vergehen – es sei denn, sie tun Buße und nehmen Jesus als ihren Herrn und Retter an.

Diejenigen, die während der Trübsal Jesus als ihren Herrn kennenlernen, werden nicht die gleiche Vertrautheit mit dem Heiligen Geist erleben, die Gläubige wie Sie und ich heute genießen. Für sie wird es wie in den alten Zeiten sein, als Gott hauptsächlich durch die Propheten und Priester sprach. Leider werden viele Menschen trotzdem weiterhin in Selbstgerechtigkeit schwelgen, und manche werden Gott sogar vorwerfen, sie zu „vernachlässigen".

Liebe Leserinnen und Leser, wenn Sie es noch nicht getan haben, bekennen Sie doch bitte jetzt sofort Jesus als Ihren Herrn und Retter. Ihre Zeit, sich an den Herrn Jesus Christus zu wenden, ist *heute*. Lassen Sie uns ihn nicht länger ignorieren, wie Jesus mich ermahnte, als ich in Lake Tahoe war. Wir haben Gott schon viel zu lange für selbstverständlich gehalten. Wie ein verblassender Nebel wird unser Leben auf dieser Erde zu Ende gehen. Bald werden Sie die Dinge sehen, die ich im Jenseits gesehen habe. In der Zwischenzeit sollten Sie diese sehr wichtige Wahrheit kennen: SIE bedeuten Gott *alles*.

Über den Autor

Randy Kay ist ein ordinierter Pastor. Er gründete *Randy Kay Ministries,* um der Welt die „Großartige Nachricht" von Jesus Christus durch inspirierende Geschichten und Botschaften zu bringen, einschließlich christuszentrierter Nahtod-Erfahrungen. Randys Arbeit kann in seinem Vodcast *Revelations from Heaven*, der TV Show *Heaven Encounters* auf Sid Roths ISN Network, dem Podcast *Two Christian Dudes* mit seinem Co-Moderator Shaun Tabatt, dem Vodcast *Heaven on Earth* mit Co-Moderator Taylor Jensen und mehreren anderen Podcasts, Medienpräsentationen, Livestreams, Gebetsräumen, Beratungsgesprächen und Veranstaltungen, einschließlich der ersten christlichen Nahtod-Konferenz, gefunden werden.

Vor seinem Dienst war Randy als Führungskraft in der Gesundheitsbranche tätig und leitete die Geschäfte des am schnellsten wachsenden neurobiopharmazeutischen Unternehmens der Welt. Er war CEO eines Biotech-Unternehmens, Marketingleiter und klinischer Leiter für zwei kardiovaskuläre Unternehmen sowie Schulungsleiter und Berater für geistliche Dienste und Fortune-100-Unternehmen. Außerdem entwickelte er den ersten validierten Kurs, um im Leben erfolgreich zu sein.

Randy und seine Frau Renee leben in der Gegend von San Diego und haben zwei erwachsene Kinder und zwei Enkelkinder.

Weitere Produkte von GloryWorld-Medien

„Himmlische Bücher für die Erde"

Blake K. Healy, Durch den Schleier sehen

Eine Einladung in die unsichtbare Welt; 176 S. Pb.

Blake K. Healy sieht Engel und Dämonen seit seiner Kindheit – und zwar so klar wie natürlich sichtbare Dinge. Er sieht zum Beispiel Engel in Anbetungsgottesdiensten tanzen und Ermutigungsworte in die Ohren von Menschen flüstern, doch genauso sieht er auch Dämonen, die sich an Leute heften und so Abhängigkeiten, Lügen und Bitterkeit in deren Herzen und Gedanken aufrechterhalten.

In diesem Buch erzählt er einige dieser Begegnungen und wie er in dieser Gabe reifte und dabei die Angst und Verwirrung über die Dinge, welche er sah, überwand. Und ebenso, und wie er lernte, die Gabe des Sehens zu Gottes Verherrlichung zu nutzen und andere darin zu lehren. *„Ich wollte nicht, dass dieses Buch jemals endet!"* (Bill Johnson)

Blake K. Healy, Vollkommen gut

Gott mit den Augen seiner Liebe sehen lernen; 184 S., Pb.

Auch in diesem Buch lässt uns Blake Healy daran teilhaben, was er in alltäglichen und speziellen Situationen im Geist sieht, sei es bei einer Gerichtsverhandlung, zu Hause, im Freibad, oder bei einem evangelistischen Einsatz. Doch schmerzhafter, als im Geist die klaffenden Wunden eines emotionalen Traumas oder dämonische Gebundenheit zu sehen, ist für ihn, *wenn die Güte Gottes von seinem Volk nicht in Anspruch genommen wird.*

Mit diesem Buch verfolgt er deshalb zwei Ziele: Er möchte anhand von drei Schlüsseln *die Gabe des Sehens im Geist in uns aktivieren,* und er möchte, dass wir dadurch *die Güte Gottes wiederentdecken.*

Blake K. Healy, Unzerstörbar

Führe deine geistlichen Kämpfe aus der Perspektive des Himmels; 192 S., Pb.

Welche Fallen und Taktiken wenden Dämonen an, und wie können wir diese meiden? Dieses Buch fasst zusammen, was Blake K. Healy in über dreißig Jahren über die Pläne des Feindes und ebenso die des Himmels gelernt hat.

Wir lernen, wie wir die Komplotte, Pläne und Lügen des Feindes aufdecken und abwehren können und gleichzeitig die Pläne des Himmel vorantreiben können. Sein Hauptanliegen ist dabei, dass wir den geistlichen Kampf nicht aus eigener Kraft, sondern aus der Perspektive des Himmels führen, und ein Leben aufbauen, das unzerstörbar ist.

Blake K. Healy

Die Sprache des Himmels verstehen

Erkenne und entfalte Gottes Wirken in jedem Bereich deines Lebens; 160 S., Pb.

Wie funktioniert die geistliche Welt? Diese Frage wird Blake Healy seit Jahren auf die eine oder andere Weise gestellt, seit andere erfahren haben, dass er Engel, Dämonen und andere geistliche Realitäten mit bloßen Augen sehen kann, und zwar so deutlich wie alles andere.

Mit inspirierenden Geschichten und auf Grundlage der Bibel zeigt er, wie die geistliche Welt funktioniert, wie wir lernen können, die Sprache des Himmels zu verstehen, und was der Unterschied ist zwischen dem, was weltlich ist, was heilig ist und was unser Platz als geistlichen Wesen in dieser riesigen und wunderbaren Welt ist.

James Goll

Der Prophet

Eine gesunde prophetische Kultur fördern und bewahren; 216 S., Paperback

Hellseher, Esoteriker und okkulte Medien sind in der Gesellschaft präsent, weil die Menschen hungrig nach geistlichen Wahrheiten sind, die ihnen in ihren persönlichen Situationen weiterhelfen. Allerdings ist das eine große Fälschung des Dienstes der Propheten, die uns durch den Geist Gottes in Echtzeit mit Gottes Plänen und Zielen in Verbindung bringen.

James Goll zeigt auf, wie du selbst im Prophetischen vorankommst und es in deinen Einflussbereich hineinbringst und wie es seinen rechtmäßigen Platz in der Gemeinde bekommt.

James Goll, Die Gaben des Heiligen Geistes freisetzen; 216 S., Paperback

Der Heilige Geist demonstriert Gottes übernatürliche Kraft durch seine Gemeinde heute, indem seine Herrlichkeit auf globaler Ebene freigesetzt wird. Alle Gaben Gottes sind immer noch voll funktionsfähig, und jeder einzelne Gläubige ist dazu bestimmt, im Fluss Gottes zu leben und seine Bestimmung zu erfüllen.

James Goll zeigt auf, wie der Heilige Geist durch die neun bekanntesten Geistesgaben wirkt und wie wir sie unter Gottes Leitung für die Erfüllung des Missionsbefehls einsetzen können.

Anhand vieler anschaulicher Beispiele aus der Bibel und aus der Gegenwart lernen wir, wie geistliche Gaben in der Praxis funktionieren. Aber es geht in diesem Buch nicht nur darum, wie man seine geistlichen Gaben entdeckt oder empfängt, sondern wie man sie freisetzt und weitergibt!

Kevin Basconi, Mit den Engeln tanzen (Band 1)

Die Grundlagen: Gottes Engel erkennen, einladen und beauftragen; 240 S.; Paperback

Mit diesem Buch stellt uns Kevin Basconi eine inspirierende, glaubensstärkende und praktische Anleitung zur Verfügung, wie ganz normale Gläubige mit Engeln zusammenarbeiten und sie sogar beauftragen können, um den Willen Gottes auszuführen.

Sein Buch ist voller spannender persönlicher Berichte, in denen er uns an seinem wachsenden Verständnis über das Wirken der Engel teilhaben lässt. Er erläutert, wie unsere Fähigkeit, Gottes Willen zu tun, dramatisch zunimmt, sobald wir mit Engeln zusammenwirken.

Das Buch ist eine großartige Hilfe für die Gemeinde, um sie auf die Zeit der Ernte vorzubereiten, in der Engel eine tragende Rolle spielen werden, und sie für die bevorstehenden Heilungserweckungen zuzurüsten.

Außerdem erhältlich: Band 2 und 3

Dr. Henry Wright

Die geistlichen Ursachen von Krankheiten

Klare Antworten auf Ihre Fragen zu Krankheitsprävention und Heilung, 208 Seiten, Pb.

Gemäß den langjährigen Erfahrungen des Autors haben etwa 80 Prozent aller Krankheiten eine geistliche Ursache und sind die direkte Folge einer gestörten Beziehung zu Gott, zu uns selbst oder zu anderen. Gott offenbarte ihm aus seinem Wort, was die geistlichen Ursachen von Krankheiten und den Blockaden zur Heilung sind.

Er geht insbesondere auf folgende Krankheitsarten ein: Allergien, Autoimmunerkrankungen, psychische Störungen, Herz-Kreislauf-Erkrankungen und Belastungsstörungen (z. B. Stresskrankheiten).

James Goll

Geistlich wahrnehmen und unterscheiden

Wie wir Offenbarungen empfangen, prüfen und anwenden können; 216 S.

James Goll erklärt, dass jeder Nachfolger Jesu geistliche Offenbarungen empfangen und prüfen kann, auch wenn einige als Propheten besonders begabt sind. Er legt präzise dar, wie wir unsere Sinne dem Heiligen Geist hingeben können, damit wir geistlich wahrnehmen können.

Und er erläutert, wie wir Offenbarungen prüfen, anwenden und letztlich verinnerlichen können, damit die Menschen sie nicht nur hören, sondern in uns sehen.

Für das vertiefte Studium ist ein Arbeitsbuch erhältlich.

Markus Herbert, Komm höher herauf! (Band 1)

Visionen vom Berg Zion, dem Garten Eden und dem himmlischen Jerusalem; 136 Seiten, Paperback

Dieses Buch ist ein Zeugnis dafür, dass es sich lohnt, sich im Geist auf das Abenteuer einzulassen, himmlische Orte schon jetzt aufzusuchen. Sowohl der himmlische Vater als auch Jesus Christus und der Heilige Geist konnten dem Autor dort tiefe Einsichten vermitteln.

In fortschreitenden Visionen durfte der Autor nicht nur den Berg Zion, sondern auch das Paradies und das himmlische Jerusalem besuchen. Das Eindrücklichste und zugleich Herausforderndste für ihn war, dem himmlischen Vater in seinem Vaterherzen zu begegnen.

Neu: Komm höher herauf! (Band 2): *Neue Visionen vom Berg Zion, dem Garten Eden und dem himmlischen Jerusalem;* 196 Seiten, Paperback.

Henk Bruggeman

Das Herz des Vaters entdecken

Unsere Identität als Söhne und Töchter Gottes empfangen

200 S.; Paperback

Gott sehnt sich mehr denn je danach, seinen Kindern sein Vaterherz zu offenbaren. Er möchte, dass wir ihn nicht nur mit dem Kopf, sondern vor allem mit dem Herzen kennenlernen. Statt einer Distanziertheit soll eine innige Vertrautheit unsere Beziehung zu ihm prägen. Darüber hinaus möchte er uns aber eine neue Identität schenken: die Identität der Sohnschaft. Wir entdecken mehr und mehr, wie wir als echte Söhne und Töchter Gottes leben können.

Phil Mason, Quanten-Herrlichkeit

Die Wissenschaft von der Inbesitznahme der Erde durch den Himmel; 520 Seiten, Paperback

Quanten-Herrlichkeit erläutert auf eine äußerst spannende Weise die Zusammenhänge zwischen den faszinierenden Erkenntnissen der Quantenmechanik und der Herrlichkeit Gottes, die sich u. a. in Heilungswundern äußert.

Der erste Teil untersucht die subatomare Welt und enthüllt ihren außergewöhnlich komplexen göttlichen Plan, der die Genialität unseres Schöpfers offenbart.

Im zweiten Teil erklärt der Autor ausführlich, wie die Herrlichkeit Gottes in unser physisches Universum eindringt, um Wunder göttlicher Heilung zu bewirken.

Das Buch ist vollgepackt mit verblüffenden Erkenntnissen, aber mehr als das, ist es dazu bestimmt, uns für den übernatürlichen Dienst auszurüsten, damit wir die Herrlichkeit Gottes auf der Erde freisetzen, wie sie im Himmel ist!

Jonathan Welton, Die Schule der Seher

Eine praktische Anleitung, wie man ins Unsichtbare hineinsehen kann; 224 S.; Pb.; Vorwort von Randy Clark

Viele Christen haben angefangen, übernatürliche Phänomene zu erleben: Träume, (offene) Visionen, Engel oder Dämonen. Aber es mangelt ihnen an solider biblischer Lehre und sie sind zu dem geworden, was man als *Seherwaisen* bezeichnet: Sie suchen verzweifelt nach jemandem, der sie trainiert, ermutigt und freisetzt.

Das Ziel von Jonathan Welton war deshalb, ein praktisches Handbuch herauszubringen, das den Leib Christi mit den Informationen ausrüstet, die notwendig sind, um in der Dimension des Prophetischen bzw. des Sehers zu wachsen und im Leben im Übernatürlichen Reife zu erlangen.

Cornelia Weinmann, Jesus ruft seine Braut

Gottes Herzschlag für Deutschland entdecken

344 S., Paperback.

Was ist die Berufung der Braut Christi in Deutschland, und was könnte uns hindern, in diese Berufung einzutreten?

Dieses Buch entfaltet die atemberaubende Liebesgeschichte zwischen Gott und uns Menschen, wie sie im Hohelied angedeutet wird. Wir sind eingeladen, Jesu Braut zu sein! Insbesondere werden wir dabei auch den Herzschlag Gottes für Deutschland entdecken.

Sind wir von den Traumata der Vergangenheit befreit, können wir im Takt seiner Liebe in neugewonnener Leichtigkeit in eine neue Zukunft gehen. Der Ruf geht nämlich schon durch die Welt: „Seht, der Bräutigam kommt! Geht hinaus, ihm entgegen!" (Mt. 25,6).

Tommy Welchel und Michelle P. Griffith

Wahre Geschichten und Wunder der Azusa Street

Eine der größten Erweckungen der Geschichte, die heute wieder aktuell ist; 200 S., Pb.

Tommy Welchel besuchte in den 1960er-Jahren die Leute, die als Jugendliche wesentlich an einer der größten geistlichen Erweckungen beteiligt waren – der Azusa-Street-Erweckung. Sie erzählten ihm aus erster Hand, welche außergewöhnlichen Wunder und Heilungen sie damals erlebten, wenn sie für Menschen beteten.

Erst vor Kurzem gab Gott dem Autor die Erlaubnis, diese Geschichten in Buchform zu veröffentlichen. Inzwischen werden sie auf der ganzen Welt erzählt und die Folgen sind immer noch erstaunlich: Wunderbare Heilungen, übernatürliche Phänomene und Lösungen für das Unmögliche.

Luc Niebergall, Eine zeitlose Reise

Wie ich den Himmel erkunden und meine Identität empfangen durfte; 144 S., Paperback

Ab dem Alter von 16 Jahren wurde Luc Niebergall eine unglaubliche „Reise" in die Herrlichkeit der Person Jesu zuteil. Nach acht Jahren Visionen, Träumen und himmlischen Begegnungen schrieb er einiges davon auf.

Dieses Buch ist ein Aufruf an die Söhne und Töchter Gottes, ihr volles Erbe zu empfangen, das darin besteht, in einer ewigen, intimen Beziehung zu Gott selbst zu leben. Begegnen wir der intimen Liebe Gottes, des Vaters, fällt die falsche Identität der Waisenschaft von uns ab. Wir werden zu siegreichen Söhnen und Töchtern, welche den Nationen Heilung und Wiederherstellung bringen.

Doris und Karl-Heinz Müller

Unsere Reise ins Übernatürliche

Lass dich mitnehmen an himmlische Orte und begegne dem Feuer Gottes; 144 S., Paperback

Als die Autoren nach über 40 Jahren Dienst in den Ruhestand gingen, überraschte sie Gott mit einem beschleunigten Tempo der Ereignisse. Die Wahrnehmung von Engeln, das Eintreten in die himmlische Welt und Berührungen mit dem Feuer Gottes erweiterte ihren Horizont innerhalb kurzer Zeit. Diese neue Wirklichkeit entfaltete sich z. B. auch an Orten wie Israel oder Auschwitz.

Mit dem Buch möchten sie diejenigen ermutigen, die bisher noch keine solchen Erfahrungen gemacht haben, und denen, die daran geschnuppert haben, neue Herausforderungen aufzeigen.

Frank Krause, Die neun Schleusen des Herzens

160 S., Paperback

Wie geschieht es, dass die Verheißung Jesu, dass aus unserem Innern Ströme von lebendigem Wasser fließen werde, wenn wir an ihn glauben, zu unserem normalen Erleben wird? Dass andere uns als Quelle und nicht als Zisterne, als Oase und nicht als Wüste wahrnehmen?

Als Frank Krause diese Frage vor Gott bewegte, ließ dieser ihn im Geist sein eigenes Herz sehen und durchwandern. Er zeigte ihm, dass unser Herz neun „Schleusen" hat, entsprechend den neun Aspekten der Frucht des Geistes.

Diese Schleusen wollen in uns geöffnet und freigesetzt werden, damit der Geist mit ganzer Kraft durch uns strömen kann und wir mit seiner Frucht überfließen. Nun können wir auch anderen helfen, diese Fülle zu erleben, sodass in der Folge echte Gemeinschaften der Heiligen entstehen.

Barry & Lori Byrne, Liebe in der Ehe

Eine tiefere geistliche, emotionale und körperliche Einheit erleben; Vorwort von Bill Johnson; 334 S., Klappenbroschur

Gott möchte, dass die Ehe ein Ort echter Liebe und Vertrautheit ist. Dafür brauchen wir die Hilfe des Heiligen Geistes. Mit ihm können wir die Ursachen unserer Konflikte erkennen und überwinden. Unsere Ehe kann Heilung und Wiederherstellung erfahren, egal, wie der momentane Zustand ist.

Mit klarer biblischer Lehre und vielen praktischen Hilfen packen die Autoren die wichtigsten heißen Eisen an. Viele ermutigende Erfahrungsberichte verdeutlichen die dramatische Heilung und Intimität, die mit Gottes Hilfe möglich ist.

Dr. Larry Richards

Die volle Waffenrüstung Gottes

Gut geschützt gegen die Angriffe des Bösen; 208 Seiten, Pb.

Die Bibel macht deutlich, dass ein Großteil unserer Unsicherheiten, Ängste und Zweifel auf den Machenschaften böser Mächte beruhen. Deshalb ist es so entscheidend, dass wir sowohl die Strategien kennen, die Satan benutzt, um uns anzugreifen, als auch die Rüstung, die Gott uns zur Verfügung stellt, um uns dagegen zu schützen.

Eine biblische Dämonologie, Hilfen zum Umgang mit dem Bösen in der Seelsorge sowie Lektionen für „Lebe-frei-Selbsthilfegruppen" runden das Buch ab.

Dr. Charity Virkler-Kayembe / Dr. Mark Virkler

Höre Gott durch deine Träume

Gottes Reden in der Nacht verstehen; 288 S., Pb.

In der Bibel finden wir sehr viele Beispiele für Gottes Reden durch Träume. Auch heute möchte er uns durch Träume wichtige Botschaften zukommen lassen. Doch beachten wir sie oft wenig oder wissen nicht, wie sie zu deuten sind.

Diesem Missstand möchte dieses Buches abhelfen. Die Autoren haben sehr viele Erfahrungen im Umgang mit Gottes Reden gesammelt. Das Buch ist ein praktischer, leicht verständlicher und biblischer Leitfaden, um die Sprache zu verstehen, die Gott in unseren Träumen benutzt.

Bestellen Sie im Buchhandel oder (versandkostenfrei in D) direkt beim Verlag:

GloryWorld-Medien | Beit-Sahour-Str. 4 | D-46509 Xanten
Fon: 02801-9854003 | Fax: 02801-9854004 | info@gloryworld.de

Aktuelles, Leseproben, Downloads & Shop: **www.gloryworld.de**